Janos Klotz

Spielbuch der Musik

Janos Klotz

Spielbuch der Musik

Ein Interaktives Musikspiel

Bibliografische Information der Deutschen Nationalbibliothek:
Die Deutsche Nationalbibliothek verzeichnet diese Publikation in der Deutschen Nationalbibliografie; detaillierte bibliografische Daten sind im Internet über http://dnb.dnb.de abrufbar.

© 2018 Janos Klotz

Illustrationen: Janos Klotz
Cover: Katharina Netolitzky
Autorenkarikatur: Xi Ding
„Bühnenbild": Nikita

www.musik-athome.at

Distribution/ Vertrieb: Nova MD
Verlag: BoD · Books on Demand GmbH,
Überseering 33, 22297 Hamburg,
bod@bod.de
Druck: Libri Plureos GmbH,
Friedensallee 273, 22763 Hamburg

ISBN: 978-3-7693-4988-7

Inhaltsverzeichnis

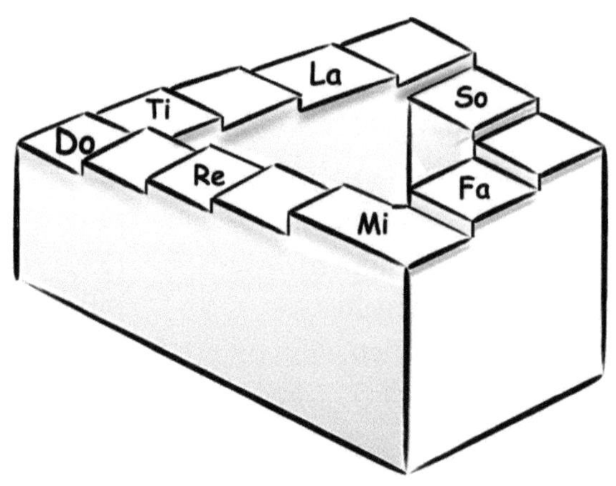
Do
Ti
La
So
Re
Fa
Mi

Hallo!

Das ist ein Buch über Musik für Kinder und Jugendliche, eigentlich für alle, die Musik mögen und kennenlernen wollen. Bestimmt hast du schon oft auf deinem MP3-Player, im Internet, oder aber auch im Theater Musik gehört. Die vielen schönen Melodien, die du dabei gehört hast, haben dir bestimmt Freude gemacht. Wenn du gerne spielst und liest oder zumindest gerne zuhörst, wenn deine Eltern oder deine Lehrerin etwas vorlesen, oder wenn du schon selber gerne liest, dann ist dieses Buch das richtige für dich. So kannst du die Spielregeln der Musik leicht und unterhaltsam kennenlernen. Musik ist wie ein Spiel. Dieses Buch ist ein Spielbuch, eines zum Lesen und Beobachten, vor allem aber eines zum Mitmachen. Ein Lese- und Singabenteuer, aber auch ein Spielabenteuer.

Vielleicht singst du gerne, aber es könnte auch sein, dass du dich nicht traust. Das ist kein Problem! Denke nur daran, wie du in der Schule lesen und schreiben gelernt hast, langsam, Schritt für Schritt. Wenn du sprechen kannst, dann kannst du auch singen! Ich möchte dich zum Singen und Spielen einladen.

Bestimmt kennst und spielst du schon einige Spiele, wie Uno, Mühle, Computerspiele oder vielleicht auch Schach. Alle Spiele haben Spielregeln, die du kennengelernt hast, nur so kannst du mit deinen Freunden das Spiel spielen. So hat auch die Musik eigene Spielregeln, die du erlernen kannst. Sicher zeichnest du gerne und schon lange. Dabei hast du sicher nicht viel nachgedacht, wie du zeichnen musst. Stimmt´s? Du hast es einfach ausprobiert! Menschen, Bäume, Häuser und Tiere. Du hast sie gesehen und dann zu Papier gebracht. Dann hast du die Zeichnung stolz deinen Eltern oder Bekannten gezeigt.

Wie wäre es, wenn du jetzt das Zeichnen mit Tönen verbinden würdest? Du könntest Notenköpfe und Notenlinien zeichnen und diese dann vorsingen. Oder überhaupt eine ganze Melodie, die du erfunden hast, aufzeichnen und sie dann deinen Eltern oder Freunden vorsingen? Wäre das nicht toll? Wenn dich das interessiert, dann lies weiter!

Noch etwas: In der folgenden Geschichte kommen nicht nur der Musiklehrer Peter und das Mädchen Nora vor, sondern auch Du! Das ist eine interaktive Geschichte, vielleicht kennst du diesen Begriff aus der Welt der Computerspiele.

Gebrauchsanweisung

Damit du die Geschichte verstehst und möglichst viel aus dem Buch lernst und vor allem Spaß hast, gebe ich dir einige Ratschläge mit auf den Weg. In der Geschichte heiße ich Peter und bin der Musiklehrer, aber keine Angst ich bin nicht streng, und es gibt keinen Test, nur Spiele. Dann gibt es noch ein junges Mädchen, es heißt Nora. Sie liebt Musik und möchte selber Musik machen. Wir werden zuerst die Spielregeln und die Spielfiguren besprechen und dann bald spielen und singen. Du kannst einfach unsere Gespräche „belauschen" und dabei die Spielregeln kennenlernen. Dann aber bist du an der Reihe, weil ja auch du ein Teil der Geschichte bist. Du sollst die Singübungen auch machen! Ich werde dir erklären, wie du singen lernen und üben kannst. Wo das Wort „Du:" steht, bist du dran, singe einfach die Tonsilben, die dort stehen. Was die Tonsilben sind, wird dir Peter schon erklären. Singen ist deine Rolle in der Geschichte. Du musst kein Instrument spielen können.

Wenn du etwas nicht vergessen willst, dann musst du es aufschreiben. Das ist ja auch nicht anders in der Musik. Ich werde dir zeigen, wie du am Anfang eine Melodie schnell und einfach aufschreiben kannst. Später wirst du auch die Notenschrift kennenlernen. Weil du ja am Anfang die Notenschrift nicht so leicht lesen kannst, empfehle ich dir etwas. Vielleicht habt ihr zu Hause einen Computer, auf dem du wahrscheinlich schon viele PC-Spiele gespielt hast. Es gibt Programme, mit denen du Noten schreiben kannst, einige kannst du gratis downloaden. Dabei können dir deine Eltern oder Geschwister helfen. Ich benutze auch so eines. Es heißt „Finale NotePad". Mit diesem Programm kann ich mit der Maus die Noten setzen und gleichzeitig hören, wie sie klingen, vor allem dann, wenn mehrere Noten gleichzeitig erklingen. Eine tolle Sache! Später im Buch werden Aufgaben an dich gestellt, z.B. Melodien und eine Begleitung zu erfinden. Dazu kannst du das Notenschreibprogramm gut gebrauchen, weil du ja dann gleich hörst, wie die Noten zusammen klingen. Aber wenn du nur singen willst oder zu Hause ein Instrument hast, dann kannst du es auch gerne verwenden. Wie es dir gefällt! Aber nicht vergessen: Das Beste ist, wenn du die Melodien, die wir im Buch besprechen, auch wirklich singst! Du kannst auch nicht schwimmen lernen, wenn du nicht ins Wasser springst! Also bis gleich!

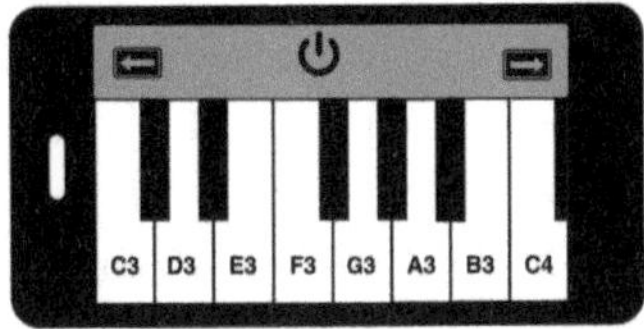

Starte mit Peter und Nora gemeinsam in ein musikalisches Abenteuer!

1. Die Spielfiguren: Vorstellung der Familie Do

Wir wollen in diesem Buch die Musik auf spielerische Weise kennenlernen. Es gibt drei Personen: ein junges Mädchen Nora, die gerne singt und wissen möchte, wie sie Melodien erfinden kann, und der Musiklehrer Peter. Eine Person fehlt noch! Die wichtigste: Du! Du hast nämlich eine sehr wichtige Rolle. Du sollst die Töne hörbar machen. Wie? Durch Singen. Bist du schon neugierig geworden? Dann lies einfach weiter, belausche Nora und Peter, wie sie miteinander über Musik reden. Die zwei befinden sich in Wien, im Zimmer des Lehrers Peter, wo bunte Zeichnungen, ein Klavier, eine Gitarre, ein Metronom und ein Schachbrett mit Schachfiguren zu sehen sind. Nora kommt zur ersten Stunde.

- Hallo Peter! Mein Vater hat mir gesagt, dass du Lieder schreiben kannst. Zeigst du mir, wie das geht? - fragt Nora.

- Natürlich! - sagt Peter. Dafür gibt es Regeln. Musik machen ist ähnlich wie ein Spiel, ein Spiel mit den Tönen. Lass uns die Musik ansehen und anhören. Kennst du Kinderlieder, die du nachsingst?

- Mit meiner Mutter habe ich früher viele Lieder gesungen. Jetzt singe ich oft allein mit, wenn mir ein Lied gefällt, das ich im Radio oder im Internet höre.

- Also fangen wir an. Zuerst: Melodien bestehen aus Tönen. Wir hören sie.

- Sie sind aber unsichtbar.

- Wenn wir aber für die Töne Zeichen erfinden, die wir aufmalen können, werden sie sichtbar.

- Gute Idee, ich zeichne gern.

- Wenn Leute Musik hören, beginnen sie zu tanzen oder mitzuwippen. Das ist, als hätten die Töne Zauberkräfte. Die Töne können wir als Lebewesen betrachten, die wie auf einer Leiter auf- und abspringen, sich zwischendurch ausruhen müssen, Freundschaften schließen, gemeinsam auf Reisen gehen oder eigene Kinder haben.

- Dann wollen sie bestimmt nicht allein sein.

- Genau! Deshalb kommen Töne in der Musik selten allein vor. Sie leben in einem Familienverbund. Du hörst vielleicht einen einzigen, wenn du auf einem Schiff stehst und das Signal zum Ablegen gegeben wird.

- Das ist wie bei meinem Bruder und seiner Blockflöte. Manchmal klingt das schrecklich, wie er spielt.

- Dein Bruder muss genau reinblasen, damit zum Beispiel die hohen Töne gut klingen. Der lernt das noch.

- Du sagtest, was Töne so machen. Können die durch Wände gehen wie Gespenster?

- Wenn du viel zu laut bist, werden die Nachbarn dich hören. Und du hörst deinen Bruder durch die Wand, wenn er übt.

- So laut ist mein Bruder nicht. Gott sein Dank!

- Musik sollte für alle schön sein. Lass deinem Bruder ruhig noch etwas Zeit, sonst hört er für immer auf und mag nicht mehr selbst musizieren. Die Familie der Töne ist nicht anders. Manche vertragen sich dort nicht, müssen aber miteinander zurechtkommen. Am Ende sind sie aufeinander eingespielt. Lass uns die Welt der Töne zuerst mit unserem eigenen Instrument, der Stimme, erforschen. Die Stimme hast du stets bei dir, wenn du nicht gerade erkältet und heiser bist. Mit der Stimme können wir Melodien tiefer oder höher singen. Mit einem Instrument funktioniert das nicht so leicht wie mit der Stimme. Dort musst du Tasten und Griffe verwenden.

- Du erklärst mir das zuerst mit der Stimme? Ich dachte, du sagst mir, wie eine Band mit deren Instrumenten Musik macht.

- Warte ab Nora. Durch Singen kannst du die Musik am schnellsten verstehen lernen. Wir können am einfachsten Töne erzeugen, indem wir singen. Jeder Ton befindet sich dabei an seinem Platz und ist so wichtig wie alle anderen. Die Töne sind aber nicht groß oder klein, sondern hoch oder tief, nehmen ihre Plätze ein wie die Mutter, der Vater oder die Kinder.

- Auch wie im Theater! - rief Nora.

- Die Schauspieler verkörpern andere Personen. Schauspieler stellen einen Ritter oder einen Verkäufer dar. Die Töne schlüpfen ebenso in verschiedene Rollen. Manchmal klingen sie sanft oder erschrecken dich. Das machen die Schauspieler auch so. Sie springen, wiederholen sich und wollen auf sich aufmerksam machen. Keinen sollte man vergessen. Deshalb strengen sie sich besonders an.

- Und die Schauspieler sind oft Stars!

- Unsere Stars heißen Do Re Mi Fa So La Ti. Sie bilden eine Familie. Es gibt noch andere Mitglieder. Aber über die reden wir später.

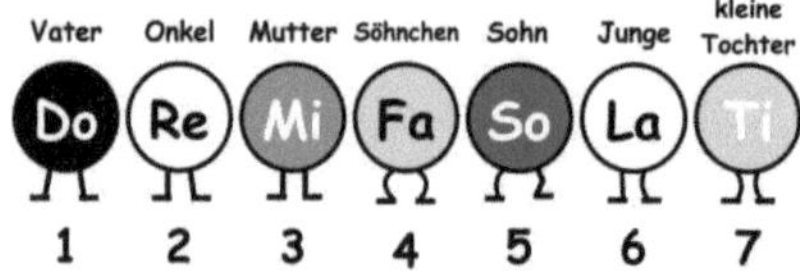

- Ich habe sie gezählt. Sieben ist eine komische Zahl. Da gibt es sieben Zwerge, sieben Tage in der Woche und die sieben Weltwunder.

- Lass uns bei den Familienmitgliedern bleiben. - sagte er. Jeder Kopf entspricht einem Ton. Jedes Mitglied einer Familie hat seine Eigenschaften, so auch die Töne. Also „Do" steht für den Vater. Ich habe ihn mit der Farbe Grün gezeichnet, weil er wie ein guter Mann wirken soll. „So" ist sein ältester Sohn. Zu sein wie der Vater, das gelingt ihm meist nur kurze Zeit lang. Seine Farbe ist auch grün, nur etwas heller. „Mi" ist wie die Mutter zuhause, die alle und alles zusammenhält. Deswegen trägt sie die warme Farbe Orange. Der Ton „Re" steht neben dem Vater. Er ist sein Bruder, neidisch auf „Do". Deswegen hat er die Farbe Gelb bekommen. „Ti" ist die kleine Schwester, die beim Vater sein will, um mit ihm zu spielen. Sie ist ziemlich vorlaut und zappelig. Rot ist eine gute Farbe für sie. Dann gibt es noch einen Ton in der Familie, der wie ein Kind ist, der Ton „Fa",ein Muttersöhnchen, anders als das hellgrüne „So" für das Vatersöhnchen. Gut aufgepasst? Der Vater hat einen neidischen Bruder. Dann kommt die Mutter. Vater und Mutter haben vier Kinder. Zwei hängen mehr am Vater, ein drittes Kind besonders an der Mutter. Dann gibt es noch das „La". Dieser Ton hängt an Mutti und Papa, kommt mit beiden gleich gut klar, will sich nicht entscheiden, wo er lieber ist. Manchmal kommt einem „La" vor, als wünschte es sich, ein Luftballon zu sein, der durch die Lüfte schwebt. Die ganze Familie heißt die „Do"-Familie, weil alle Vaters Nachnamen angenommen haben. Der Vater ist auch sonst der Wichtigste in der Familie.

- Das verstehe ich, die Töne haben Namen und verschiedene Eigenschaften. Aber kann ich diese Eigenschaften auch hören?- erkundigte sich Nora.

- Wenn die Töne nicht alleine, sondern als Familie erklingen, hört man das sofort. Das ist wichtig, wenn Musik gemacht wird. Ich zeige dir gleich, wie du die Eigenschaften der Töne hören und erkennen kannst. Jeder Ton hat einen Namen. Wir werden die Namen wie Do Re Mi usw. zusammenfassend als Tonsilben bezeichnen.

- Tonsilben? Ach ja, weil sie ja wie Wortsilben sind.

- Die Tonsilben ermöglichen uns, ganz einfach über Töne, das heißt, über die Musik zu reden.

- Klar, aber wie wird daraus eine Melodie?

- Die Töne werden in einer bestimmten Reihenfolge gespielt, so entsteht eine Melodie. Ich zeige dir jetzt, wie die ersten fünf Töne Do Re

Mi Fa und So erklingen. Das geht am einfachsten, wenn wir eine Melodie, die einen ähnlichen Verlauf wie die ersten fünf Töne hat, singen. Jeder kennt die Melodie „Alle meine Entchen." Sing den Anfang des Liedes vor!

- Warum ein Kinderlied?

- Weil die Melodie von „Alle meine Entchen" wie die ersten fünf Tonsilben klingt. Immer einen Schritt höher. Wer den Anfang der Melodie singen kann, weiß auch, wie die ersten fünf Tonsilben Do Re Mi Fa So klingen. Der Text besteht zwar aus sechs Wortsilben, „Al-le mei-ne Ent-chen", aber nur die letzten zwei Silben „Ent" und „chen" haben die gleiche Tonhöhe. Sing den ersten Teil der Melodie bis „Entchen" vor!

Nora singt: Al-le mei-ne Ent-chen.

- Und jetzt sing die Melodie statt des Textes mit den Tonsilben, also Do Re Mi Fa So So.
- Das ist ja einfach. Ich höre die gleiche Melodie.
- Nur der Text hat sich verändert.
- Wenn ich wissen und hören will, wie die ersten fünf Tonsilben Do Re Mi Fa So klingen, denke ich einfach an den Anfang der Melodie von „Alle meine Entchen".
- So ist es!

Al-	le	mei-	ne	Ent-	chen
Do	Re	Mi	Fa	So	So
1	2	3	4	5	5

Du bist jetzt dran! Das ist deine erste Aufgabe. Sing den Anfang von „Alle meine Entchen" zuerst mit dem Text, dann mit den Tonsilben. Wie du bestimmt gehört hast, hast du bei jeder Wortsilbe eine andere Tonhöhe gesungen, außer bei den letzten zwei. Der Verlauf der Melodie ist ähnlich, wie eine Leiter, wo man stufenweise in die Höhe steigen kann. Deswegen heißt sie Tonleiter. Jede Leiter hat Stufen. Diese Bewegung, stufenweise nach oben, entspricht den ersten fünf Tonstufen. Diese Tonstufen werden mit den Tonsilben benannt. Jede Tonleiter besteht aus Tonstufen. So kannst du also ohne Instrument die ersten fünf Tonstufen mit Hilfe der Tonsilben hörbar machen.

- Jetzt weiß ich, wie die ersten fünf Tonsilben, Do Re Mi Fa So klingen, und die anderen?- fragt Nora neugierig.
- Jeder Ton hat seinen festen Platz in der „Do"-Familie! Am besten üben wir das gleich. Ich singe zuerst die ersten fünf, Do Re Mi Fa So und dann aufsteigend, immer höher La und Ti.
- Das ist ja logisch, aber wie hört sich das an? Hast du dafür auch ein Lied?
- Nein, aber ich kann dir eins vorsingen.
- Ein Instrument wäre mir jetzt lieber.
Der Musiklehrer greift in seine Tasche und zeigt sein Handy.

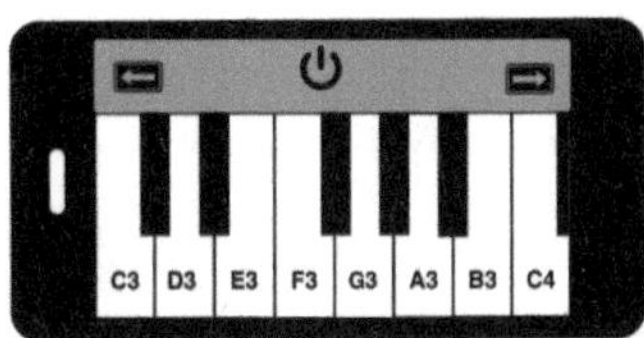

- Viele haben ein eigenes Handy. Damit kann man ein Programm herunterladen. Das heißt Klavier-App mit Tasten, die auf dem Display zu sehen sind.
- Klavierspielen auf dem Handy?
- Für den Anfang ist das nicht schlecht. So können wir die Töne hörbar machen. Die Klaviertasten sind sogar beschriftet. Frauen und Kinder sollen mit der Taste C4 anfangen.
- Warum sind die Klaviertasten mit den Buchstaben und nicht mit den Tonsilben benannt?
- Ein wenig Geduld noch, ich werde dir das bald erklären. Viele Musiker bezeichnen die Töne mit den Buchstaben. Die geben die genaue Tonhöhe an, die Tonsilben geben die Eigenschaften an. Für den Anfang reicht es, wenn du weißt, dass der erste Ton C3 oder C4 dem Do

entspricht. (C=Do, D=Re, E=Mi, F=Fa, G=So, A=La, B=Ti) Hier ist mein Handy mit dem kleinen Programm, und wir tun zuerst so, als wärst du ein Mann: Dann spielst du von C3 bis B3 hinauf und wieder hinunter. Danach fangen wir bei C4 an und machen dasselbe, einmal hoch und dann wieder zurück zu C4. Ab der Tonhöhe C4 kannst du sogar mitsummen. Wir steigen die Tonleiter hinauf und wieder hinunter. Einverstanden?

- Natürlich!

Nora spielt die Tasten. Wenn sie bei der C4 Taste angelangt ist, summt sie die Tonhöhen mit.

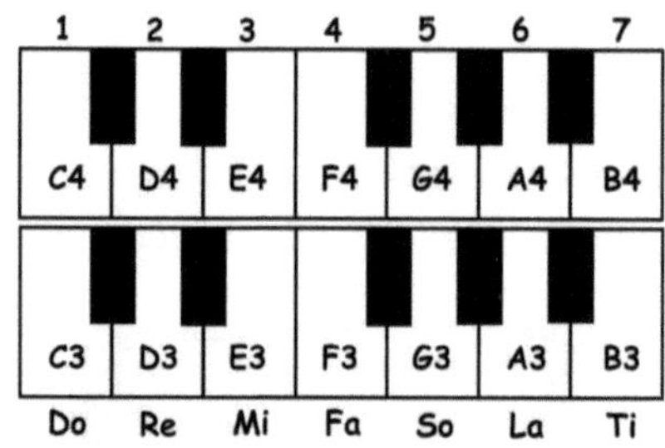

- Einmal war es tief und einmal war es hoch, aber die gleiche Melodie.
- Aufmerksam zugehört! Das ist eine wichtige Erkenntnis. Wir hören eine Tonfolge, anders gesagt eine Melodie, einmal tief und einmal hoch, aber sie bleibt gleich.

Jetzt bist du an der Reihe! Verwende ein Instrument. Du hast noch keins? Ein Glockenspiel oder eine Melodica kostet nur ca. 20 Euro. Oder verwende eine elektronische App am Handy! Spiel die Tonleiter, also die Tasten so, wie Peter es vorher beschrieben hat. C4 → D4 → E4 → F4 → G4 → A4 → B4 Stopp! Und jetzt zurück: B4 → A4 → G4 → F4 → E4 → D4 → C4! Höre zuerst aufmerksam zu. Spiel wieder die Tonleiter und sing dabei die Töne mit den Tonsilben mit! Du wirst merken, dass jeder Ton etwas höher ist. (Wenn du von oben nach unten spielst, dann natürlich tiefer). Die Töne steigen immer höher oder tiefer wie bei einer Leiter, deswegen heißt diese steigende Melodie Tonleiter. Sing diese Melodie (die Tonleiter) öfters auf und ab. Es ist wichtig, dass du diese

Melodie in deinem Gedächtnis speicherst; aus diesen sieben Tönen werden die Melodien gemacht.

- Du wolltest ja wissen, wie du die Eigenschaften der Töne hören kannst. Wir benutzen nun ein echtes Klavier. Ich werde auf den weißen Tasten in der Mitte langsam auf- und abspielen. Hör aufmerksam zu. Jeder Ton wirkt anders. Der erste Ton ist Do (C4), der alle anderen Töne zu sich zieht. Der zweite Re (D4) hörte sich eher spannend an, strebt irgendwie zurück zu Do. Der dritte Mi (E4) klingt anders, sicherer und angenehm. Mi harmoniert mit Do. Mi ist wie eine Mutter. Fa tendiert zu seinen Nachbarn. So klingt stabil und sicher. La klingt schwebend und Ti klingt spannend, wir erwarten noch einen Ton nach Ti. Der wird bald kommen! Eigentlich dürften wir nach Ti nicht aufhören. Das erkläre ich gleich. Es gibt Töne, die sich ruhig anhören, und andere, die weitertreiben, und es gibt einen, der leicht hörbar Ruhe und Sicherheit ausstrahlt.
- Das ist bestimmt Do, der Vater! Nicht? - schmunzelte Nora.
- So ist das! Ich werde die Töne der „Do"-Familie in der folgenden Reihenfolge nach oben spielen, dann nach unten. Also: Do → Re → Mi → Fa → So → La → Ti Stopp Ti → La → So → Fa → Mi → Re → Do. Peter macht es so, wie er es gesagt hat, er spricht bei jedem Ton laut dessen Namen aus und Nora hört zu, wie die Töne auf sie wirken.

Spiele auf deinem Instrument bzw. deiner App langsam die Tonleiter vom C4 bis B4 und dann wieder vom B4 runter zu C4! Höre dabei aufmerksam zu und versuche zu fühlen, wie die Töne erklingen und auf dich wirken. Behalte den Klang vom Anfangston Do (C4 oder C3) im Gedächtnis. Du wirst sicher feststellen, dass der Ton Do die anderen anzieht und Ruhe ausstrahlt. Das ist eine wichtige Hörerfahrung. Wie die anderen Töne wirken, hat Peter schon erklärt. So kannst du verstehen und hören, warum die Töne in der Tonfamilie ihre Eigenschaften bekommen haben. Die Eigenschaften wie Vater, Mutter, Sohn usw. sind aber nur eine Eselsbrücke, damit du dir leichter merkst, welche unsichtbaren Kräfte zwischen den Tönen wirken. Nachdem du die

Melodie der Tonleiter im Kopf hast, singe sie jetzt mit den Tonsilben! Von Do bis zu Ti und wieder zurück zu Do. Zeige dabei auf die Zeichnung, auf die Familienmitglieder, die du gerade singst! Damit kannst du dir leichter merken, welcher Ton welcher Rolle spielt.

- Die Töne klingen wirklich verschieden, ich habe das Gefühl, als würden sie sich anziehen.

- Das tun sie auch, sie stoßen sich aber auch ab. Unsichtbare Kräfte wirken zwischen ihnen.

- Hast du deswegen die Töne mit den Eigenschaften der Familienmitglieder verglichen?

- Ja, damit du es leichter verstehst. Eine lange Melodie können wir uns nicht leicht merken. Deshalb brauchen wir eine Zeichensprache, um Melodien aufschreiben zu können.

- Ich weiß schon, das wird mit den Noten gemacht. Aber Noten lesen kann ich noch nicht. - entgegnete Nora.

- Kein Problem. Nachdem du die Tonsilben kennengelernt hast, wirst du sie lesen und schreiben können. Mach dir keine Sorgen, Nora. Machen wir weiter so. Wenn wir kein Notenpapier haben oder du noch keine Noten lesen kannst, ist die Tonsilbenschrift sehr praktisch. Bald kannst du mit den Tonsilben selbst eine Melodie singen. Sing doch mal die folgende Melodie nach: Do Re Mi Fa So.

- Wie soll ich das machen? Hilf mir bitte einmal.

- Sing die halbe Tonleiter oder …

- Hätte beinahe vergessen… „Alle meine Entchen“

- Ganz genau! Das ist einfach, oder?

- Denke an die halbe Tonleiter oder an den Anfang der Melodie „Alle meine Entchen“ und singe von einer beliebigen Tonhöhe aus Do Re Mi Fa So!

- Perfekt, und jetzt: So Fa Mi Re Do.

Sing jetzt einfach du auch die halbe Tonleiter nach unten So Fa Mi Re Do.

- Nun hast du eine Tonfolge, anders gesagt eine Melodie, gelesen und gesungen.
- Das war nicht zu schwer. - merkte Nora an.
- So können wir unzählige Melodien aufschreiben. Aber damit wir uns später noch besser über Musik unterhalten können, ist es nötig, dass du die Notenschrift kennenlernst. Die ist einfacher, als du glaubst. Notenschrift ist eine Art Bilderschrift. Bilder versteht jeder.
- Ich mag Bilder und zeichne auch ziemlich gern!
- Das ist gut. Ich werde die Tonsilbenschrift und die Bilderschrift miteinander kombinieren, damit du dir die Melodie leichter vorstellen kannst. Schau dir die Zeichnung an. Die wird von links nach rechts wie die normale Schrift gelesen.

- Der Kopf in der Mitte sieht lustig aus.
- Der lachende Kopf hat noch eine andere Bedeutung. Er sagt dir: „Stopp! Mach mal eine Pause! Atme ein!"

Nora liest laut vor: Do Re Mi Fa So. Sie stoppt. Dann liest sie weiter: So Fa Mi Re Do.

- Sing jetzt die Melodie mit den Tonsilben vor. - schlug Peter vor.
- Do Re Mi Fa So. Stopp! So Fa Mi Re Do.
- Du hast gerade die Bilderschrift laut vorgelesen und vorgesungen. So ähnlich hast du lesen gelernt. Wenn du einen Buchstaben siehst, kannst du dir vorstellen, wie der ausgesprochen wird. Wenn du eine Tonsilbe siehst, kannst du dir vorstellen, wie sie gesungen wird.

Du: Lies zuerst die Tonsilben gleichmäßig laut vor, ohne sie zu singen! Zeig mit deinem Finger auf die jeweilige Tonsilbe: Do Re Mi Fa So, atme ein und sprich weiter: So Fa Mi Re Do! Der Kopf steht für das Einatmen. Stell dir die Melodie, die halbe Tonleiter oder „Alle meine Entchen" vor und sing: Do Re Mi Fa So. Dann atme ein und sing weiter: So Fa Mi Re Do. Wenn das noch nicht geht, hol dir ein Instrument zu Hilfe.

- Nun singe ich eine andere Melodie. Do Re Mi Fa So La Ti Do´! Atme wieder ein und singe weiter: Do´ Ti La So Fa Mi Re Do. Wenn am Ende der Reihe ein zweites Do vorkommt, ist der Ton höher und heller. Um ihn zu unterscheiden, markiere ich das andere Do´ mit einem Strich (´) rechts oben (Do´).

Du: Zuerst laut vorlesen und singen. Sing und zeig mit dem Finger auf die Tonsilben. Do Re Mi Fa So La Ti Do´. Stopp. Do´ Ti La So Fa Mi Re Do.

- Das höhere Do´ klingt anders, und trotzdem sagst du, es heißt ebenfalls Do, aber mit einem Strich ´ oben.
- Kompliziert ist das nicht. Ich habe eine Idee: Zähl mal die Wochentage auf.
- Montag, Dienstag, Mittwoch, Donnerstag, Freitag, Samstag und Sonntag.
- Und noch einmal. Schneller!
- Montag, Dienstag, Mittwoch, Donnerstag, Freitag, Samstag und Sonntag. Auf den Sonntag folgt wieder der Montag.
- Trotzdem ist jeder Montag anders, obwohl jedes Mal die Woche neu beginnt.
- Montag muss man nach dem Wochenende in die Schule gehen.

- Lass uns bei der Musik bleiben. Nach Ti kommt immer Do, egal, ob es hoch oder tief klingt. Der Montag ist ein Montag, und Do ist Do, trotzdem jedes Mal anders.

Du: Sing Do Re Mi Fa So La Ti Do´. Einatmen mit Pause. Do´ Ti La So Fa Mi Re Do.

- Buchstaben und Wörter zu schreiben, ist doch einfach. Statt des Bildes mit dem Kopf, der für das Einatmen und für die Pause steht, werde ich beim Schreiben dieses Zeichen verwenden: >.
- Das Zeichen > ist ähnlich wie ein Mund, der einatmet.
- Ein anderes Zeichen für den Anfang und das Ende oder für einen Melodie-Abschnitt ist der Strich: |. Ist die Melodie beendet, wird das mit einem Doppelstrich (||) deutlich gemacht, wobei der zweite Strich etwas dicker ist. Das Ganze sieht so aus: | Do Re Mi Fa So La Ti Do´| > | Do´ Ti La So Fa Mi Re Do ||. Du kennst sicher die Melodie des Kinderlieds „Morgen kommt der Weihnachtsmann!“.
- Habe ich oft im Kindergarten gesungen. Morgen kommt der Weihnachtsmann, kommt mit seinen Gaben …
- Kannst du mir jetzt nur den ersten Teil von der Melodie summen?
- Nur summen ohne Text?
- Ja.

Hoffentlich kennst du ebenfalls die Melodie von „Morgen kommt der Weihnachtsmann“. Wenn nicht, kannst du sie im Internet oder auf YouTube hören. Summe das Lied oder sing die Melodie mit dem Text mit.

- Nun schreibe ich den Anfang der Melodie mit der Tonsilbenschrift auf, und ich singe dir die Melodie vor: Do Do So So La La Soo | Fa Fa Mi Mi Ree Doo ||

Du: Sing jetzt die Melodie mit den Tonsilben: | Do Do So So La La Soo | Fa Fa Mi Mi Ree Doo ||.

- Ach! So ist das. Ich finde es lustig, mit den Tonsilben diese Melodie
zu singen.
- Wir werden viele Melodien mit Tonsilben singen und besprechen,
welche Töne bzw. Familienmitglieder Melodien aufbauen. Sing jetzt du
die Melodie, aber mit den Tonsilben.
- Das war zu schnell für mich. Ich habe mir die Reihenfolge der Tonsilben nicht merken können.
- Kein Problem! Ich kann dir die Töne mit der Bilderschrift aufzeichnen. Lies die Aufzeichnung wie die Schreibschrift von links nach
rechts, sing und zeig auf die jeweils bunten Notenköpfe.
- Do Do So So La La Soo Fa Fa Mi Mi Ree Doo

Du: Singe den ersten Teil der Melodie ein paar Mal und dabei langsam.
Dabei solltest du auf die Notenköpfe zeigen. Denk dabei an die „Familienmitglieder", die gerade gesungen werden. In der Reihenfolge sind
das: Vater, Sohn, Junge/Söhnchen, Mutter, Onkel, Vater, also | Do Do
So So La La Soo | Fa Fa Mi Mi Ree Doo |. Und noch einmal: | Do Do
So So La La Soo | Fa Fa Mi Mi Ree Doo ||.

- Was ist dir dabei aufgefallen, als du die Melodie mit den Tonsilben
gesungen hast? - fragt Peter.
- Ich habe bemerkt, dass viele Tonsilben zweimal vorkommen. Do Do
So So usw. Und dass einige Tonsilben länger gesungen werden, So als
Soo, Ree und Doo.
- Freut mich, dass du das gleich erkannt hast. Die Wiederholungen
und das längere Aushalten der Töne sind sehr wichtige Erkenntnisse
und kommen in der Musik immer wieder vor. Du hast erwähnt, dass
am Ende die zwei Tonsilben Do und Re länger gesungen werden. Aber
warum? Stell dir vor: Es ist Winter. Der Weihnachtsmann rutscht mit
seinem Schlitten von einem Hügel hinunter und wird langsamer und

bleibt stehen. Die Töne am Ende der Melodie (Ree und Doo) werden länger und beim Do bleibt die Melodie stehen.

- Habe ich verstanden!

- Kannst du mir sagen, wo die Hügelspitze bzw. das Runterrutschen in der Melodie hörbar sind?

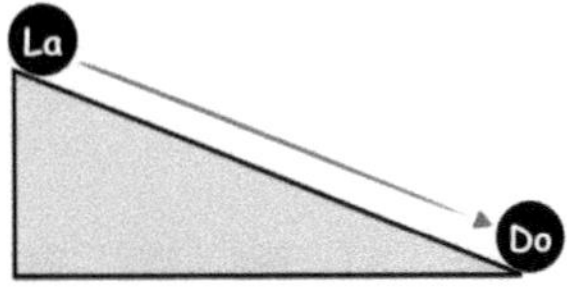

- Hm … Die Spitze des Hügels ist beim La. La ist der höchste Ton der Melodie und dann fällt sie ab: La La Soo | Fa Fa Mi Mi Ree Doo.

Was hast du diesmal gelernt?

Musik besteht aus Tönen, die verschieden hoch oder tief sein können. Du kennst die Töne, ihre Namen und wie sie erklingen. Du weißt jetzt, dass es sieben Töne/Familienmitglieder gibt, die zusammen eine Familie, die Do-Familie, bilden. Eine Melodie wird aus Tönen zusammengesetzt. Du hast die Melodie eines Liedes gesungen, die Tonsilben zugeordnet. Nun kannst du dir den Verlauf der Melodie bildhaft vorstellen. Du hast damit begonnen, ein Bild bzw. eine Tonsilbe und einen Ton in deinem Kopf miteinander zu verbinden. Diese Fähigkeit ist wichtig, damit du Musik verstehen kannst. Eine Melodie können wir entweder mit den Tonsilben-„Schrift" oder mit einer Bilderschrift notieren, damit wir sie nicht vergessen. Zur Erinnerung noch die Zeichen, die wir besprochen haben: Das Einatmen (Pause): > Das Ende eines Teils einer Melodie oder eines Abschnitts: | (Strich). Und das Ende einer Melodie wird so gezeigt: ||

2. Das Spielbrett und die Notenschrift

- Nun singe ich eine neue Melodie: | Mi Re Do Re Mi | Pause, einatmen, | Mi Re Do Re Do |. Oder mit den neuen Zeichen, die ich dir gezeigt habe: | Mi Re Do Re Mi | > | Mi Re Do Re Do ||. Sing die Melodie mit den Tonsilben vor. Nicht vergessen: mit dem Finger auf die Noten zeigen!

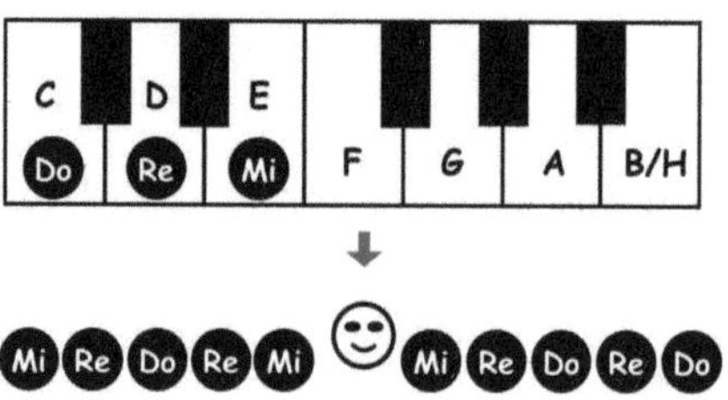

Nora singt und zeigt: | Mi Re Do Re Mi | > | Mi Re Do Re Do ||

Du: Hier solltest du die Fähigkeit, Tonsilben/Notenköpfe zu sehen und Melodie zu singen, gleich ausprobieren. Denk an die Melodie und an die Tonsilben von „Morgen kommt der Weihnachtsmann". Drei Töne, Do Re und Mi, kommen in beiden Melodien vor oder denk an die Melodie auf der Tonleiter. Wenn dir das noch nicht gelingt, nimm ein Instrument zu Hilfe, damit du die Melodie hören kannst. Sing mit den Tonsilben und zeige auf die bunten Notenköpfe von links nach rechts:
| Mi Re Do Re Mi | > | Mi Re Do Re Do ||
Lesen hast du schon gelernt. Wir wollen, dass du wie beim Lesen eine Melodie singen kannst. Gib nicht auf. Du wirst das schaffen!

- Es ist dabei wichtig, dass du die Melodien langsam und aufmerksam singst und vor allem öfter! Je öfter, umso besser. Wiederhole sie. So kann sich dein Gehör die Melodie merken. Daher noch ein neues Zeichen für die Wiederholung: :|| Das sieht dann so aus: ||: Mi Re Do Re Mi :||, anders geschrieben, ohne Wiederholungszeichen: | Mi Re Do Re Mi | Mi Re Do Re Mi |.

- Ich habe verstanden. Ohne Wiederholungszeichen musst du etwas zweimal aufschreiben. Warum aber gibt es Wiederholungen?

- Ich wiederhole, damit ich sicher sein kann, dass der Zuhörer oder die Zuhörerin verstanden haben. Die prägen sich alles besser ein. Ich singe dir etwas vor. Du hörst mir zu und wiederholst, was ich vorgesungen habe:

Peter: | Do Re Mi Fa | Nora: | Do Re Mi Fa |
Peter: | Mi Re Do Re | Nora: | Mi Re Do Re |
Peter: | Mi Do Re So | Nora: | Mi Do Re So |
Peter: | Do Do Doo | Nora: | Do Do Doo |

- Warum hast du beim letzten Do zweimal „oo" geschrieben?

- … weil der letzte Ton Do länger ist als die anderen. Um das zu zeigen, schreibe ich „oo", damit du siehst, dass der Ton länger gehalten wird. Singen wir die Melodie gemeinsam ohne Unterbrechung! Als Erinnerung zeichne ich dir die Melodie auf, damit du dir die Zeichen merkst.

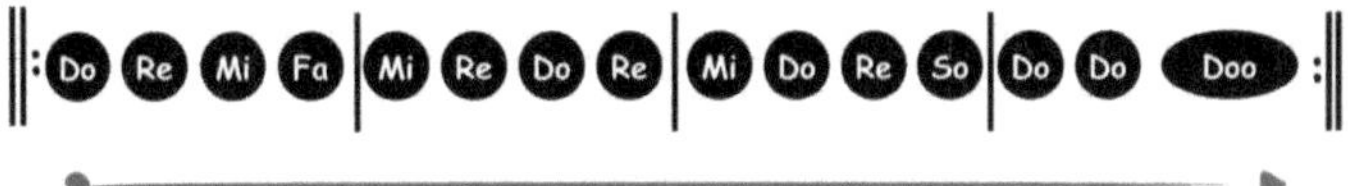

- Und warum ist nach vier Tönen ein Strich gezogen?

- Normalerweise schreibe ich alle Buchstaben nicht zusammen … Morgenkommtderweihnachtsmann!

- Natürlich nicht! Du schreibst Wort für Wort mit einer kleinen Pause zwischen den Wörtern: Morgen kommt der Weihnachtsmann!

- Es gibt Buchstaben, die in einem Wort zusammengehören. Sonst würde man es nicht verstehen. Bei den Tönen ist es genauso. Es gibt musikalische Wörter. Damit es am Anfang bleibt, fassen wir vier Töne zusammen, und die zeichnen wir so auf: | x x x x | oder | 1 2 3 4 | oder | Do Re Mi Fa |. Wir könnten zwei Töne oder drei oder fünf Töne zusammenfassen. Das sollte ich am Anfang der Melodie mit der entsprechenden Zahl kennzeichnen, und zwar so: 4| Do Re Mi Fa | usw.

- Gut, das habe ich auch verstanden.
- Das Wiederholungszeichen am Anfang und am Ende der Melodie (||:
x :||) nicht vergessen. Noch etwas: Während du singst, zeig weiter mit
dem Finger auf die Noten.

Nora singt: 4||: Do Re Mi Fa | Mi Re Do Re | Mi Do Re So | Do Do Doo
:||.

Du: Singübung für dich. Versuche das zuerst ohne Instrument. Lies
zuerst laut die Tonsilben vor, vom Anfang bis zum Ende, dann singe
die Melodie mithilfe deiner Vorstellungskraft. Zeige dabei auf dem Bild
oben auf die bunten Tonsilben.

- Ich singe eine andere Melodie vor, langsam, Schritt für Schritt, damit
du sie dir merken kannst. Auch deine Mutter wird es so gemacht haben, als du sprechen gelernt hast. Achtung! Diesmal ertönt die Melodie
etwas tiefer und dunkler, vom Do nach unten zum Ti. Deswegen befindet sich beim Ti rechts unten ein Strich Ti,, der wie ein Komma aussieht.
- Ich dachte, Ti kommt erst nach dem La, also viel später.
- So einen Fall haben wir beim Do gehabt. Unten ein Do und viel höher noch ein Do´, das mit dem Strich oben. So ist es beim Ti ebenfalls.
Es gibt eine tieferes Ti, das ich mit einem Strich unten schreibe. Kannst
du dich an den Vergleich mit den Wochentagen erinnern? Vor dem
Montag kommt erst der Sonntag, und vor dem Sonntag ist Samstag.
- Der Samstag in der vorigen Woche war anders als der Samstag, der in
dieser Woche kommt. Am vergangenen Samstag habe ich den Tag lang
gespielt, weil es so geregnet hat. Am nächsten Samstag fahren wir zum
Einkaufen, weil ich neue Schuhe brauche. Also vor Do steht ein Ti.
Nach Ti kommt ein Do. Oder: Vor dem Sonntag kommt der Samstag.
Auf den Sonntag folgt ein Montag.
- Ich schreibe das auf: Ti, | Do Re Mi Fa So La Ti | Do´. Also singe ich:

Peter: | Do Do Ti, Ti, | Nora: | Do Do Ti, Ti, |

Peter: | Re Re Do Do | Nora: | Re Re Do Do |
Peter: | Mi Mi Re Re | Nora: | Mi Mi Re Re |
Peter: | Fa Fa Mi i | Nora: | Fa Fa Mi i |
Peter: | Do Do Re Re | Nora: | Do Do Re Re |
Peter: | Ti, Ti, Doo | Nora: | Ti, Ti, Doo |

- Nun singen wir die Melodie gemeinsam und langsam und wiederholen sie.

4 ||: Do Do Ti, Ti, | Re Re Do Do | Mi Mi Re Re | Fa Fa Mii | Do Do Re Re | Ti, Ti, Doo :||

- Könntest du diese Melodie mit denTonsilben zeichnen?
- Ja, natürlich. Dieses Bild wird dir zeigen, was dir am Anfang beim Hören vielleicht nicht gleich aufgefallen ist, und zwar ein gewisses Muster. Die Töne kommen immer doppelt vor: Do Do Ti, Ti, usw., außer bei Mi und am Ende bei Do, die länger sind.

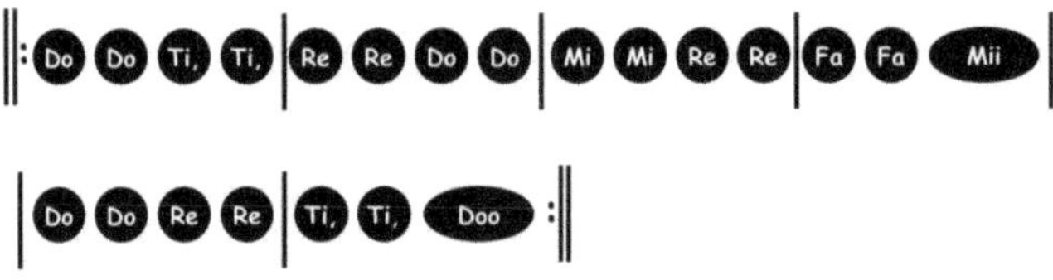

- Das sind meist vier Töne, vier Tonsilben zwischen den Strichen.
- Ja, das hast du gut erkannt.

Du: Lies zuerst die Tonsilben laut vor und versuche, die Melodie zu singen. Wenn das noch nicht geht, greif wieder zu deinem Instrument. Du kannst sie Takt für Takt vorspielen und dann singen.

4 ||: Do Do Ti, Ti, | Re Re Do Do | Mi Mi Re Re | Fa Fa Mii | Do Do Re Re | Ti, Ti, Doo :||

- Wenn wir diese Melodie aufzeichnen würden, wären die verschiedenen Tonhöhen, die in der Melodie vorkommen, nicht sichtbar. Das kann die Tonsilbenschrift nicht zeigen. Alles ist auf gleicher Höhe: Do

Do Ti, Ti, Re Re usw. Aber mit der Bilderschrift ist es möglich, das zu zeigen. Deshalb werden die Töne, die höher erklingen, nach oben versetzt und die tieferen Töne nach unten. Schau die Zeichnung genau an. Sing sie gleich nochmals!

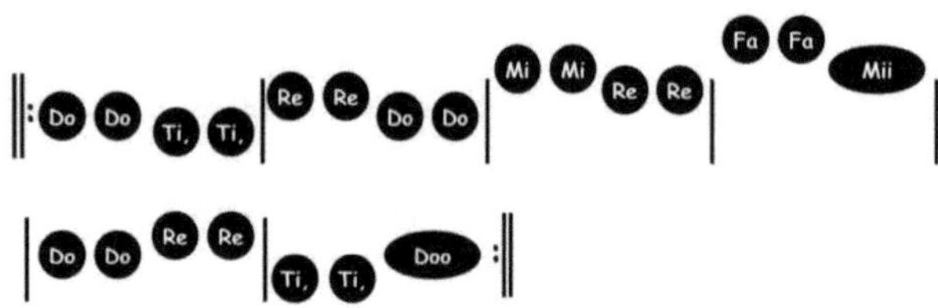

- Dieses Notenbild hat mir geholfen. Mittlerweile kann ich mir die Melodie besser vorstellen und singen. Die runden Notenköpfe erinnern mich an Bälle, die bunt sind und sich in der Luft bewegen.
- Melodien sind tatsächlich wie solche Bälle. Aber irgendetwas fehlt noch auf dem Bild...
- Die Töne schweben in der Luft.
- Dazu werde ich dir eine einfache Lösung zeigen. Vorher habe ich eine Frage: Nora, du wohnst in einem Wohnhaus. In welchem Stockwerk genau?

- Im fünften Stockwerk.
- Deshalb zeichne ich dir ein großes Wohnhaus. Wie wäre es, wenn wir die Töne in einem solchen Haus unterbringen würden? Jeder Ton bekäme eine Wohnung. In jedem Stockwerk wohnt ein Ton. In den farbigen Stockwerken befinden sich die Wohnungen der Angehörigen der Familie Do. Die Töne in den grauen Bereichen lernen wir später kennen. Das Gebäude hat jedoch nicht sieben Stockwerke, sondern dreizehn.
- Das wird immer komplizierter! Etwas ist mir nicht klar. Warum wohnen Mi und Fa und Ti und Do´eng zusammen, und warum haben die übrigen Töne einen anderen Stock zwischen ihnen?

- Die Antwort liegt in der Familie Do verborgen, in den Beziehungen der Familienmitglieder untereinander.

- Meinst du die enge Beziehung der Mutter zum Söhnchen und der Tochter zum Vater?

- Die habe ich gemeint, um die Kräfte der Musik verstehen zu können. Mi und Fa und Ti und Do´ liegen eng beieinander. Wenn du die Töne nacheinander singst, spürst du die Kraft, Anziehung und Spannung zwischen ihnen. Das wird mit dem Bild gezeigt. Unsere Augen und das Gehör sind gute Freunde. Kann der eine Sinn etwas nicht erkennen, hilft der andere.

Jetzt bist du dran! Während du die Tonleiter singst, stell dir die Abstände (- und .) vor und beobachte, ob du die Spannung, den kleineren Abstand, zwischen Mi und Fa und Ti und Do spüren kannst.
| Do - Re - Mi.Fa - So - La - Ti.Do´ > Do.Ti – La – So – Fa.Mi – Re - Do ||

- Bei den anderen Tönen liegt stets ein Stockwerk dazwischen.

- Ist zwischen zwei Tönen ein anderer Ton vorhanden, nennt man das Ganztonabstand wie zwischen Do und Re. Doo - Re: Das Zeichen - steht für den Zwischenton. Zwischen Mi und Fa ist kein Zwischenton vorhanden. Die beiden Töne sind eng beisammen. Das heißt: Halbtonabstand.

- Woher stammen die Wörter Halbtonabstand und Ganztonabstand? Das kann ich bei der Zeichnung mit dem Haus oder den Spielsteinen nicht erkennen.

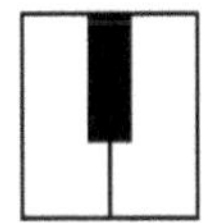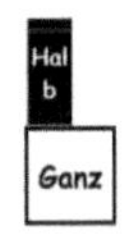

- Das hat mit der Klaviertastatur zu tun, weil es dort zwischen den weißen Tasten schmale schwarze Tasten gibt, die halb so breit sind wie die weißen Tasten. Diese Benennung kann ich für die Tonsilben übernehmen. Schau dir das Bild unten an. Es hilft mehr als eine Erklärung. Diesmal habe ich die schwarzen schmalen Klaviertasten verlängert und genau so breit gemacht wie die weißen, damit du die Begriffe Halbton und Ganzton leichter verstehst. Schwarz steht für die noch unbekannten Zwischentöne. Zwischen Mi und Fa und Ti und Do gibt es keine schwarze Taste.

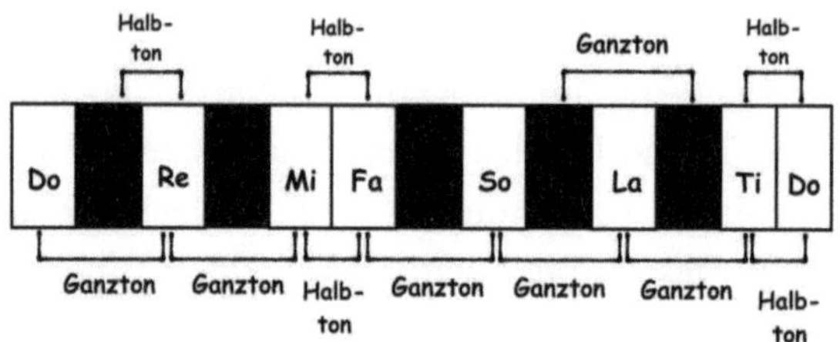

- Diese Anordnung zu verstehen ist wichtig. Die Töne wollen ein Muster bilden. Dahinter ist eine Kraft verborgen, um Melodien bilden zu können. Wir werden diese Kraft später genauer kennenlernen. Denk an das Bild der Familie. Wenn du die Beziehungen in der Familie verstehst, kannst du dir die Beziehungen zwischen den Tönen leichter vorstellen. Aber wir wollten vorher die Noten, die in der Luft schweben, auch irgendwie stützen. Unsere Aufgabe ist es, eine Lösung, eine Stütze, für die bunten Tonsilben zu finden, die noch immer in der Luft hängen. Ich schreibe unsere Melodie auf: | Do Do Ti, Ti, | Re Re Do Do | Mi Mi Re Re | Fa Fa Mii | Nun wollen wir unsere Melodie aufzeichnen: Die bunten Bälle fliegen noch immer in der Luft.

- Wie wäre es, wenn die Töne eine eigene Wohnung bekämen?

- Schau, ich habe sie im Haus untergebracht, aber nur die ersten paar Töne in die passenden Stockwerke platziert, also dort, wo sie wohnen.

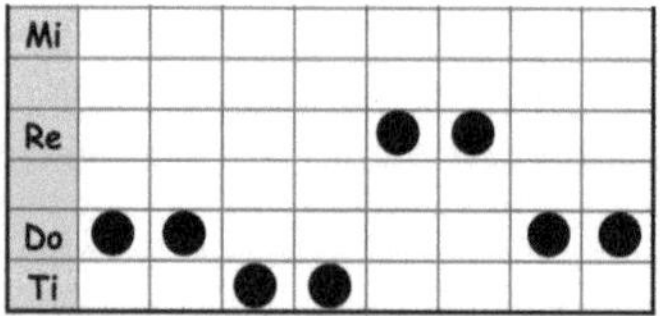

- Das sieht gut aus. Jeder Ton hat seinen Platz. Die Abstände zwischen den Tönen sind richtig eingezeichnet und die Reihenfolge stimmt auch.

- Wir können sehen, welche Töne nicht gespielt werden, und wir gucken uns die Anordnung der Töne an. Wir können eine Regel erkennen, dass die Töne gern Muster bilden. Mit dieser Zeichnung haben
wir eine Möglichkeit entwickelt, die Melodie aufzuzeichnen.

Du: Zeig mit dem Finger auf die Töne, die du singst.

- Ich sehe schon, dass diese Zeichnung ähnlich wie die Notenschrift
ist.
- Nora, zeichne selbst ein Haus! Dort auf dem Tisch findest du Stifte.
- Dauert das nicht zu lange?
- Wenn wir jedes Mal ein Haus für die Töne zeichnen, würde das lange
dauern. Am Anfang benutzen wir nur sieben Töne. Statt eines Hauses
mit Stockwerken können wir für die Darstellung der Tonhöhe eine
Linie zeichnen.

- Mit ihr haben wir die Möglichkeit, drei Töne zu zeichnen.
- Das versteh ich nicht, wieso drei?
- Mit einer Linie ergeben sich drei Möglichkeiten, die Töne zu platzie-
ren: unter der Linie, auf der Linie und über der Linie

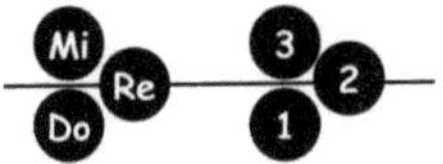

- Habe ich verstanden.
- Wie bringen wir die weiteren Töne unter?
- Wir brauchen noch eine Linie für die anderen Töne.
- Machen wir das also!

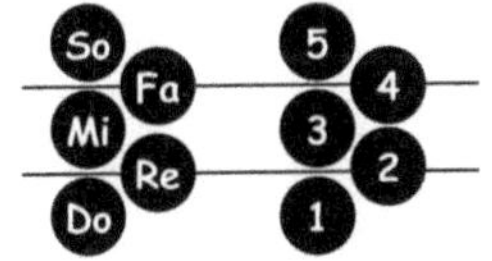

- Jetzt haben wir fünf Töne auf zwei Linien, im Zwischenraum, darüber und darunter untergebracht, da stimmt aber etwas nicht. Du hast gesagt, dass das So im achten Stockwerk wohnt. Aber hier hat es die Nummer 5 und wohnt über der zweiten Linie.

- … weil die Linien nicht jedes Stockwerk zeigen können. Es ist alles vereinfacht und zusammengedrängt. Wir fangen beim Do zu zählen an. Do ist der erste Ton. Re ist der zweite Ton. Mi ist der dritte Ton. Fa ist der vierte Ton, und So der fünfte Ton in der Do-Familie. (1.=Do 2.=Re 3.=Mi 4.=Fa 5.=So)

- Ich kann mir das nicht vorstellen.

- Na gut, ich versuche es mit einer anderen Zeichnung.

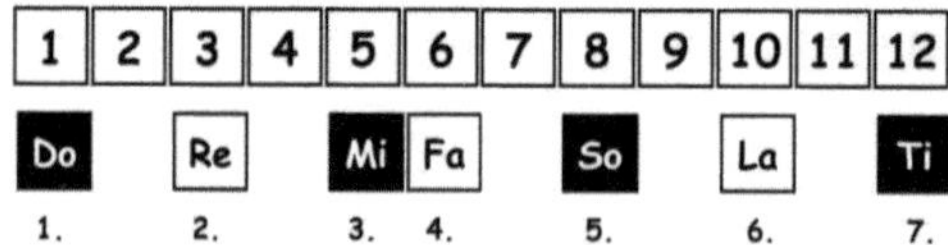

- Stell dir vor, du hast zwölf Spielsteine, die mit Zahlen versehen sind. Jeder Spielstein hat eine eigene Farbe, damit du sie schnell und leicht voneinander unterscheiden kannst. Am Anfang verwenden wir nur sieben Spielsteine, den grünen, gelben, orangefarbenen, hellblauen, hellgrünen, dunkelgelben und den roten Spielstein. Diese sieben Bausteine nehmen wir heraus und legen sie über die gleichfarbigen. So entsteht eine neue Anordnung, doch mit Lücken. Das grüne Do ist der erste Stein, das gelbe Re ist der zweite und so weiter. (1.=Do 2.=Re 3.=Mi 4.=Fa 5.=So 6.=La 7.=Ti 8/1.=Do´) Damit haben wir sieben verschiedene Töne, mit denen wir spielen können. Die anderen Spielsteine werden zur Zeit nicht verwendet.

- Jetzt habe ich es verstanden. Diese Spielsteine bekommen eine andere Nummer, weil sie eine Familie bilden.

- Richtig! Es ist wirklich verwirrend, dass sie eine andere Nummer haben. Später werde ich dir genauer erklären, warum es insgesamt zwölf Töne gibt. Es ist wichtig zu wissen, wie es zu dieser neuen Benennung kommt. Zum Beispiel mit dem Haus: Das fünfte Familienmitglied So wohnt im achten Stock, das dritte Mitglied, die „Mutter" Mi, wohnt im fünften Stock, das zweite Mitglied Re wohnt im dritten Stockwerk.

- Aber warum?

- Nicht so schnell! Weil die „Wohnungen" so verteilt worden sind. Benutz das Bild, wenn wir die Tonsilben singen, und zeig mit den Fingern immer auf den Ton, also auf den Spielstein oder das Stockwerk. Schau die Zeichnung unten an. Mit ihr können wir neun Töne mit Hilfe von vier Linien unterbringen.

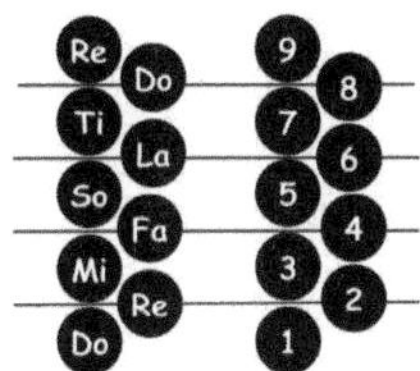

- Wie du beim Haus gesehen hast, gibt es eben diese Stockwerke, die grau sind. Die können wir hier auf den Linien nicht zeigen.

- Wenn wir noch mehrere Linien ziehen würden, wäre das dann möglich?

- Das Problem würde weiter bestehen. Deswegen hab ich dir das Bild des Hauses gezeigt, damit du dir vorstellen kannst, wie die Anordnung aller zwölf Töne aussieht. Weil wir nur sieben Töne verwenden, können wir die Darstellung mit den Linien vereinfachen. Das hat im Mittelalter ein Mönch namens Guido von Arezzo erfunden. Er hat weitergedacht und als Erster die Töne mit Tonsilben benannt. Er war auch noch Lehrer. Seine Aufgabe bestand darin, den jungen Sängern das Singen beizubringen. Mit den Tonsilben ging das einfacher und schneller.

- Immerhin können wir neun Töne auf vier Linien unterbringen.

- Es wäre kompliziert, wenn wir das Haus, in dem die Töne wohnen, jedes Mal zeichnen müssten. Deswegen benutzen wir die Linien. Vergiss nicht, dass die anderen fünf Töne versteckt bleiben. Um die versteckten Töne trotzdem zu zeigen, habe ich mir eine andere Zeichnung ausgedacht.

- Für die Form der Notenköpfe habe ich die Waben gewählt, damit sichtbar wird, dass zwischen den Tönen noch andere Töne Platz haben.

Zwischen Fa und So befindet sich ein weißer Ton, der hineinpassen würde. Der Pfeil zeigt diese Möglichkeit auf. Es ist dort leicht zu erkennen, dass zwischen Mi und Fa und Ti und Do kein Ton mehr Platz hat. Dieses Bild hat den Vorteil, dass du siehst, wie die anderen fünf Töne eingeschoben werden können.

- Das sieht aus wie die Honigwaben, die die Bienen verwenden.

- Die Bienen haben eben viele Wohnungen geschaffen. Ich habe mir auch überlegt, wie wir alle zwölf Töne in der Darstellung unterbringen könnten. Dafür musste ich aber den Abstand zwischen den Linien vergrößern, damit die anderen Töne Platz bekommen.

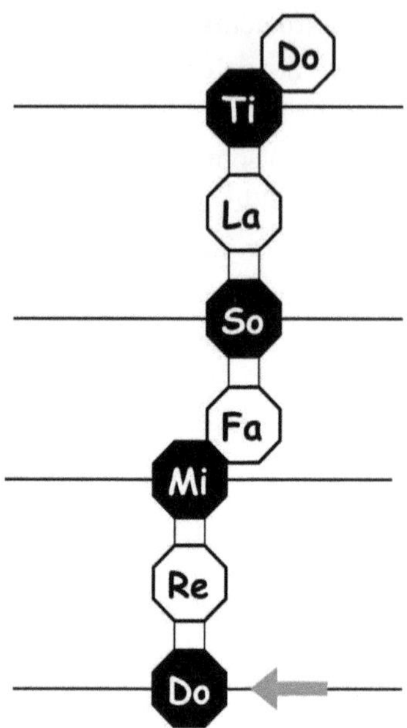

- Auf deinem Bild hast du also für die anderen Töne, die nicht zur Do-Familie gehören, Platz gemacht? Ich kann sehen, wie das Mi beim Fa und das Ti beim Do eng zusammenkleben.

- Ganzton oder Halbtonabstand! Es ist wichtig zu wissen, dass die Notenlinien nur die Töne die zur Do-Familie gehören, sichtbar machen können. Meine Zeichnung zeigt auch die anderen Zwischentöne. Aber singen wir doch gemeinsam. Diesmal zeigen wir mit dem Finger auf die Tonsilben, die mit den gewöhnlichen Notenlinien dargestellt werden.

Du: Sing und zeig mit deinem Finger auf die Notenköpfe: | Do Re Mi Fa So La Ti Do´ | > | Do´ Ti La So Fa Mi Re Do ||.

- Gut, ich habe gesehen, wo die Töne wohnen. Mir ist aufgefallen, dass ich bei den Notenlinien nicht erkennen kann, welche Töne enger zusammenwohnen. Alle Töne scheinen den gleichen Abstand zu haben.

- Sehr gut erkannt! Genau das ist das Problem. Deswegen benutzen wir beide Bilder, die gewöhnlichen Notenlinien und das Linien-Haus. Wenn du aufs Bild schaust, erkennst du andere Zusammenhänge.

- Wie die Töne angeordnet sind?

- Wenn Do zwischen den Linien steht, steht auch So dazwischen...

- Und es befindet sich Mi auch zwischen den Linien.

- Kannst du noch einen Zusammenhang erkennen?

- Aber ja! Re, Fa und La stehen alle auf Linien.

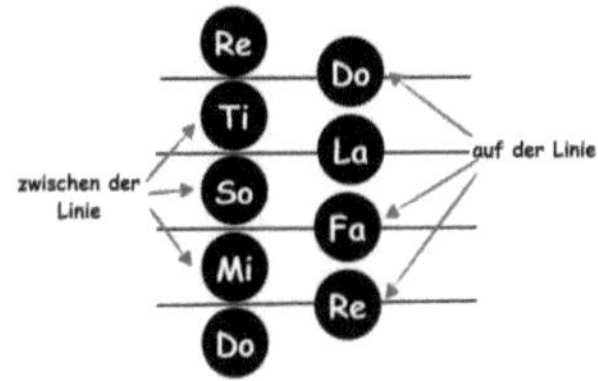

- Merk dir diese Regel, die wir später ständig beim Lesen der Notenschrift brauchen werden. Diese Muster kannst du mit deinen Augen leicht erkennen. Aber am Anfang werden wir nur weniger Linien zeichnen, weil wir noch nicht so viele Töne singen können. Einen Grund gibt es noch dafür, dass du schrittweise lernen sollst, wie die Notenlinien aufgebaut sind. Schließlich können wir nicht so hoch und so tief wie ein Instrument singen. Deshalb reichen uns weniger Notenlinien aus. Nachdem du jetzt weißt, wie die Tonhöhen mit den Notenlinien dargestellt werden, musst du wissen, wie lang sie gesungen werden.

- Ich würde die langen Töne lang zeichnen und die kurzen kürzer.

- Ist ja logisch. Wenn das Auge sieht, dass etwas lang ist, weiß der Verstand, dass der Ton lang sein muss. Wenn die Töne kurz gesungen werden, sind sie kurz gezeichnet: Wenn wir einen Ton lang singen wie das Doo, wird er lang gezeichnet:

- Ja. Und nachdem du die Notenlinien kennst, versuche, die ersten fünf Töne zu zeichnen, dort, wo sie wohnen. Platziere die Töne auf der Linie oder zwischen den Linien. Do soll unten auf dem Boden sein.

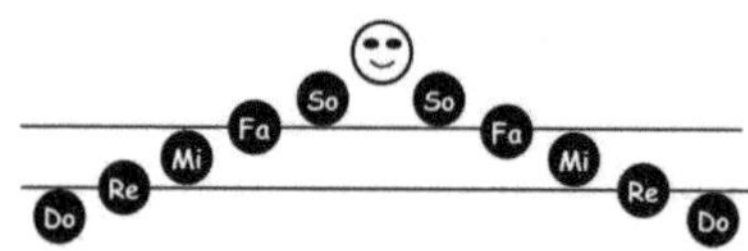

- Do ist auf dem Boden, weil Do ein Grundton ist. Die anderen Töne wohnen der Reihe nach höher. In der Mitte befindet sich die Atempause, also der Kopf. Weil wir nur fünf Töne haben, habe ich nur zwei Linien gebraucht.
- Sehr gut. Zeichne jetzt die folgende Melodie auf: | Mi Re Do Re Mi | > | Mi Re Do Re Do ||.

- Wenn´s dir Spaß macht, schreib noch diese Melodie auf: | Do Re Mi Fa So La Ti Do´| > | Do´Ti La So Fa Mi Re Do ||.

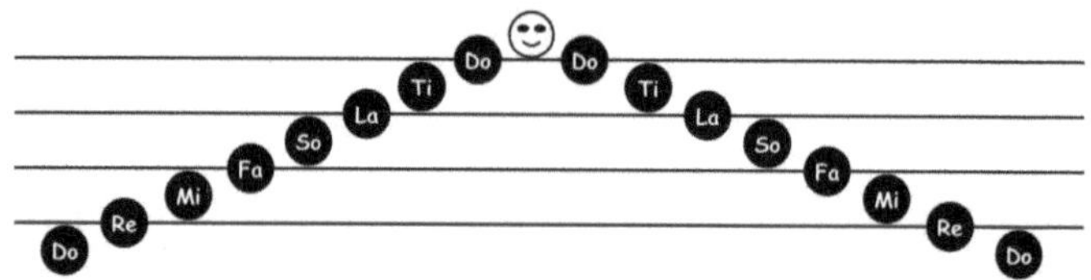

- Du hast vier Linien genutzt und die Atempause richtig eingehalten. Kannst du dich noch an die Melodie erinnern, die wir vorher gesungen haben? Ich meine die, bei der die Töne in der Luft hängen?
- Ach ja, Do Do Ti, Ti, Re Re Do Do.
- Wir haben versucht, die Tonhöhe darzustellen, indem wir die Töne, die höher erklungen sind, höher zeichnen. So können wir unsere No-

tenlinien zeichnen, damit die Töne sicher stehen können. Weil wir fünf verschiedene Töne haben, brauchen wir nur zwei Linien.

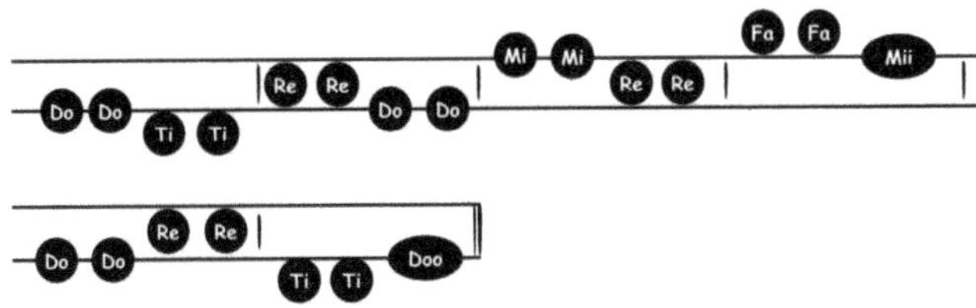

Du: Betrachte die Notenzeichnung und sing die Melodie.

- Stopp, du hast das Do verschoben. Nun steht es nicht mehr auf dem Boden, unter der ersten Linie, sondern auf der ersten Linie. Heißt das also, dass wir Do verschieben können, aber warum?

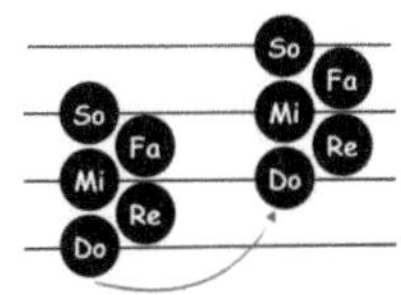

- … weil in der Melodie der Ton Ti vorkommt, der tiefer ist als Do. Hätte ich mit dem Do unter der Linie begonnen, hätte ich eine Linie für das tiefere Ti zeichnen müssen. Do kann überall wohnen, egal, auf welcher Linie. Jede Tonhöhe, egal, ob hoch oder tief, kann die Rolle von Do einnehmen. Weil die Tonsilbe Do eine Eigenschaft ist und keine fixe Tonhöhe. Hauptsache, wir wissen, wo Do steht. Den Anfangston Do kann man nach unten oder oben verschieben!
- Als würde ich ein Männchen zeichnen und mit den Füßen anfangen. Dann kommen die Hände oder der Kopf. Ob ich auf dem Zeichenblatt unten oder oben anfange, ist es egal. Das Männchen wird immer gleich ausschauen.
- Die Form der Figur bleibt gleich. Welche Form ist zu sehen, wenn du dir die Melodie Do Do Ti, Ti, Re Re Do Do anschaust?
- Ich sehe eine Form, die auf- und abgeht, also ähnlich einer Welle.

- Ja, der Ablauf der Melodie ähnelt einer Welle, und unzählige Melodien ähneln einer Welle. Die Bewegungen der Melodien sind ein ständiges Auf und Ab. Reden wir wieder über die Eigenschaften der Töne. Sie sind wie Lebewesen. Eine Melodie ist die Bewegung von einem Ton zum anderen. Deine Idee war die, Melodien mit fliegenden Bällen zu vergleichen. Wenn wir die Bewegung des Balls, sozusagen seinen Flug, beobachten und aufzeichnen, ist er einmal oben und einmal unten.

Du: Verfolge den Weg des „Balls". Die Pfeile zeigen die Richtung an. Versuch, die Notenschrift zu lesen und die Melodie zu singen.

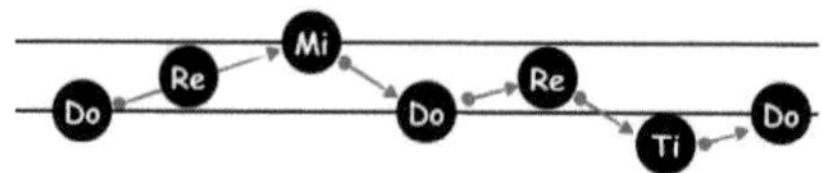

- Hier würde der Vergleich mit einer Welle passen. Wie eine Welle, die sich auf und ab bewegt. Machen wir ein Experiment. Wir können mit unserer Stimme Melodiewellen erzeugen. Wir können einen Ton umspielen. Als Beispiele umspiele ich Do. Ich singe dir vor: Do Re Ti, Do.

Du: Singe die folgende Melodie: ||: Do Re Ti, Do :||

- Das ist wie in meinem Lieblingsfilm „König der Wellen".
- Diese Zauberkraft macht die Wellen. Diese Bewegung nennen wir Melodie. Die Wellen nutzen die Töne. Versuchen wir, solche Wellen zu erzeugen.
- Also singen?
- Möglichkeiten für die Aufwärts- und Abwärtsbewegung sind Do Ti, Re Do oder So La Fa So. Wir können es auch mit So Fa La So probieren.

Du: Sing, wie auf dem Notenbild dargestellt:

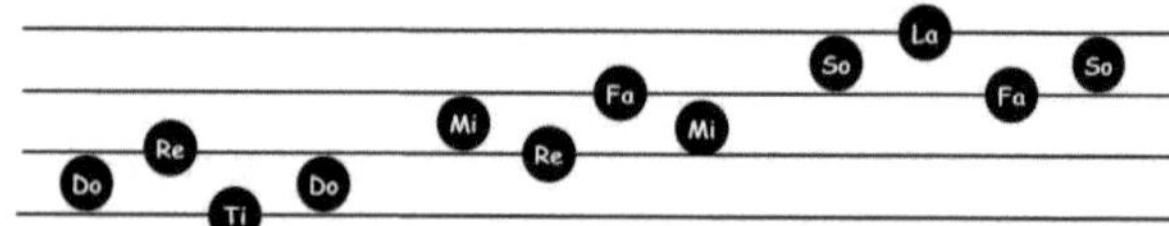

- Ich zeige dir ein neues Spiel. Wir haben festgestellt, dass es Melodie-wellen gibt, und das bedeutet Bewegung. Auf dem Papier ist das nicht erkennbar. Die Noten dort bewegen sich nicht. Wie können wir Bewegung darstellen? Kannst du mit deinem Finger in der Luft Wellen zeichnen?

Nora zeigt Wellenbewegungen.

- Melodie ist Bewegung. Zeige mit deinem Finger, wo und wie die Melodiewelle die Töne trifft. Ich habe ein Bild mit drei Tönen, die in der Melodie vorkommen, gezeichnet. Während ich die Melodie mit Tonsilben singe, zeige ich mit meinem Zeigefinger auf die Tonsilben.

Peter singt und zeigt in der Reihenfolge auf die Töne, die in der Melodie vorkommen: | Do Re Ti, Do |.

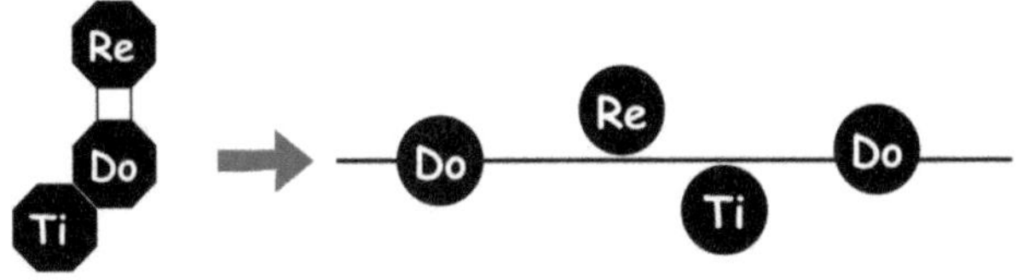

- Du hast das Bild mit den Waben gewählt. Soll das die richtigen Abstände zwischen den Tönen leichter sichtbar machen?
- Gut bemerkt!

Du: Zeige auf die Töne und singe die Melodie: ||: Do Re Ti, Do :||.

- Wenn du die Melodie singst und auf die Tonsilben zeigst, kannst du durch die Bewegung den Ablauf der Melodie leichter erkennen. Wir können den Vergleich mit dem Flug des Balls nutzen. Also durch Bewegung ist es leichter zu lernen. Mit der Bewegung prägst du dir den Ablauf der Melodie besser ein. Jetzt singen wir und zeigen auf die Töne vom Do bis So, Schritt für Schritt.

Du: Zeig auf die Tonsilben und sing langsam mit.
Das ist wieder eine sehr wichtige Übung, um dein
Gehör mit einem Bild zu verknüpfen:

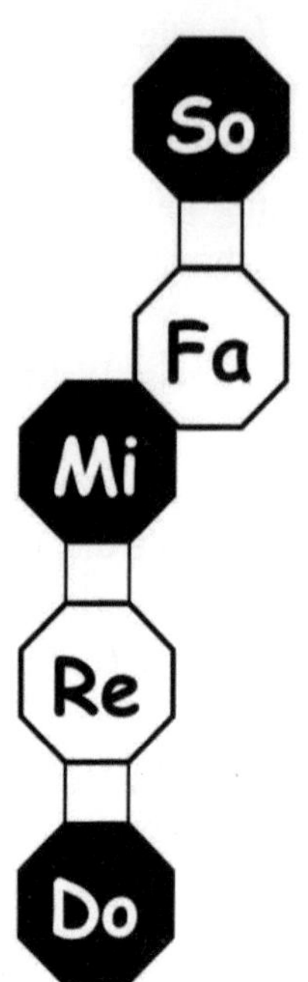

Do Re Mi Fa So	>	So Fa Mi Re Do
Do Mi Re Fa So	>	So Mi Fa Re Mi
Do Re Re Do	>	Doo Soo Doo
Do Mi So Mi Re	>	Soo Mi Re Doo	

Do Re Mi Fa So	>	So Fa Mi Re Do
Do Mi Re Fa So	>	So Mi Fa Re Mi
Do Re Re Do	>	Doo Soo Doo
Do Mi So Mi Re	>	Soo Mi Re Doo	

- Wenn wir die Notenschrift lesen können, singen
wir neue Melodien.
- Das möchte ich können, so wie mein Vater und
mein Bruder.
- Du kannst das schon. Was machst du, wenn ich
eine Melodie singe, die für dich zu tief ist?
- Ich fange höher an.
- Kannst du die zwei Versionen, tief und hoch, mit Notenschrift notie-
ren, zum Beispiel | Do Re Mi |.

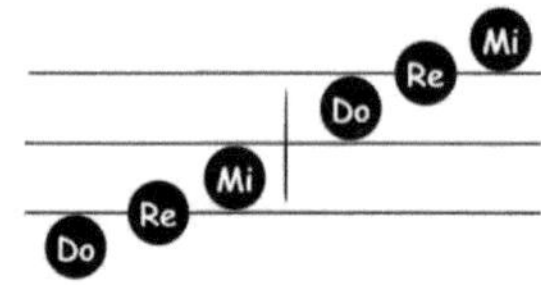

- Das entspricht dem Unterschied, wie wir singen und hören.
- Wir brauchen nicht immer so viele Linien zu zeichnen. Ich kann die
Noten zwischen den Linien platzieren.
- Früher in den Klöstern haben die singenden Mönche nur vier Noten-
linien genutzt. So sieht eine alte Notenschrift aus.

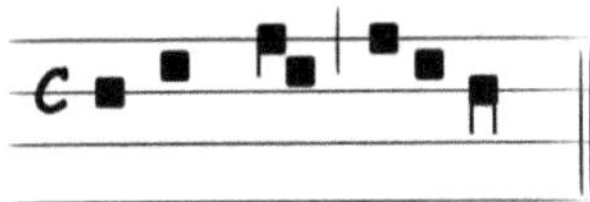

- Zu Hause kannst du die Melodien, die wir aufgeschrieben haben, nachsingen. Also bis zur nächsten Stunde.

Nora nimmt die ausgedruckten Notenblätter und verabschiedet sich.

Was hast du diesmal gelernt?

Du hast den Umzug der Töne aus dem Haus auf die Notenlinien mit-verfolgt. Du hast die Anzahl der Töne kennengelernt. Das sind insge-samt zwölf. Am Anfang werden wir nur sieben Töne, die die Do-Fami-lie bilden, nutzen. Die Töne der Do-Familie haben eine feste Platzord-nung. Einige sitzen eng nebeneinander wie Mi und Fa und Ti und Do. Andere haben noch einen leeren Platz zwischen ihnen. Das sieht so aus: Do Re MiFa So La TiDo. Du hast gesehen, wie man die Tonhöhe und die Länge der Töne aufzeichnen kann. Es wurden wiederkehrende Muster bei den Tönen erklärt. Sehr wichtig ist es zu wissen, dass Do auf den Notenlinien - nach oben oder nach unten - verschiebbar ist. Jetzt weißt du, wie eine Melodiewelle entsteht. Der Ball wird zwischen den Familienmitgliedern der Familie Do hin- und hergeworfen. Du kannst außerdem einen bestimmten Ton umspielen, wie z. B. das Do: Do Re Ti, Do.

3. Ein Gebet: Vater unser

Nora kommt zur nächsten Stunde. Sie sitzt mit ihrem Lehrer am Schreibtisch.

- Mithilfe einer Linie gibt es drei Möglichkeiten, etwas zu platzieren: unter der Linie, auf der Linie und über der Linie. Das bleibt auch dann so, wenn wir Töne zeichnen. - sagt Peter.

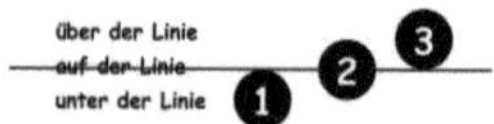

- Mithilfe einer Linie können wir drei Tonhöhen darstellen, zum Beispiel Do Re Mi oder So La Ti. Dabei ist egal, wo Do steht, denn Re ist immer in der Nähe. Wenn Do auf der Linie steht, befindet sich Re zwischen den Linien. Wenn Do zwischen den Linien steht, steht Re auf der nächsten Linie. Die Reihenfolge und der Abstand bleiben immer gleich. Das Ganze kann nach unten oder nach oben verschoben werden. Wir singen und zeigen mit dem Zeigefinger auf die Töne, die wir singen: | Do Re |, dann etwas höher: | Do Re |, und noch höher: | Do Re.

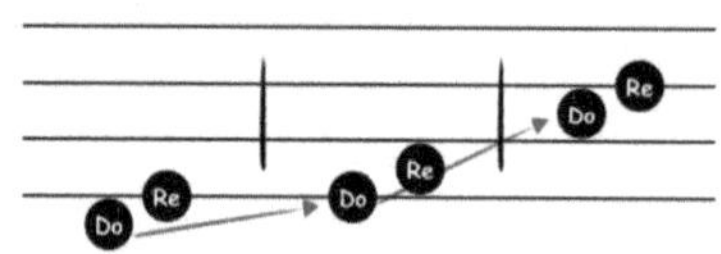

- Schauen wir uns Do und Mi an. Hier gibt es einen bestimmten Abstand, der immer gleich bleibt.

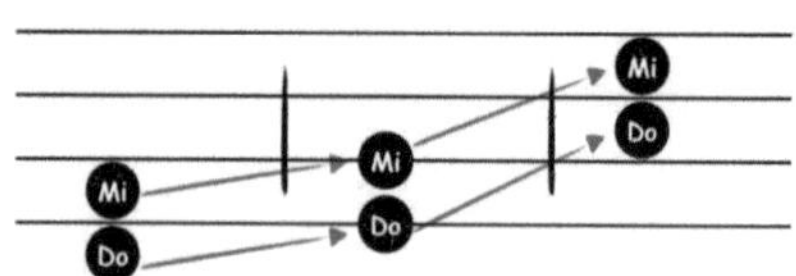

- Wenn sich Do auf der Linie befindet, steht Mi immer auf der nächsten Linie. Beide Töne haben immer den gleichen Abstand. Wenn Do zwischen den Linien ist, ist auch Mi zwischen den Linien, egal, wo sie sich befinden. Die Pfeile zeigen dir das. Man kann sie gleichmäßig verschieben, egal ob nach unten oder nach oben.

- Das verstehe ich. Wozu brauchen wir das?

- Damit wir den Anfangston einer Melodie nach oben oder nach unten verschieben können. Das kommt sehr oft vor, wenn Menschen singen. Männer, Frauen oder Kinder können verschieden hoch oder unterschiedlich tief singen. Zwischen Do und So gibt es ebenfalls einen Abstand, der immer gleich bleibt. Wenn Do auf einer Linie steht, befindet sich So auch auf einer Linie, aber erst auf der übernächsten. Steht Do zwischen den Linien, findest du So ebenfalls zwischen den Linien.

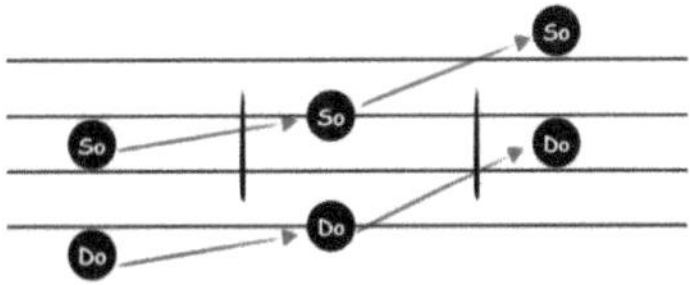

- Singen wir und zeigen wir auf die Töne: | Do So |, dann etwas höher singen: | Do So | usw.

Damit du das üben kannst, gebe ich dir eine kleine Leseübung. Ich gebe dir ein Notenblatt, auf dem es weder Farben noch Namen gibt. Ich sage dir, wo Do ist! Versuch zuerst langsam, ohne zu singen, die Tonsilben in ihrer Reihenfolge zu lesen.

- Mach es mir nicht so schwer!

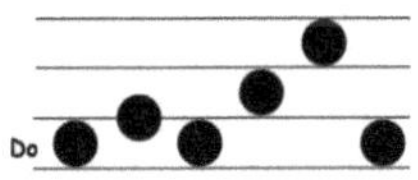

- Versuch´s langsam. Zeige mit dem Zeigefinger auf die Töne, während du sie laut beim Namen nennst. Die Abstände zwischen Do Re, Do Mi und Do So habe ich vorher erklärt. Der Ausgangspunkt für das Auge ist Do.

Nora buchstabiert: Do Re Do Mi So Do

- Somit hast du die Notenschrift erfasst. Bravo!

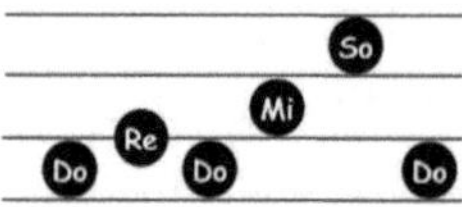

Nora singt die Melodie nun vor: | Do Re Do Mi So Do ||.

Jetzt bist du dran! Lies zuerst die Tonsilben und sprich die Tonsilben aus.

- Mi und Fa sind sehr eng beieinander wie Mutter und Söhnchen. Das sieht man aber auf den Notenlinien nicht! Aber wenn Du die Töne mit Tonsilben benennst, dann ist es klar, wie sie erklingen. Lies die Noten.

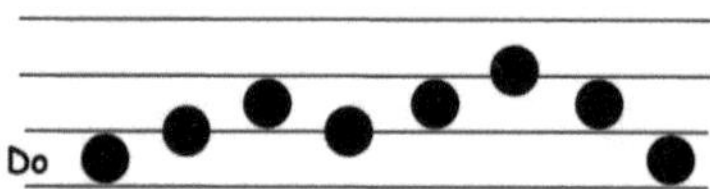

Nora buchstabiert und singt: Do Re Mi Re Mi Fa Mi Do.

- Gut gemacht, setzen wir wieder die „bunte" Brille auf!

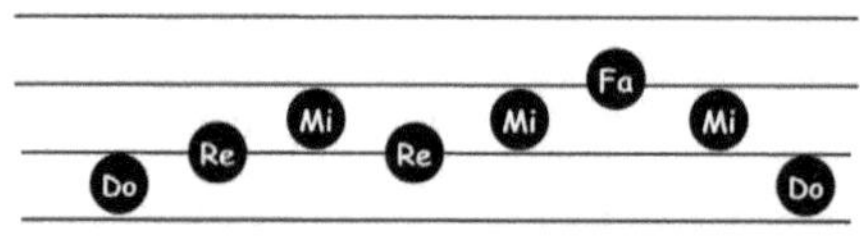

- Nora, du hast jetzt angefangen, Noten zu lesen und sie in eine Melodie umzuwandeln! Das ist eine große Leistung! Diese Fähigkeit, eine unbekannte Melodie, die man noch nicht gehört hat, nach der Notenschrift zu lesen, nennen die Musiker „Vom-Blatt-Lesen. Die Sängerinnen, die in einem Chor singen, müssen vom Blatt lesen können, weil sie ja kein Instrument zur Hand haben, außer ihrer eigenen Stimme!
- Ich habe die Wiener Sängerknaben gehört. Können die auch vom Blatt lesen und singen?
- Natürlich. Das haben sie in der Chorschule gelernt.

- Gibt es eine Chorschule?

- Ja, es gibt Chorschulen. Du könntest auch hingehen. Lass uns aber auf den Zusammenhang zwischen Schreibschrift und Notenschrift eingehen. Natürlich gab es lange vor der Erfindung der Schrift die Sprache und die Musik. Die Schrift entstand deshalb, um nicht zu vergessen, was man gesagt oder gesungen hat. So also kamen Wörter und Melodien zusammen. Kinder singen meist vertonte Texte. Ich habe Beispiele aus der Kirche erwähnt. Unsere Musik, also die Art, wie wir musizieren, hat ihren Ursprung meist dort. Die Mönche entdeckten die Spielregeln der Musik. Für sie war die Musik ein Weg zu Gott. Sie haben ihre Gebete mit Melodien versehen. Ein bekannter Text ist das „Vaterunser". Das wird in der Kirche vom Priester angestimmt und von den Gläubigen mitgesungen. Unser Wort Vater können wir in zwei Silben trennen, „Va" und „ter". Die Mönche haben für jede Wortsilbe einen Ton gesungen. Jeder Silbe wird ein Ton zugeordnet und dadurch entsteht der Gesang.

- Sind die Tonsilben ähnlich wie die Wortsilben?

- Sie haben Ähnlichkeiten. Es ist kein Zufall, dass beide das Wort Silbe beinhalten. Merke: Zu jeder Wortsilbe gehört eine Tonsilbe. Es gibt eine Melodie zum Gebet, das in der Kirche gemeinsam gesungen wird. Der erste Teil geht so:

| Va-ter un-ser im Him-mel |
| Do Re Mi Re Mi Fa Mi |

Am besten zeichne ich die Melodie mit der Notenschrift auf. Unter jeden Notenkopf schreibe ich die Textsilbe.

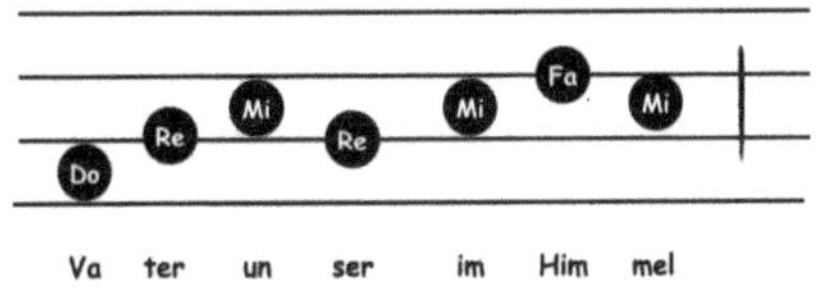

Sing die Melodie zuerst mit den Tonsilben | Do Re Mi Re Mi Fa Mi |, dann mit dem Text wie oben.

- Die Mönche wollten das Gebet noch schöner gestalten und nicht nur aufsagen.

- Noch schöner klingt das mit Orgelbegleitung. Dann spüre ich die Töne im Bauch wie Wellen, weil die Orgel so laut und tief erklingt.

- Die Orgel mag ich auch sehr. Sie ist ein wichtiger Schlüssel in der Hand der Musiker.

- Nora: Was? Die Orgel als Schlüssel in der Hand der Musiker? Wie meinst du das?

- Natürlich kein echter Schlüssel, sondern als Symbol. Darüber werden wir später ausführlicher reden. Schau noch einmal auf das Notenbild. Wo habe ich einen Strich gemacht?

- Hinter dem Wort „Himmel": | Vat-er un-ser im Him-mel! |.

- Das heißt, dass die drei Wörter zusammengehören.

- Weil das wie ein ganzer Gedanke ist?

- Wir machen in der Musik keinen Punkt wie hinter einem geschriebenen Satz aus Wörtern, sondern einen Strich. Gleich am Anfang der musikalischen Form von „Vater unser im Himmel" steht ein Beistrich. Es ist, als würdest du das nachwirken lassen wollen. „Va-ter un-ser im Him-mel" besteht aus sieben Wortsilben und aus sieben Tonsilben: | Do Re Mi Re Mi Fa Mi |. Dann geht es weiter: „Ge-hei-ligt wer-de dein Na-me." Diesmal sind es 8 Wortsilben. Das schaut so aus:

| Ge-hei-ligt wer-de dein Na-me |
| Mi Mi Mi Mi   Re Mi Re Do |

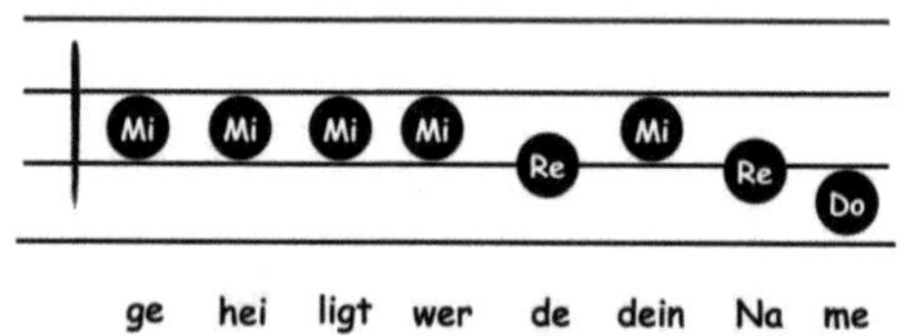

Du: Sing die Melodie zuerst nur mit den Tonsilben, dann mit dem Text.

- Der Text geht so weiter: „Dein Reich kom-me." Das sind vier weitere Wortsilben. Die Melodie dazu lautet: | Do Re Mi Re |.

| Dein Reich kom-me |
| Do   Re   Mi   Re |

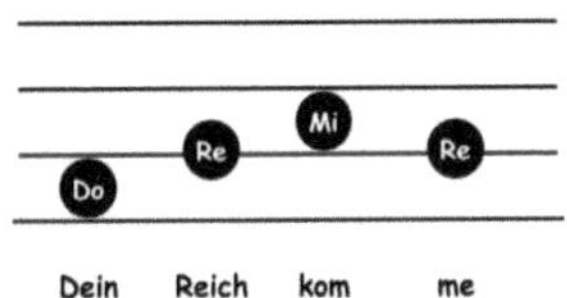

-| Dein Wil-le ge-sche-he.| Also sechs Wortsilben.
- | Mi   Fa Mi Mi Re Do |

Sing jetzt du auch: Mi Fa Mi Mi Re Do.

- Damit haben wir den ganzen Text und die Melodie. Schau dir die einzelnen Teile noch einmal ganz genau an. Aus diesen Bausteinen, genauer gesagt, aus diesen Wortbausteinen wurden der Text und die Melodie erstellt.

Sing die Melodie zuerst mit den Tonsilben, dann mit dem Text:
| Do Re Mi Re Mi Fa Mi | Mi Mi Mi Mi Re Mi Re Do |
| Do Re Mi Re | Mi Fa Mi Mi Re Do ||.

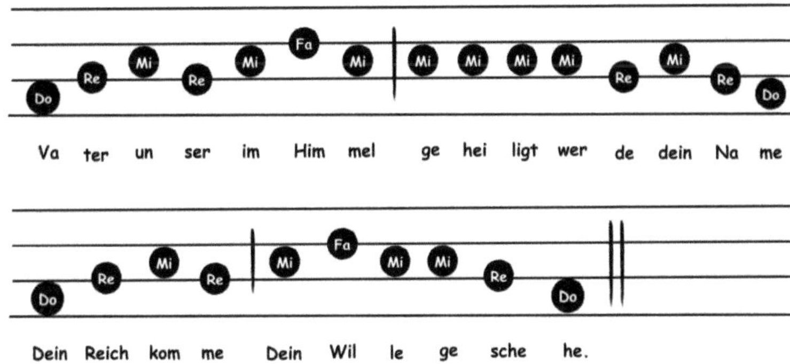

- Gucken wir uns „Dein Reich komme" genauer an. Die Tonsilben dazu: Do Re Mi Re. Wenn ich das ausspreche, hebe ich meine Stimme bei der letzten Silbe des Wortes „komme". Ich hebe sie leicht an, weil ich noch nicht fertig bin. Das Gebet geht doch weiter. - sagte Peter.

| Do Re   Mi Re |
| Dein Reich kom-me |

- So zeige ich, dass ich die letzte Wortsilbe, „me" von „kom-me" betone und meine Stimme leicht anhebe. Ähnlich ist es mit der Melodie | Do Re Mi Re |. Die Melodie endet auf Re. Der Ton Re gibt uns das Gefühl von Spannung. Wir spüren, dass wir noch nicht fertig sind. Das Gebet geht weiter.

Sing die Melodie und betone dabei die letzte Tonsilbe. Do Re Mi Re.

- (Singt | Mi Fa Mi Mi Re Do |.) Hier endet die Melodie mit Do am Schluss und mit „Amen!".
- Es ist so, wie wenn ich zu meinem Vater sagen würde, na gut dann soll es sein, wie du es willst.
- Das Wort „Amen" bedeutet, dass es so ist! Also wie du siehst und hörst, ist es möglich, etwas, das wir mit Worten sagen wollen, auch mit Tönen auszudrücken. Spielen wir jetzt ein wenig. Du hast gesagt, dass du Texte erfinden kannst. Versuch, eine Melodie zu erfinden. Ich gebe dir den Text vor: „Meine Schülerin Nora! Versuch es, weiter zu lernen." Einverstanden?
- Ja, ich soll´ eine Melodie erfinden? Oh je.
- Nimm das vertonte Gebet als Beispiel. Du hast gehört, dass es in dieser Form Gefühlszustände ausdrücken kann, wie die Spannung beim Ton Re oder die Ruhe beim Do. Stell dir Folgendes vor: Die Familie Do will Ball spielen. Jedes Mitglied wirft den Ball jemandem zu. Die Reihenfolge ist zur einen Hälfte frei und zur anderen Hälfte vorgegeben. Jedes Familienmitglied hat verschiedene Eigenschaften, und deshalb fliegt der Ball manchmal schneller und stärker. Wer stärker oder be-

deutender ist, kann den Ball länger oder öfter an sich binden. Zum Schluss muss der Ball beim Vater Do landen. Das ist vorgegeben. Das Hüpfen des Balls steht für die Melodie. Also werfe den Ball in die Luft …

- Du verlangst echt viel von mir!

- Fangen wir mit dem Text an: „Meine Schülerin Nora, versuche es, weiter zu üben."

- Komischer Text. Zuerst trenne ich den Text in Abschnitte, die zusammengehören. Es gibt drei Teile. 1.= | Meine Schülerin Nora: | 2. = | Versuche es | 3. = | weiter zu üben. |. Ich werde die Wörter nun in Wortsilben trennen: | Mei-ne Schü-le-rin No- ra | ver-su-che es | wei - ter zu ü-ben |.

- Sehr gut! Jetzt kannst du mit der Melodiebildung beginnen.

- Für jede Wortsilbe eine Tonsilbe! Natürlich fange ich mit dem Do an. Der Ball wird vom Vater zum nächsten Familienmitglied geworfen, zu Re, dann weiter zu Mi. Die Mutter Mi wirft den Ball zum Söhnchen, und der wirft den Ball zum großen Bruder.

- Das ist ein guter Plan. Wie klingt das nun?

- Do Re Mi Fa So!

- Wie geht es weiter? - fragte der Lehrer.

- Der älteste Sohn wirft den Ball zur Mutter, sie wirft dann den Ball zurück zum Vater. So Mi Do! Dein Beispiel mit dem Ballwerfen hat mir geholfen.

- Nun ist der erste Teil der Melodie fertig.

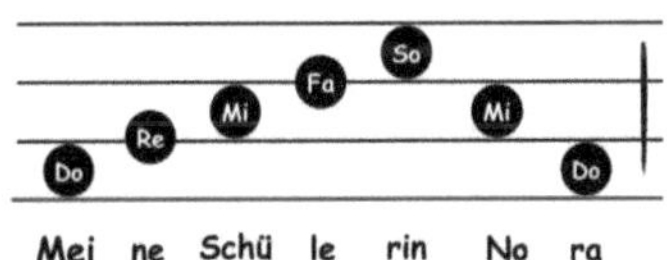

Du bist daran: Sing die Melodie: | Do Re Mi Fa So Mi Do |.

- Nora, jetzt alles zusammen. Also das Singen mit Text.

- | Mei-ne Schü-le-rin No- ra |

  | Do Re Mi Fa So Mi Do |

- Perfekt! Mach weiter. Wohin geht die Melodie? Hast du eine Idee?
- Zu So! Denn der älteste Sohn will den Ball länger bei sich behalten:
Mi Fa So So.
- Dann sing den Text gleich mit. Ich bin gespannt.

- | ver-su-che es |
  | Mi Fa So So |

- Bravo, richtig!

- | wei-ter zu ü-ben. |
  | Mi   Mi Re Re Do |

- Sehr gut! Sag mal, hast du einen Zaubertrank zu dir genommen? Ich
werde diese Melodie sogleich aufschreiben, damit du sie nicht vergisst.

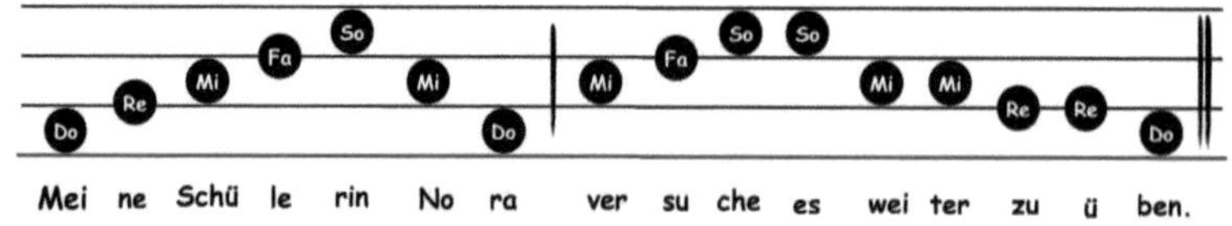

Was hast du diesmal gelernt?

Einige Tricks, damit du die Noten leichter auf den Linien erkennen
kannst. Du hast gelernt, dass der Text die Länge und die Gestaltung der
Melodie bestimmen kann. Wie man einen Text in Silben trennt und zu
jeder Silbe eine Note, eine Tonhöhe, hinzugibt. Die Bedeutung und die
Aussage des Textes kann die Melodiewelle beeinflussen und wird sie
gestalten. Erheben wir die Stimme, wollen wir etwas fragen oder etwas
abwarten oder etwas betonen, kann das mit der Melodie ausgedrückt
werden. Das geschieht mit der Auswahl der passenden Note und der
jeweiligen Tonsilbe.

4. Die „Zauberkräfte" - der Bauplan

Peter: Wir haben Melodien gesungen und sie mit den Tonsilben und mit der Notenschrift aufgezeichnet. Weiter haben wir einen Text vertont und mit einer Melodie versehen. Sollten wir uns nicht fragen, warum die einzelne Töne Melodien bilden? Warum bewegen sie sich wie eine Welle auf und ab oder fliegen wie Bälle hin und her?

Nora: Wahrscheinlich treibt sie eine unsichtbare Kraft an.

- Wir haben festgestellt, dass die Töne wie Lebewesen sind und Eigenschaften haben.

- Die Töne leben auch noch gern in einer Familie. Sie spielen Rollen wie Schauspieler am Theater. Es gibt den Vater Do, die Mutter Mi, den großen Sohn So, die kleine Tochter die Ti, den neidischen Onkel Re und ein anderes Kind, das schüchtern und zögernd ist, das Fa.

- Einen hast du vergessen.

- Das andere Kind, das nachdenklich und verträumt ist!

- Genau, den Träumer. Ich verwende mehrere Vergleiche, wie Familie, Ball und Welle, die dir als Eselsbrücken dienen sollen. Die Musik kann man so besser erklären. Unsere Vergleiche, Wörter wie Kraft, Wellen, Ball oder Familie, können einiges veranschaulichen, nicht aber das Hören ersetzen.

- Du meinst, dass sich hinter dem Ganzen seltsame Dinge verbergen?

- Bleiben wir bei der unsichtbaren Kraft, genauer gesagt, bei dem Wort Kraft. Als Beispiel nenne ich die Sonne. Sie steht im Mittelpunkt. Die Erde umkreist die Sonne. Die unsichtbare Anziehungskraft der Sonne hält die Erde auf ihrer Bahn. Es gibt noch die Planeten. Das nächste Bild zeigt die Erde und die Planeten, wie sie um die Sonne kreisen. Ich will dir also den Begriff Kraft erklären.

- Die Sonne ist wie der Vater anziehend, stark und bestimmend.

- So kannst du dir das vorstellen. Vergiss nicht, das ist bloß ein Beispiel, damit du die Kräfte, die in der Musik wirken, verstehst.

- Warum sind die „Planeten"-Töne verschieden groß gezeichnet?

- Weil sie so wie Familienmitglieder verschiedene Aufgaben und Bedeutungen haben. Vergleiche das mit den Menschen, die groß, klein, bestimmend oder zurückhaltend sind. Auf dem Bild zeigt sich, dass die Sonne im Mittelpunkt steht. Ihr Licht strahlt sehr weit, und ihre Wärme ist überall spürbar. Diese Eigenschaft hat auch Do. Auf dem Bild sind die zwei größten Planeten die wichtigsten, also Do und So, die anderen sind kleiner, weil sie keine bestimmenden Rollen spielen.

- Es gibt Pfeile auf dem Bild. Die sind auch verschieden groß. Was bedeutet das?

- Der dicke Pfeil ist größer und stärker als die dünnen schwarzen Pfeile, weil die Anziehung zwischen Do und So stark ist. Wer diese Kräfte kennt, kann sie beim Erfinden von Melodien nutzen.

-Kennst du einen Magneten?

- Der zieht Sachen aus Eisen an.

- Der stärkere Magnet ist Do und der etwas schwächere ist So. Die Kräfte, die von Do und So ausgehen, ziehen andere Töne an oder stoßen sie ab. Das kann man gut hören. Do, der Vater, hat die stärkste Anziehungskraft, sein ältester Sohn So ist schwächer.

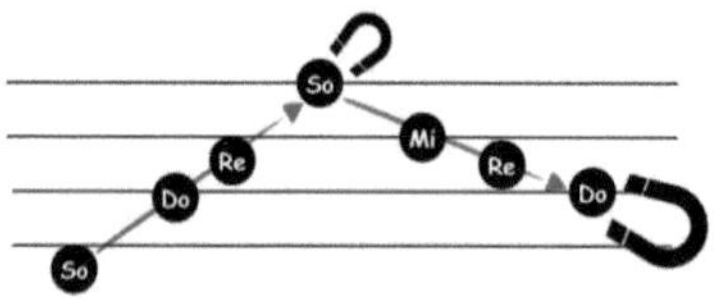

- Ich habe mit Magneten und Metallkugeln gespielt und bemerkt, dass die Kugeln zu den stärkeren Magneten gerollt sind.

- Guter Vergleich. Die Kräfte, die bei der Melodiebildung wirken, sind ähnlich, aber nicht gleich. Eine Melodie läuft so ab: Der Ausgangspunkt ist das Do. Nach und nach schreitet die Melodie bis zum So vor. Am Anfang haben wir so eine einfache Melodie gesungen: | Do Re Mi Fa So | So Fa Mi Re Do ||. Kannst du dich daran erinnern?

- Schau´ das Bild an. Dort kannst du das Spiel zwischen den zwei Kräften gut sehen. Die Kräfte habe ich als Magneten gezeichnet. Der größere und stärkere ist der Vater und der kleinere der Sohn. Der Vater wirft den Ball (Do). Stufenweise werden alle Zwischentöne berührt. Der älteste Sohn zieht den Ball zu sich. Das hört sich an, als sänge ich dir vor: Do Re Mi Fa So. Für kurze Zeit bleibt der Ball bei ihm. Die Melodie bleibt auf So stehen. Die Anziehungskraft des Vaters wird stärker. Der Sohn muss den Ball weitergeben, und dann kehrt er langsam Schritt für Schritt zum Vater zurück. Dort endet das Ballspiel. Das klingt so: So Fa Mi Re Do.

- Das verstehe ich. So ähnlich spiele ich mit meinem älteren Bruder. Er ist stärker als ich.

- Trotzdem gibt er manchmal nach.

- Er gibt manchmal nach. Nicht immer. Bei deinem Beispiel mit den Magneten müsste der stärkere Magnet nachgeben, damit der Ball von So angezogen wird.

- Wichtig ist, dass du verstehst, dass eine Melodie von Do aus schrittweise bis zum So geht. Jeder melodische Abschnitt hat einen Anfang und einen Endpunkt. Das ist eine wichtige Spielregel in der Musik. Ein einfaches Beispiel ist das Kinderlied „Alle meine Entchen": | Do Re Mi Fa | Soo Soo ||: La La La La | Soooo :|| Fa Fa Fa Fa | Mii Mii | So So So So | Doooo ||. Wenn wir Kinderlieder singen, nehmen wir einen Text mit Melodie. Heute wollen wir uns auf die Melodie konzentrieren, auf die Töne und den Aufbau der Melodie:

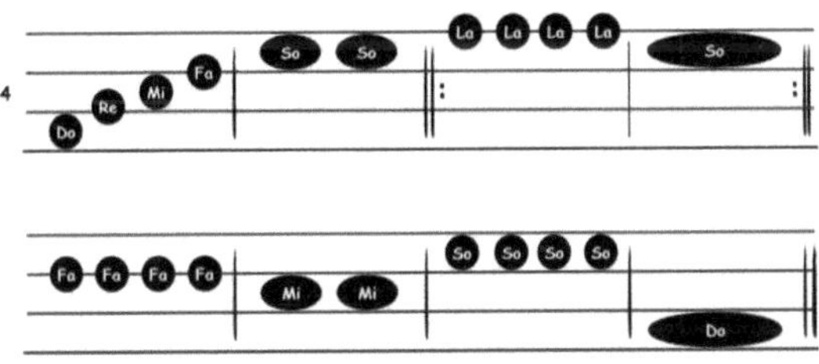

Du: Sing die Melodie von „Alle meine Entchen" langsam mit den Tonsilben vor. Achte auf den Verlauf der Melodie, beachte die Wiederholung und darauf, welche Töne in welcher Reihenfolge gesungen werden.

- Nun besprechen wir genauer, wie diese Melodie aufgebaut ist. Sie beginnt beim Do, steigt schrittweise nach oben zum So. Dort bleibt sie eine Weile stehen. Das wird durch die längeren Töne hörbar: Do Re Mi Fa Soo Soo. Danach steigt die Melodie noch weiter: La La La La. Aber nur kurz, weil sie sich etwas tiefer beim So ausruht.

- Ich sehe, dass der Teil La La La La Soooo zweimal vorkommt, also wiederholt wird.

- Du hast das Wiederholungszeichen (||: x :||) erkannt. Klasse. Danach steigt die Melodie langsam nach unten bis zu Mi.

- Kurz vor dem Ende geht sie wieder nach oben, bevor sie zum Schluss beim Do zur Ruhe kommt.

- Wenn ich die Melodie des Kinderliedes vereinfache, also die Wiederholung, La La Sooo und die Umspielung des Tons So durch La weglasse, bleiben der Ausgangston Do und das Ziel So übrig. Dazwischen werden zwar andere Töne vorkommen. Die dienen als Weg zum So.

- Du meinst also vom Do zum So (Do → So)!

- Nachher geht es vom So nach einem kurzen Umweg wieder zum Do.

- So → Do.

- Ich singe langsam vor: | Doo Soo | > | Soo Doo |. Im Hintergrund entsteht ein Kräftemessen zwischen Do und So. Zuerst zieht So die Melodie zu sich, danach das Do.

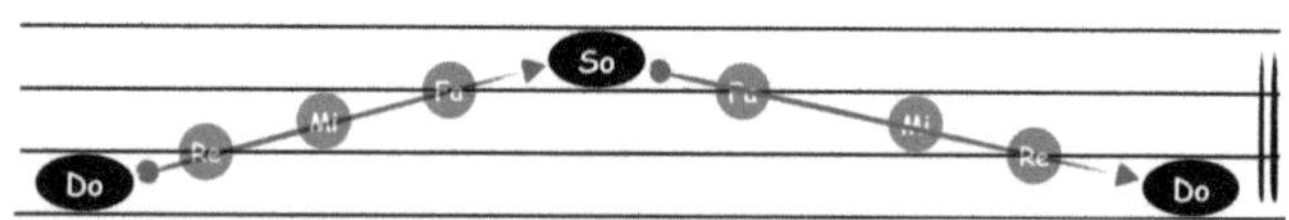

- Schau dir das Bild oben an. Dort siehst du blass im Hintergrund die anderen Töne. Aber Do und So sind die Bestimmenden. Sing die zwei wichtigsten Töne Do und So und dann die Melodie: Doo Sooo Dooo. Dieses Melodiemuster Do So Do wird oft in verschiedenen Liedern vorkommen.

- Weil die Melodien wegen des Kräftemessens zwischen dem Vater
  und seinem ältesten Sohn gemacht werden …
- Du lernst schnell, Nora.

Du: Sing die kurze Melodie langsam und nicht nur einmal: | Dooo So-
ooo Doooo |. Stell dir vor, wie der Ball, also der Ton, vom Do nach
oben zu So fliegt und von dort nach unten. Spürst du, wie du So mit
dem Gefühl singst, dass hier die Melodie nicht zu Ende ist? Es muss
noch etwas geschehen! Die Melodie muss weitergehen! Aber wohin?
Nach unten zu Do, wo Entspannung und Ruhe herrschen.

- Du hast die Melodie mit einer Welle verglichen …
- Wir benötigen viele verschieden Beispiele und Bilder, damit wir Musik verstehen können. Die Musik ist nicht nur logisch, sondern gleichzeitig zauberhaft. In der Musik verbergen sich unsichtbare Kräfte ähnlich wie bei Magneten oder wie in einer Welle. Diese Kräfte wählen
bestimmte Töne aus, die eine Melodie ergeben. Diese wellenartige Bewegung nennen wir Melodie.
- Du, Peter! Wer oder was steckt hinter dieser Kraft? Wer sucht die
passenden Töne aus, damit eine Melodie entsteht? Ist das ein Zauberer
oder ein Geist?
- Das ist der Geist, der in uns wohnt. Wir Menschen, die Komponisten
und Musiker erfinden die Melodien.
- Heißt das, dass unsere Gedanken Zauberkräfte haben?
- So können wir es auch sagen. Wir hören unsere Erwartungen und
Gefühle zwischen den Tönen und mit den Tönen heraus.
- Wenn ich schöne Musik höre, bekomme ich manchmal eine Gänse-
haut.
- So ist das auch beim Lesen. In dem Buch, das du liest, befinden sich
Hunderttausende von Buchstaben. Wenn du die Wörter verstehst,
kannst du dir eine Geschichte vorstellen. Wenn du die Tonsilben
siehst, kannst du dir die Melodie vorstellen. Mein Ziel ist es, dir die
Spielregeln der Musik verständlich zu machen. Für den Anfang reicht
es aus, die wichtigsten Regeln, also das Zusammenspiel der Kräfte, zu

kennen. Der Stärkste ist der Vater Do, und der Nächststärkste ist sein Sohn So. Dieses Kräftespiel gibt dem Ballspiel den nötigen Stoß. So kann eine Melodie entstehen!

- Ich liebe schöne Melodien, kann nicht genug davon hören.

- Viele Melodien umspielen den Ton Do. Der Ball erhebt sich und senkt sich. Die folgende Melodie umspielt den Mittelpunkt Do. Do wird durch das Bild der Sonne dargestellt. Manchmal erhebt sich die Melodie über der Do-Linie, und manchmal unterschreitet sie sie. Das klingt kompliziert. Wenn ich dir die Zeichnung zeige, wird das für dich klarer, was ich meine.

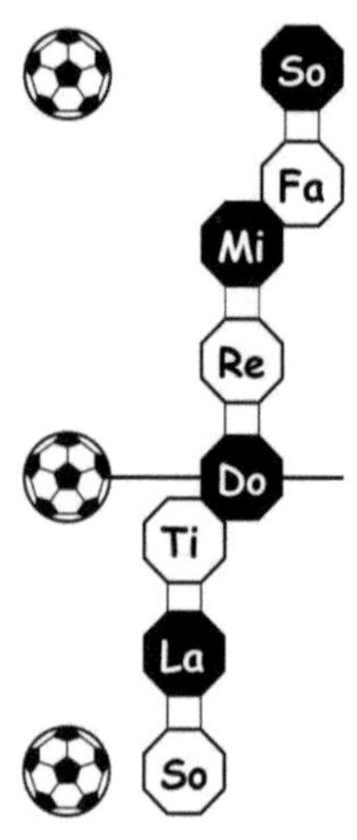

- Du hast Bälle gezeichnet, unten beim So, in der Mitte beim Do und oben beim So.

- Weil wir den Vergleich mit dem Ballspiel nutzen, erforschen wir das Bild, aber singend. Ich fange in der Mitte beim Do an.

- Weil Do in der Mitte steht und sehr wichtig ist.

- Es gibt zweimal das So, einmal oben und einmal unten. Um beide beim Schreiben der Tonsilben unterscheiden zu können, mache ich Folgendes: Dem tiefen So gebe ich ein Merkmal unten, ein Komma, und zwar so: So,. Den höheren und helleren Ton schreibe ich ohne Strich. Also singe ich zuerst Do und dann das höhere So. Anschließend komme ich zum Do zurück, aber nur kurz, weil es dann zum unteren So geht, dem mit dem Beistrich, der wie ein Komma aussieht. Danach geht es zurück zum Do. Und so klingt das: Doo Soo Doo Soo, Doo.

Du: Sing die folgende Melodie.

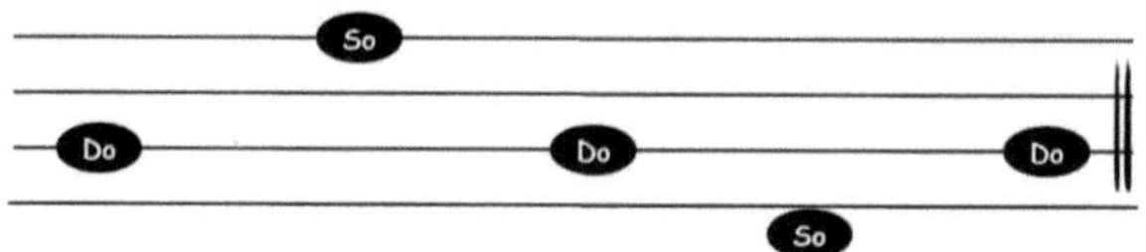

Sing die gleiche Melodie, zeige mit dem Finger auf die Tonsilben, wo die Bälle stehen.

- In einer Melodie sind verschieden lange Töne hörbar. Manche sind länger, manche kürzer. Ich will dir ein neues Zeichen erklären. Wenn zwei Töne schnell aufeinanderfolgen und dadurch kürzer gesungen werden, verbinde ich sie mit einem Strich (-), und den zweiten Ton zeichne ich als Kleinbuchstaben. Beispiel: Do-do oder Do-re. Das ist Musik fürs Auge. Und jetzt mit Tonsilben notiert: | So-so La-la So-so Mi | Fa-mi Re-re Mi-re Do |.

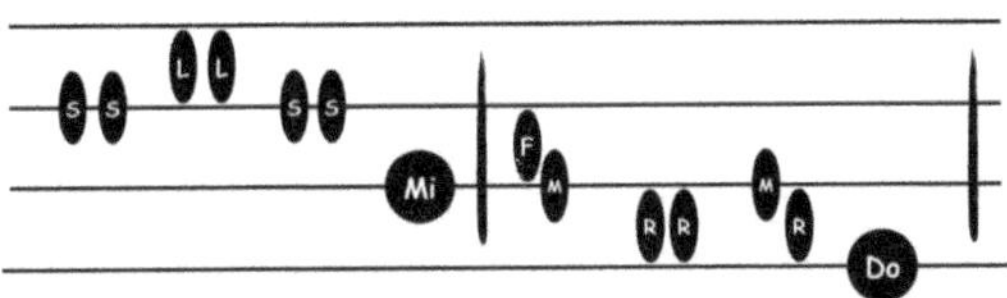

Du: Schau das Notenbild an und sprich die Tonsilben aus: | So-so La-la So-so Mi | Fa-mi Re-re Mi-re Do |. Sing danach die Melodie mit den Tonsilben.

- Jetzt singe ich eine Melodie vor, in der die kurzen Töne paarweise vorkommen. Das Spiel kann beginnen. Ich werfe den Ball in die Luft! Ich singe: So-so, La, So, Do Tii,.
- Die Melodie kommt mir bekannt vor! Das ist das Lied Happy Birthday!

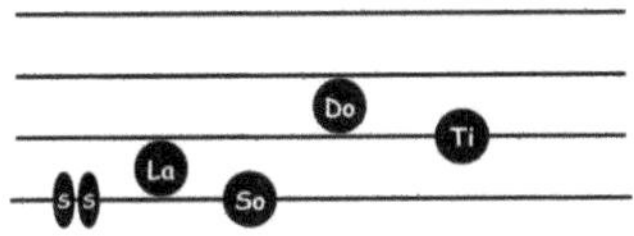

Für dich: Die Melodie ist bewusst nicht rhythmisch notiert, also ohne Taktstrich und Taktangabe, weil diese Begriffe noch nicht besprochen worden sind. Hier soll nur die Tonhöhe als Lernziel im Vordergrund stehen. Für dich ist das erst einmal nicht wichtig.

- Sofort erkannt! - Peter singt weiter: So,-so, La, So, Re Doo .
- Bald wird es hoch: So,-so, So Mi Do-do Ti, La,.
- Happy birthday, lieber Peter.
- Fa-fa Mi Do Re Doo. (Happy birthday to you!)

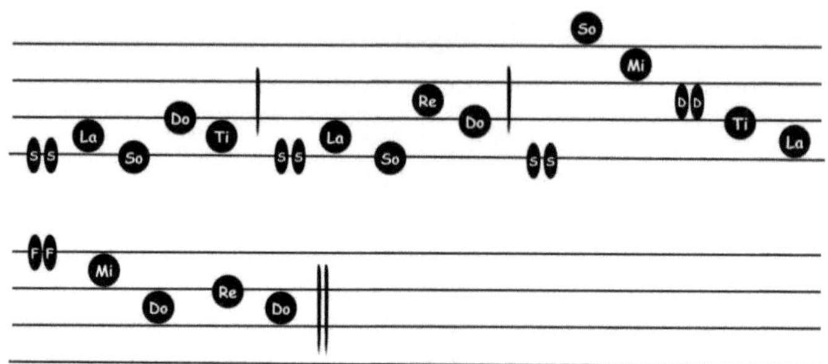

- Jetzt liest und hörst du das Lied „Zum Geburtstag viel Glück".
- Die Melodie besteht aus vier größeren Teilen, die du einzeln vorgesungen hast.
- Deswegen habe ich die Melodie so aufgeteilt, dass du die Abschnitte
leichter erkennst. Der erste Teil fing mit dem So,-so, La, So, an. Der
zweite Teil begann gleich danach. Er endete mit Do statt mit Ti. Der
dritte Teil startete mit So,-so. Es gab einen großen Sprung nach oben
und gleich wieder nach unten zum La. Der vierte Teil als Abschluss
endete auf Do. Das Ganze wird durch Einzelteile nach einem Plan bzw.
Muster logisch zusammengefügt. Die Kräfte, die wir vorher besprochen haben, sind hier am Werk.

Du: Schau Dir die vier Teile an. Singe nachher die Melodie „Happy
Birthday" mit den Tonsilben.

- Ich bastle gern auch nach einem Plan.
- Ich wiederhole das Geburtstagslied, weil in der Melodie so viele wichtige Regeln enthalten sind. Der untere Ton So wirft den Ball. Der beginnt zu hüpfen: zuerst mit einem kleinen Sprung vom So, zum La,
und dann mit einem größeren Sprung zum Re. Danach kommt der
Ball zum Vater Do zurück, und plötzlich fällt der Ball nach unten zum

So,. Der aber wirft ihn weiter nach oben zum oberen So. Am Ende kommt die Melodie beim Do zur Ruhe. Wie ein Magnet zieht Do alles

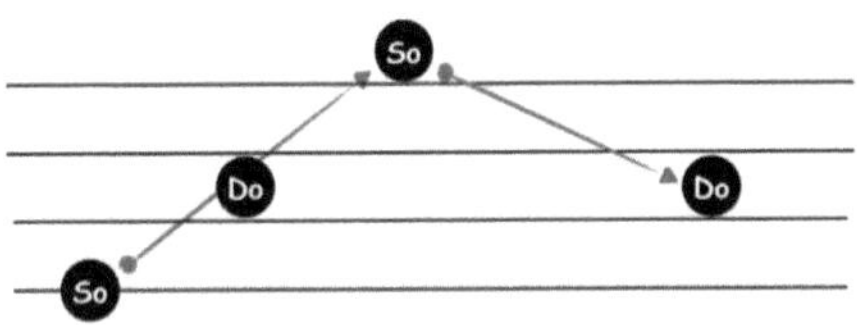

zu sich. Kurzzeitig scheint es so zu sein, dass der Sohn den Ball bei sich behält. Die Anziehungskraft des Vaters ist stärker: So,→Do→ So→Do.

- Ich sehe das So doppelt. Gibt es zwei älteste Söhne?
- Na ja… Die Vergleiche die wir benutzen wie Familie, Ball oder Wellen sind ja nur Eselsbrücken.
- Du meinst, zwei älteste Söhne gibt es nicht wirklich in der Musik, oder?
- Es ist eben anders in der Musik. Wir haben schon den Vergleich mit den Wochentagen genutzt, es gibt einen Mittwoch vor und nach einem Sonntag. Beide Tage heißen Mittwoch, sind aber doch anders. Es gibt mehrere Töne, die einmal oben und einmal unten erscheinen.
- Wie die Gespenster, die können auch gleichzeitig an zwei Orten sein.
- Also gibt es mindestens zwei So-Töne, die verschiedene Tonhöhen haben und trotzdem die gleiche Eigenschaft des ältesten Sohnes So tragen. Ich singe dir das lieber vor: | Soo, Doo Soo Doo |. Diese Töne sind sozusagen das Skelett des Liedes.
- Kopf, Körper, Hände und Füße.
- Und stehen in einem bestimmten Verhältnis zueinander. Der Kopf ist nie größer als der Körper. Die Füße sind nicht länger als die Hände. Die Melodien haben eine Form, die hörbar ist.
- Und warum ist der Magnet am Ende des Do so groß?
- Seine unsichtbare Kraft ist stark und reicht lange aus. Das Bild vom Vater steht für die Bedeutung des Do. Ein Ton, der die Eigenschaften des Do´ besitzt, beeinflusst den Ablauf der Melodie.

Du: Sing ||: Soo, Doo Soo Doo : || und die Melodie des Geburtstagslieds. Verwende nicht das Notenbild, sondern nur die Tonsilbenschrift. Warum? Dein inneres Gehör soll trainiert werden. Das Ziel ist es, dass du Töne mit den Tonsilben und deren Eigenschaften verbinden kannst. Sing:

| So-so, La, So, Do Tii | So,-so, La, So, Re Doo |
| So,-so, So Mi Do-do Ti, La, | Fa-fa Mi Do Re Doo |.

Anziehung

- Reden wir weiter über Magnete. Was passiert, wenn du zwei Magnete hast?

- Sie ziehen sich an oder stoßen sich ab.

- Übertragen wir das auf die Musik und den Ball. Ohne solche Kräfte würde der Ball hin- und hergeworfen werden. Do, der Vater, zieht die kleine Tochter Ti zu sich, auch alle anderen Töne. Die zweite Anziehungskraft steckt im Sohn. Es gibt noch eine Kraft, die von der Mutter ausgeht, also vom Mi. Sie wirkt am stärksten auf das kleine, unsichere Söhnchen Fa. Mi zieht Fa zu sich. Wenn in einer Melodie Fa vorkommt, steht es oft in der Nähe von Mi. Wir haben in diesem Zusammenhang über die Abstände zwischen den Tönen geredet.

- Es gibt den Ganzton-Abstand und den Halbton-Abstand.

- Es hilft aber nicht, die Abstände zu kennen. Es ist nötig zu wissen, welche Kraft dahinter steckt, um die Melodiewelle zu verstehen.

- Wieder eine Zauberkraft da?

- Zwischen Ti, Do, Mi und Fa herrscht diese Anziehungskraft. Wir hören nicht nur die verschiedenen Tonhöhen, sondern auch den Zusammenhang, die Beziehungen zwischen den Tönen, ob es also eine Anziehung oder Spannung zwischen den Tönen gibt?

- Könnten wir das nicht singen?

-| Do Re Mi Fa Mi | > | Mi Fa Mi Re Do |. Denk an die Anziehungskraft der Mutter Mi, achte darauf, ob du das Gefühl hast, dass Mi Fa anzieht.

Du: Sing die Melodie oder spiel auf einem Instrument: ||: Do Re Mi Fa Mi | > | Mi Fa Mi Re Do :||, zeig auf die Tonsilben. Achte auf das Gefühl, wenn du zwei Töne Mi und Fa singst. Fa strebt zurück zu Mi. Sing

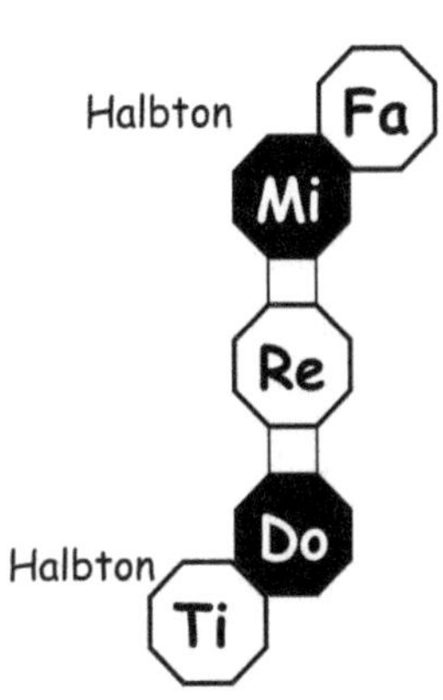

dann die folgende Melodie: ||: Mi Re Di Ti, Do |. Ti will zu Do. Also zwischen Ti und Do gibt es eine Anziehungskraft. Spürst du sie? Wenn das nicht so ist, dann hilft dir die Vorstellung der Do-Familie: Die kleine Tochter will zu Ihrem Vater, das kleine Söhnchen zur Mutter.

- Beim Schreiben mache ich einen Pfeil. Damit will ich dir zeigen, dass der Ball des Söhnchens oft zur Mutter geworfen wird: Fa → Mi.

- Und die kleine Tochter wirft den Ball zum Vater: Ti, → Do?
- Genau! Und wie klingt´s, wenn der Flug des Balls zur Melodie wird?
- | Fa Mi | > | Ti, Do |
- Der Ball kann auch zu einem anderen Ton oder Familienmitglied geworfen werden. Wird der Ball hin- und hergeworfen, klingt das so:
| Do Re Ti, Do | > | Re Mi Fa Mi | > | Fa Re Ti, Do | > |Re Fa Mi Do ||.

Du: Sing den folgenden kurzen Melodieabschnitt: | Do Ti, Do | > |Mi Fa Mi | > | Re Ti, Do | > | Re Fa Mi |. Sing nochmals, aber diesmal zeig nur auf die jeweils Tonsilbe, die du singst.

- Du, Peter, was ist, wenn das kleine Söhnchen den Ball statt zur Mutter zu ihren Schwestern wirft? Ich meine die Töne Fa und Ti, (Fa → Ti,).
- Du kannst die Frage selbst beantworten, wenn du | Fa Ti, | singst.
- Ich treffe kaum die richtige Tonhöhe!
- Wenn du Fa singst, stell dir die Tonhöhe von Do vor. Dann fällt es dir leichter, einen Halbton tiefer Ti, zu singen. Do ist dein Orientierungspunkt.
- Fa → (Do) → Ti, .
- Mi und Fa ziehen sich an. Ti und Fa oder Fa und Ti stoßen sich ab.
- Verstehen sich die kleine Tochter und das Söhnchen nicht gut, weil sie dasselbe Spielzeug haben wollen?

- Guter Vergleich. Für die Abstoßung können wir noch ein anderes Wort verwenden: Spannung. Manchmal gibt es zwischen zwei Geschwistern wegen eines Spielzeugs Spannungen. Dieses Wechselspiel zwischen Anziehung und Abstoßung ist das, das zwischen Ruhe und Spannung die Melodie gestaltet. Wenn der Komponist diese Regel kennt, kann er schöne Melodie erfinden. Kennst du das Lied „Im Märzen der Bauer"?

- Kenne ich, ich weiß schon, was Du von mir willst, ich singe dir die Melodie vor.

- Danke! Ich singe dir die Melodie jetzt mit den Tonsilben vor. Hör aufmerksam zu! Wo spürst du eine große Spannung? |So, Do Do Mi Re Re Fa Ti, Ti, Re Doo |.

- Als du Fa Ti, gesungen hast, gab es eine Spannung!

- Wenn du solche Töne singen musst, denk an diese Melodie.

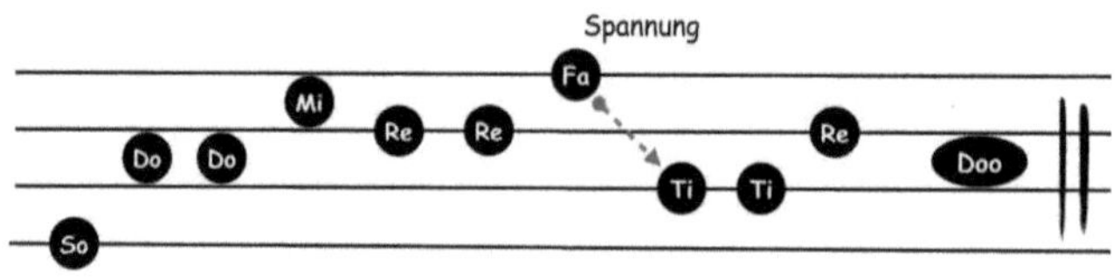

Du: Sing den ersten Teil des Liedes „Im Märzen der Bauer" und zeig auf die Töne. Achte auf die Stelle, an denen Fa und Ti, vorkommen:
| So, Do Do Mi Re Re Fa Ti, Ti, Re Doo |.

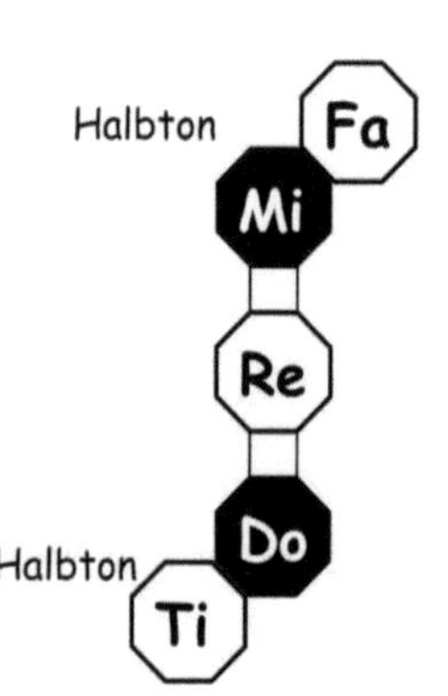

- Sing eine andere Melodie mit diesem Abstand zwischen Fa und Ti. Dann kannst du dich daran gewöhnen: || Do Re Mi Fa Ti, Ti, Doo |> | Do Re Do Ti, Fa Mi Re Do ||.

- Hier auf dem Notenbild sehen alle Abstände

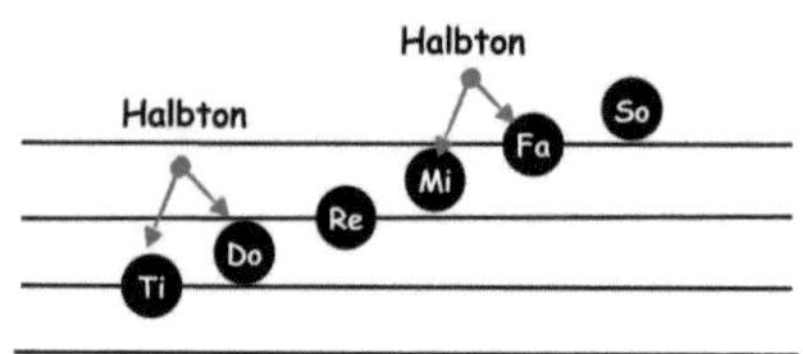

gleich aus. Es gibt keinen Unterschied zwischen Halbton und Ganzton. Mi und Re sind im Ganztonabstand, Mi und Fa nur im Halbtonabstand voneinander entfernt. Das ist der Nachteil der Notenschrift. Deshalb werden wir die andere Zeichnung mit den Waben verwenden. Dort siehst du, dass zwischen Mi und Fa und zwischen Ti und Do kein Ton mehr reinpasst.

Du: Vergleiche die zwei Zeichnungen. Zeige auf die Waben und sing: | Do Re Mi Fa Ti, Ti, Doo | < | Do Re Do Ti, Fa Mi Re Do ||.

- Ohne diese Spannungen gäbe es kaum eine interessante Melodie. Wenn wir Musik hören, dann hören wir unbewusst ständig die Spannungen oder die Entspannungen, also die Beziehungen zwischen den Tönen.
- Was heißt unbewusst?
- Denkst du daran, dass du atmen musst?
- Nein, das mache ich einfach so.
- Genau, das heißt unbewusst, du denkst nicht daran, es geht von selber.

Was hast du diesmal gelernt?

Es gibt in der Musik eine Form, eine bestimmte Ordnung und einen Bauplan. Die Anziehungskraft des Grundtons Do ist sehr groß und bedeutend. Das wichtige Kräftespiel findet zwischen dem Vater und dem Sohn statt (Do So). Wenn eine längere Melodie vereinfacht wird, wird das Skelett der Melodie hörend sichtbar. Dieses Skelett stützt und hält die Melodie zusammen. Jede Melodie wird nach diesen Regeln gestaltet. Zwischen Ti und Do und zwischen Mi und Fa gibt es nur einen Halbtonschritt. In dieser Anordnung verbirgt sich die Kraft der Anziehung. Es gibt nicht nur Anziehung, sondern auch Abstoßung. Anziehung und Abstoßung nennen wir Spannung. Die größte Spannung herrscht zwischen Fa und Ti. Wenn ein Komponist diese Kräfte beachtet, kann er sie zur Gestaltung einer Melodie nutzen.

5. Die Spielregeln und die Tricks

Formspiel / Die Wiederholung

-Wir werden jetzt eine weitere wichtige Spielregel kennenlernen, damit unser Spiel noch interessanter wird. Es ist die Wiederholung. Warum gibt es Wiederholungen in der Musik?

- Weil sie sich gut anhören und uns auf etwas besonders aufmerksam machen wollen.

- Was bewirkt die Wiederholung noch? Ich zeige dir lieber ein Bild, damit es einfacher ist, die Antwort zu finden.

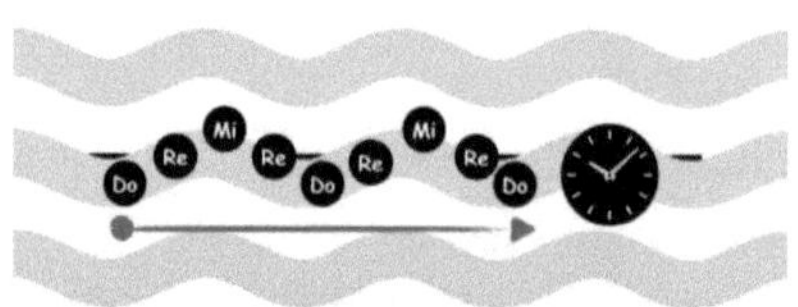

- Dieses Bild hast du mir schon einmal gezeigt. Es geht um die Reihenfolge der Tön.

- | Do Re Mi Re | Do Re Mi Re | Do usw. |Auf dem Meer entwickeln sich die Wellen immer wieder neu. So ist das auch hier, Nora. | Do Re Mi Re | Do Re Mi Re | = anders aufgeschrieben= ||: Do Re Mi Re :||

- Warum befindet sich auf dem Bild eine Uhr am Ende des Pfeils?

- Weil die Zeit vergeht, während wir „Do Re Mi Re" singen. Die Zeit spielt eine wichtige Rolle in der Musik. Darüber haben wir noch nicht gesprochen. Schaust du dir ein Bild an, spielt die Zeit eine Rolle?

- Meinst du damit, ob ich das Bild lang oder kurz anschaue?

- Ja, spielt es eine Rolle, ob du das Bild lang oder kurz anschaust? Verändert sich dadurch etwas?

- Nein, es bleibt so, wie es gezeichnet worden ist.

- Eine Melodie kann in der Zeit erklingen. Sie braucht jemanden, der sie auf einem Instrument spielt, also mit Saiten oder Pfeifen, damit ein Ton erzeugt werden kann.

- Der Musiker muss beim ersten Ton anfangen und die Töne der Reihe nach bis zum Ende spielen.

- Was du gerade beschrieben hast, bedeutet, dass die Musik wirklich Zeit braucht.

- Ich brauche Zeit, wenn ich ein Buch lese. Ich muss mit der ersten Seite anfangen und bis zum Ende weiterlesen.

- Die Zeit ist wichtig. Wiederholungen brauchen ebenfalls Zeit. Probieren wir das gleich aus. Ich singe dir folgende Melodie vor.

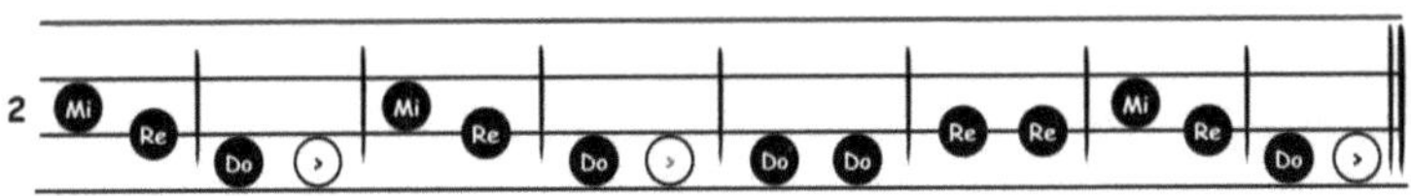

- Das ist die Melodie des Knusperbrots.

- Schau das Notenbild an. Kannst du die Wiederholungen auf dem Notenbild gut erkennen?

- Am Ende wird das Mi Re Do wiederholt, im Lied insgesamt dreimal.

- Viele Wiederholungen sind erlaubt, und trotzdem wird das nicht langweilig. So ist das in der Welt der Musik. Nicht nur, weil das Mi Re Do in der Melodie dreimal vorkommt, wiederholen wir die ganze Melodie. Achte auf das Wiederholungszeichen:

||: Mi Re Do > Mi Re Do > Do Do Re Re Mi Re Do > :||

Du: Sing die Melodie ab dort, wo das Zeichen > steht, mach dann ein kurze Pause und atme ein. Achte auf die Wiederholungen! Es gibt Wiederholungen im kleinen (Mi Re Do) und auch im Großen, sing die ganze Melodie von vorn noch einmal:

||: Mi Re Do > Mi Re Do > Do Do Re Re Mi Re Do > :||

- Hast du bemerkt, dass es Wiederholungen im Kleinen, also im Teil Mi Re Do, und im Ganzen, also in Bezug auf die gesamte Melodie, gibt? Ich werde dir etwas vorlesen, damit es noch einfacher ist.

„Ri-ra-Rutsch
Wir fahren mit der Kutsch!
Mit der Kutsche fahren wir,
auf dem Esel reiten wir.
Ri-ra-Rutsch!
Wir fahren mit der Kutsch!"

- Ich kenne das.
- Das ist ein alter Kinderreim mit Wiederholungen. Es gibt ein Muster,
eine Form. Die können wir vereinfachen und als Buchstaben auf-
schreiben. Wie fängt der Kinderreim an?
- Ri-ra-Rutsch, wir fahren mit der Kutsch!
- Ich werde das Teil A nennen. Und wie endet das Lied?
- Verstehe. Rira-Rutsch, wir fahren mit der Kutsch. Verstehe! Anfang
und Ende sind gleich, das heißt Wiederholung.
- Zwischen den Wiederholungen „Ri-ra-Rutsch, wir fahren mit der
Kutsch!" steht ein anderer Text.
- Mit der Kutsch fahren wir, auf dem Esel reiten wir.
-Diesen Teil nenne ich B, und dann folgt die Wiederholung. Der Text
hat also eine Form: A-B-A.

Du: Sprich die folgenden Wörter und achte auf die Wiederholungen!

A: Ri-ra-Rutsch!
Wir fahren mit der Kutsch.
B: Mit der Kutsche fahren wir.
Auf dem Esel reiten wir.
A: Ri-ra-Rutsch!
Wir fahren mit der Kutsch.

- Teil A kommt zweimal vor. Dadurch wird der Reim länger.
- Wir können sagen, dass die Wiederholung dazu dient, um etwas zu
verlängern. wozu ist eine Wiederholung gut? Wenn du ein Spiegelbild

anschaust und etwas im Spiegelbild fehlen würde, würdest du das sofort bemerken.

- Ja, seitenverkehrt, das Bild gibt das wider, was gespiegelt wird.

- Wenn zum Beispiel die Flügel eines Schmetterlings rechts und links beispielsweise gleich groß sind, wird diese Anordnung mit dem Begriff „Symmetrie" bezeichnet. Es geht um die starke Ähnlichkeit. Der Spiegel bildet genau ab. Wenn wir die Form des vereinfachten Kinderreims aufschreiben, sieht das so aus: A-B-A. In der Musik können wir eine solche Symmetrie erzeugen.

- Deshalb kommen Wiederholungen in einer Melodie so oft vor.

- Symmetrie bedeutet auch Gleichgewicht.

- Wenn eine Waage auf beiden Seiten genau das gleiche Gewicht hat und keine Seite höher oder tiefer hängt …

- So ist das auch in der Musik. Viele Teile werden in der Musik wiederholt, damit ein schönes Klangbild, also die ausgewogene Symmetrie, entsteht. Das wird dir beim Spielen sehr helfen, denn damit macht das Erfinden von Melodien richtig Spaß. Noch ein Beispiel, ein Lied, das du sicher kennst: „Bruder Jakob" oder „Frère Jacques".

- Soll ich die Melodie vorsingen?

- Nein, lass mich das zuerst machen. Das Lied besteht aus vielen Wiederholungen:

4 | Do Re Mi Do | Do Re Mi Do |
Mi Fa Soo	Mi Fa Soo
So-la So-fa Mi Do	So-la So-fa Mi Do
Do So, Doo	Do So, Doo	

- Alle Teile der Melodie werden zweimal gesungen.

- Sie werden wiederholt. Du hast Recht.

Du: Sing die Melodie von „Bruder Jakob" („Frère Jaques") mit den Tonsilben:

Sing von jeder Zeile den ersten Teil. Hast du das Gefühl, dass etwas fehlt?

4 | Do Re Mi Do |
  | Mi Fa Soo |
  | So-la So-fa Mi Do |
  | Do So, Doo ||

Du hast bestimmt gespürt, dass das Gleichgewicht, die Symmetrie, fehlt. Es herzustellen, ist die Aufgabe der Wiederholungen.

Der Schluss, das Ende

- Kommen wir zu einer weiteren wichtigen Spielregel der Musik, zum Ende einer Melodie, also zum Schluss. Darüber haben die Mönche einst viel nachgedacht und viel ausprobiert. Sie waren die Ersten, die das Muster am Ende einer Melodie erkannt und die Regel aufgeschrieben haben.
- Gibt es noch andere Regeln, die sie entdeckt haben?
- Natürlich! Die erste, sehr wichtige Regel ist die, die ich mit dir besprechen will. Eine Melodie endet auf Do!
- Das stimmt wirklich. Alle Melodien und Lieder, die wir bisher gesungen haben, endeten auf Do! Wahrscheinlich ist das, weil die Ruhe am Ende wichtig ist.
- Das ist wie ein Gesetz, wie eine Spielregel, ohne die es nicht geht. Es gibt mehrere Möglichkeiten für das Ende mit Do. Die einfachste Regel ist eine, die oft vorkommt: Mi Re Do. Stell dir eine Rutsche vor. Die Bewegung erfolgt von oben nach unten: Mi Re Do. Diesen Schluss kannst du in vielen Liedern finden.
- Mir fällt etwas ein. Das ist in dem Lied „Knusperbrot" auch so. Die Melodie endet mit Mi Re Do.
- Schön, dass du vergleichen kannst. Eine andere Möglichkeit, zum Do zu kommen, ist die von unten: Ti, Do.

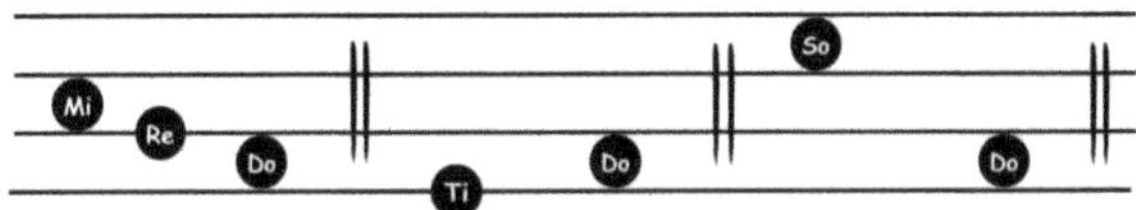

- Verstehe! Gibt es noch andere Enden?
- Ja, die gibt es. Eine klingt so: So Do.

Du: Sing vom Notenbild die drei Möglichkeiten für den Schluss einer Melodie.

- Diese Schlüsse sind sehr wichtig. Es gibt dafür nicht viele Möglichkeiten. Daher ist es leicht, sie auswendig zu lernen.
- Du meinst also, ich sollte sie oft singen, um sie mir gut merken zu können?
- Das ist nötig. Deshalb lernen wir nun musikalische Wörter kennen und üben sie singend ein. Ich habe sie auf Kärtchen geschrieben.

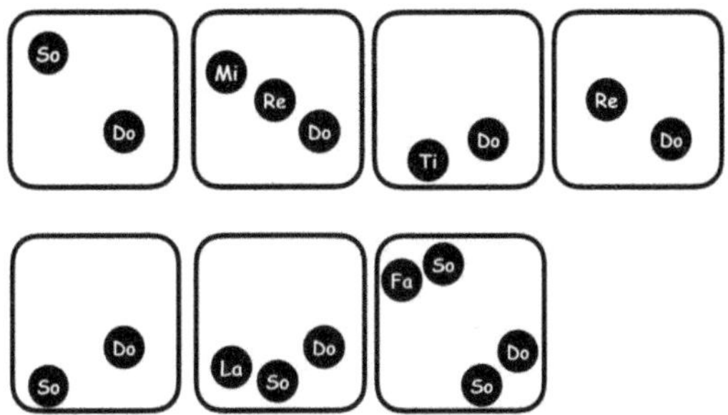

- Alle enden mit Do.
- Während wir sie singen, zeig mit dem Finger immer auf die Notenköpfe, die du gerade singst. Bevor du die Tonsilben singst, stell dir vor, wie sie klingen und denk an die Kraft der Anziehung, also an den Magneten oder die Beziehungen zwischen Vater und Sohn.
Du: Am besten ist es, wenn du Karten nimmst und alle Möglichkeiten langsam durchsingst. Guck dir die Karten an. Zeig auf die Notenköpfe, damit du diese melodischen Wendungen, wenn du Musik hörst, wie-

dererkennst. Die „Karten“: | So Do | Mi Re Do | Ti, Do | Re Do | So, Do | La,So, Do | Fa So So, Do ||

- Am besten ist es, wenn du dir diese Schlüsse auf eine Karte oder auf ein Stück Papier selbst aufschreibst. Leg die Karten verdeckt vor dich hin und zieh´ sie der Reihe nach. Singe die musikalischen Wörter, bis du sie auswendig kennst.
- Ist das die Hausaufgabe für die nächste Stunde?
- Nicht nur für die nächste Stunde, sondern auch für die nächste Zeit.

Die Nachbarn

- Töne sind wie Lebewesen. Sie haben wie wir Nachbarn, die einen Stock höher oder tiefer wohnen. Deshalb gibt es die „Nachbarnoten“. Schauen wir uns die Reihenfolge dieser Töne an: Do Re Mi Fa So La Ti Do. Jeder Ton hat zwei Nachbarn. Einer lebt links und der andere rechts von ihm. Fangen wir mit dem ersten Ton Do an. Seine Nachbartöne sind Ti, und Re (Ti,←**Do**→Re). Der zweite Ton Re hat als Nachbarn Do und Mi (Do←**Re**→Mi). Wir werden sie Nebennoten nennen.
Du: Sing´ die folgende Möglichkeiten durch: | Do Ti, Do | > | Do Re Do | > |Re Do Re | > |Re Mi Re | > | Re Do Re Mi Re | > | Do Ti, Do Re Do || .
- Das zweitwichtigste Familienmitglied ist der älteste Sohn. Dessen Nachbarn sind La und Fa.
Du: | So La So | > | So Fa So | So La So Fa So |

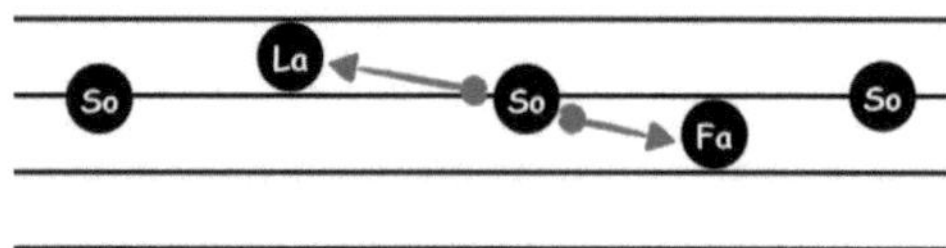

- Das Notenbild gleicht einer Welle.
- So kann eine Melodiewelle entstehen. Die neue Spielregel lautet: Die

Nachbarnote, also Nebennote, wird ständig in zahllosen Melodien angewandt. Die ist eine einfache Regel, die Großes bewirkt!

Die Treppe

- Wir müssen noch über die Sprünge reden. Nora, du wohnst in einem Haus im 5. Stock. Wie kommst du zu deiner oberen Nachbarin?
- Entweder fahre ich mit dem Lift oder ich nehme die Treppe.
- Eine Melodie kann sich ähnlich bewegen, sprungweise und schnell wie in einem Lift oder langsam wie auf einer Treppe, wenn ich langsam auf ihr gehe.
- Ich kann springen und zwei Treppen nehmen. Ich kann die Treppe auch Stufe für Stufe nehmen.
- Versuchen wir, melodische Sprünge zu unternehmen, das Treppensteigen hör- und sichtbar. Wir springen nach unten, zuerst singend: | Mi Do |. Dann nehmen wir die Treppe | Mi Re Do | . Hörend, sehend und verstehend … So lernst du die neuen Regeln kennen.
Du: Sing | Mi Do | > | Mi Re Do ||

- Das ist super einfach.
- Wir werden das später „Treppensteigen" nennen. Der Sprung kann natürlich größer und zur anderen Richtung hin ausfallen: Do → So .
- Wie beim Treppensteigen Stufe um Stufe: Do Re Mi Fa So.
- Oder umgekehrt: So → Do
- So Fa Mi Re Do .

Du: Das ist eine gute Singübung für dich: | Do So | > | Do Re Mi Fa So | > | So Do | > | So Fa Mi Re Do ||.

Zahlen

- Kennst du ein vierblättriges Kleeblatt, das in der Natur selten ist?
- Ich kann es auch zeichnen.

- Was siehst du? Ist nicht die rechte Hälfte so wie die linke?
- Die sind so ähnlich wie ein Spiegelbild!
- Nora, was glaubst du? Gibt es mehr drei- oder mehr vierblättrige Kleeblätter?
- Vierblättrige sind selten. Das weiß doch jeder.
- Reden wir über das Kommen und Gehen ...
- Kommen und gehen? Was hat das mit unserem Spiel zu tun? Gerade hast du noch über ein Kleeblatt geredet.
- Warte ab! Vorher noch eine Frage. Du hast gesagt, dass du gern spielst. Wie fängst du beim Spiel, beispielsweise beim Ballspiel, an?
- Ich werfe den Ball zum anderen, mit dem ich spiele.
- Das bedeutet, dass du Kraft brauchst. Denk an eine andere Sportart. Kennst du einen Bogen?
- Mit dem kann man schießen. Vorher muss er gespannt sein.
- ... also mit Kraft die Sehne ziehen und halten. Dann entsteht Spannung. So ähnlich ist es bei einer Melodie. Auch sie braucht Spannung, damit sich einzelne Töne bewegen können und Wellen, Melodiewellen, erzeugen. Das Bogen-Beispiel ist gut, und wir können es so übertragen: Von Do spannen wir die Sehne zum Re. Der Bogen ist gespannt. Danach muss etwas geschehen.
- Die Sehne wird losgelassen, und der Pfeil fliegt los.
- Zuerst bewegt sich nichts. Wir singen Do, wiederholen Do Do Do Do. das ist nicht spannend.
- Wir spannen den Bogen. Do bewegt sich zum nächsten Familienmitglied Re.
- Nora, kannst du zum Klavier gehen?

- Natürlich, und was soll ich tun? Ich gehe und hier bin ich.
- Komm zu mir zurück und berichte, was du getan hast.
- Ich bin weggegangen und dann zurückgekommen?
- So ist es auch bei unserem Lied.

Du: beim Singen an das Besprochene denken:
| 1 = Anfang (Do) | 2 = Weggehen (Re) | 3 = Zurückkommen (Do) |
|Doo Ree Doo ||

- Wir zeichnen das am besten auf und singen gemeinsam einen Atemzug lang | Doooo | Reeee | Doooo |.

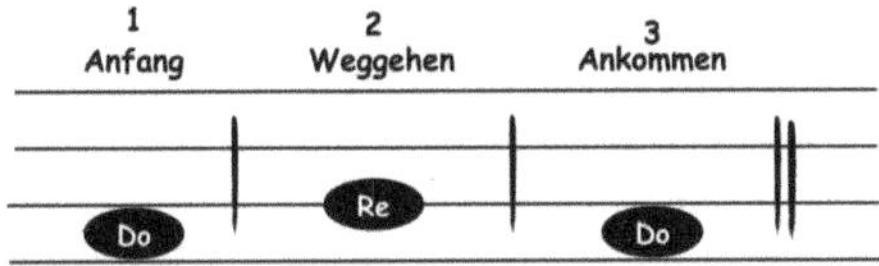

- Oben stehen die Zahlen 1, 2 und 3. Dadurch werden die Zusammensetzung und die Form der kleinen Melodie klar. Die Form besteht aus drei Teilen. Teil 1 = der Anfang, Teil 2 = das Weggehen, Teil 3 = das Ankommen.
- Das ist sozusagen unser dreiblättriges Kleeblatt.
- Jede Melodie oder jedes Musikstück hat eine Form. Diese Form, die aus drei Teilen besteht, kommt in der Musik oft vor. Doch kennen wir auch vierblättrige Kleeblätter. Wir erweitern unsere Melodie um einen Baustein, wir wiederholen den Mittelteil, also zweimal Re. Das klingt dann so: Do Re Re Do. Nun haben wir eine einfache Melodie entwickelt.

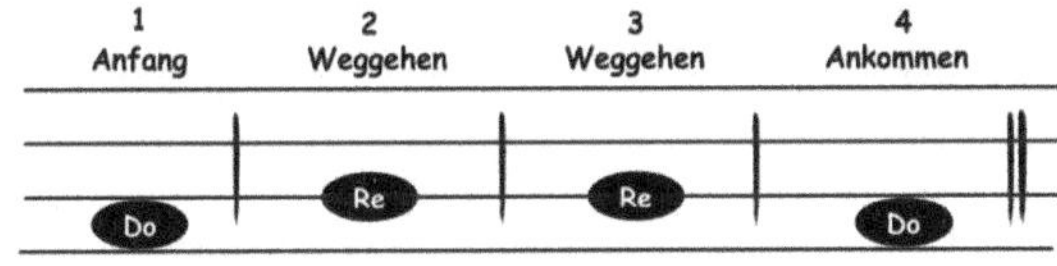

- Ist das ähnlich wie beim Spiegelbild?

- Gut beobachtet! Zwischen zwei und drei könnten wir einen Spiegel anbringen. Dann würden wir den zweiten Teil spiegelverkehrt sehen: Do Re | Re Do. Komm, singen wir langsam | Doo | Ree | Ree | Doo |. Auf diese Weise ist die vierteilige Form entstanden. Es ist wichtig zu wissen, wie die einzelnen Teile heißen und welche Rollen und Aufgaben sie haben, sonst verstehst du nicht, warum die Tonfolge so funktioniert. Hat es einen Sinn zu wissen, wozu du ein Herz im Körper brauchst?

- Damit ich verstehen kann, warum mein Blut durch den Körper fließt. Das Herz pumpt.

-Teile haben Funktionen, damit du Melodien erfinden und sie einsetzen kannst. Natürlich können wir andere Töne als beispielsweise Re für die melodische Bewegungen nutzen.

- Du meinst, dass wir statt | Do Re Do | auch | Do Mi Do | verwenden können?

- Oder Do So Do. Probieren wir diese Möglichkeiten gleich aus. Wir singen.

Du: Achte auf den eingeschobenen Teil, auf die Wiederholung. So entsteht die vierteilige Form.

```
  1   2   3   4
| Do | Re | Re | Do |
| Do | Mi | Mi | Do |
| Do | So | So | Do |
```

Was hast du diesmal gelernt?

Es gibt Melodiewendungen, die oft am Ende einer Melodie vorkommen. Sie werden Schlüsse genannt. Die Wiederholung in der Musik erzeugt Gleichgewicht und Symmetrie. Es gibt einige musikalische „Wörter", kleine melodische Abschnitte, die so oft vorkommen wie Wörter in einer Sprache. Jeder Ton kann mit seinen Nachbartönen umspielt werden. Es gibt melodische Sprünge, die stufenweise Schritt für Schritt verkleinert werden können. Die Form eines Musikstücks ähnelt einem Kleeblatt, sie kann drei- oder vierteilig sein. Die Aufgaben und Rollen der einzelnen Teile sind wichtig. Sie bestimmen die Form der Melodie. Sich die Bedeutung der Teile zu merken, ist einfach. Denk an eine Bewegung. Da gibt es einen Ausgangspunkt, man folgt dem Weg, erkundet die Umgebung und kommt wieder zurück. Das sind wichtige Spielregeln, die ständig gebraucht werden.

6. Erstes Spiel

- Nora, es ist so weit! Komm, spielen wir! Du kennst einige Spielregeln, die Figuren und das Spielbrett, Tricks wie die Wiederholungen, die Muster, Symmetrie und das Ziel des Spiels. Ich wiederhole alles, damit du die Spielregeln sofort anwenden kannst. Die Töne sind wie Lebewesen. Deswegen wollen sie spielen. Wir haben den Vergleich mit dem Ballspiel benutzt. Die „Flugbahn" des Balls ist die Melodiewelle. Die Bewegungen des Balls können verschieden sein, sprunghaft oder treppenartig, langsam oder schnell. Die Do-Familie, die hinter dem Ballspiel steht, spielt gern. Sie bestimmt wegen ihrer Eigenschaften, wie eine Melodie gestaltet wird. Sie liebt die Ähnlichkeiten, Spiegelbilder, die Wiederholungen, weil sie eitel und egoistisch ist. Und sie mag Zahlen, am liebsten gerade Zahlen wie die 4 oder die 8. Auch schöne Formen bevorzugt sie, ein Spiegelbild oder ein Kleeblatt.
- Wie Mandalas? Die sehen wie Spiegelbilder aus, weil sich die Muster wiederholen.
- Und Batterien, also Kraft, brauchen wir auch fürs Spiel.
- Die wirkliche Kraft, die Zauberkraft, kommt aus deiner Vorstellung.
- Simsalabim! Welches ist das Ziel des Spiels? Gewinnen!
- Das Ziel des Spiels ist es, Melodien zu basteln. Unser Spielfeld ist das Notenblatt. Wir haben vier Teile, vier Häuschen und vier Töne - Mi Re Do und Ti.
- Wer beginnt?
- Ich fange an. Ich spiele die Rolle des Do´s. Dooooo …
- Miiii … Ich bin die Mutter.
- Ich schlage vor, dass wir die Spur des Balls, die Melodie, aufzeichnen, damit sie nicht hörbar, sondern auch sichtbar wird. Wir haben bis jetzt Do Mi.
- Ich werfe den Ball zum Onkel. Der wirft ihn zu mir zurück. Re Mi.
- Ich spiele weiter und drehe die Reihenfolge um, statt Re Mi singe ich Mi Re.
- Das ist nicht sehr originell!

- Ich spiele ja! Weil wir vier Teile haben, ist unsere Melodie bald zu Ende. Wir brauchen einen Schluss! Diesmal brauchen wir etwas Abwechslung. Der Ball fliegt vom Vater zur kleinen Tochter nach unten, die ihn zu ihrem Vater zurückwirft. Also das klingt so: Do-ti, Do. Diesen schnellen Wurf werde ich so aufschreiben wie besprochen; Do-ti, nach der zweiten Tonsilbe werde ich einen Strich machen und zusätzlich noch kleine Buchstaben verwenden. So ist es eindeutig zu sehen. Statt eines Tones werden wir in dieser Zeit zwei singen, daher müssen sie kürzer werden. Die ganze Melodie schreibe ich so auf: 2| Do Mi | Re Mi | Mi Re | Do-ti, Do ||.

Du: Sing die kurze Melodie | Do Mi | Re Mi | Mi Re | Do-ti, Do ||

- Zeichnen wir die ganze Flugbahn des Balles, also die Melodie, die wir gespielt haben, auf.

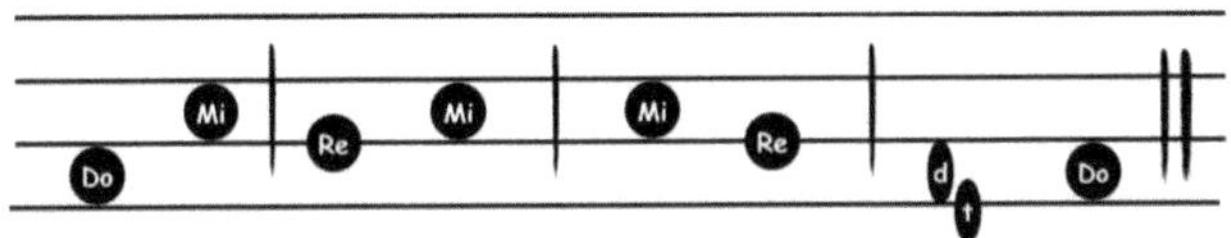

- Ich habe dir vorher gezeigt, wie wir die Bewegung einer Melodie mit der Hand sichtbar machen können. So können wir nachvollziehen, wie die einzelnen Töne zu einer Melodie zusammengefügt werden. So wird eine Melodie ins Leben gerufen. Also singen und zeigen wir. 2| Do Mi | Re Mi | Mi Re | Do-ti, Do ||

- Muss ich das wirklich?

- Du magst sicher die Bilder, die aus Punkten bestehen und mit Zahlen versehen sind. Wenn du diese Punkte mit einem Bleistift der Reihe nach verbindest, ergibt das ein Bild. So ist das auch, wenn wir eine Melodie Ton für Ton nachzeichnen.

- OK. Du hast mich überzeugt.

Du: Sing und zeig die Melodie. 2| Do Mi | Re Mi | Mi Re

| Do-ti, Do ||

- Die einfache Melodie soll jetzt ausgeschmückt werden. Daher verwenden wir einen Trick aus unserer „Trickkiste".
- Vielleicht das „Treppensteigen"?
- Passt gut! Aber die Notenlänge muss halbiert werden, damit wir mehr Zwischentöne unterbringen können.
- Diesmal fange ich an: Do Mi und jetzt das „Treppensteigen". | Do-re Mi |
- Hast du verstanden? Die ersten beiden Töne Do und Re sind kürzer als das letzte Mi, das ist notwendig, damit die Töne ins Häuschen passen. Nun bin ich dran, hmm..., statt Re-Mi singe ich, Re-do-Re-mi. Weil ich zwischen Re und Mi nicht Springen kann.
- Weil es keinen Zwischenton gibt.
- Kannst Du erkennen, welchen Trick ich hier gerade verwendet habe?
- Re-do Re-mi ...also, das ist der Trick mit der Nachbarnote!
- Merke dir, wenn der Trick „Treppensteigen" nicht geht, dann benutze „Nachbarnote"! Weiter geht es mit Treppensteigen: Mi-re Do-re.
- Das Ende lasse ich so, wie es war. Do-ti, Do.
- Das ist erlaubt. Fertig ist die Melodiewelle. 2| Do-re Mi | Re-do Re-mi | Mi-re Do-re | Do-ti, Do ||

Du: Sing die Melodie 2||: Do-re Mi | Re-do Re-mi | Mi-re Do-re | Do-ti, Do :||

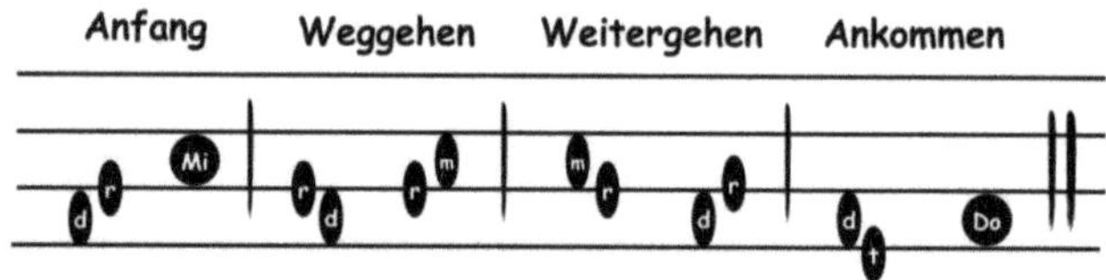

- Vergiss nicht und beachte, dass Do alles anzieht, am Schluss ruht die Melodie-Welle auf Do!
- Das habe ich schon längst gemerkt! Wie viele Punkte kriegen wir?

- Ach ja, der Spielstand, muss noch überlegen, wie wir Punkte vergeben können. Aber ich denke, die Melodie selber ist schon eine Beloh-
nung!

- Aber ich möchte doch auch Punkte.

- Sagen wir, jeder bekommt einen Punkt für richtig gesetzte Teile. Das
war jetzt ein Probespiel.

- Spielen wir weiter! Ich möchte gewinnen!

- Ich habe dir schon gesagt, hier gewinnt jeder!

- Kann die Melodie-Welle auch mit Mi beginnen? Fällt dann die Welle
von oben nach unten?

- Gute Frage! Diese fallende Melodiewelle Mi Re Do ist bedeutend,
weil sie von oben also vom Mi, nach unten zum Do oft in Liedern vorkommt. Wir werden bald noch ausführlicher darüber reden. Für heute
ist es aber genug! Wenn du zu Hause bekannte Melodien singst, achte
darauf, ob du eine steigende oder fallende Melodiewelle entdecken
kannst. Auch ob du in den Liedern Tricks wie »Treppensteigen« oder
»Nachbarnoten« findest. Probiere die Spielregeln, die wir heute gelernt
haben, aus!

- Du meinst, ich soll eine Melodie machen?

- Sie soll aus vier Teilen bestehen wie vorher.

Was hast du diesmal gelernt?

Eine Melodie aus vier Teilen zu basteln: Anfangen-Weggehen-Wegge-
hen-Ankommen. Die Tricks, die du schon kennengelernt hast, haben
wir „Nachbarnote", „Treppensteigen" nd „Wiederholung" genannt. Du
hast eine einfache Melodie gestaltet und verändert, also eine Variation
gemacht. Bei der Variation hast du die Länge der Noten verkürzt, damit mehrere Töne gesungen werden können und damit die Melodie
interessanter wird. Die Melodiewelle wurde schön gestaltet.

7. Gleichschritt, Einteilung

Einige Tage später.

- Hallo Peter! Ich bin neugierig darauf, was du mir heute zeigen willst!
- Wir müssen über etwas Wichtiges reden, das wir bisher neben der Halbierung der Notenlänge kaum besprochen haben.
- Es gibt kurze und lange Noten.
- Beim Gebet „Vater unser" hast du gesehen, wie der Text die Wörter, die Länge und die Aufteilung der Noten bestimmt hat. Im Mittelalter haben die Menschen so gesungen und die Melodien so aufgeschrieben und eingeteilt, wie das der Text vorgab. Später wurde immer öfter ohne Text auf Instrumenten musiziert, und immer mehr Leute wollten zusammenspielen. Beim vergangenen Mal haben wir in unserem ersten Spiel einige Töne verkürzt. Warst du schon einmal auf einem Ruderboot?
- Ich habe mit meinem Vater einmal eins ausgeliehen. Das Rudern war am Anfang gar nicht so einfach. Mein Vater hat mir ein Zeichen gegeben und laut gerufen: Ziehen.
- Er hat mit seiner Stimme ein Zeichen gegeben, wann ihr gemeinsam ziehen müsst, damit das Boot gerade im Wasser gleitet.
- Sag's einfacher, im gleichen Rhythmus rudern! Das kenne ich auch vom Tanzen, ich gehe tanzen, dort müssen wir uns auch gleichmäßig zur Musik bewegen.
- Dann weißt du schon einiges über Rhythmus und Gleichmäßigkeit. Aber auch über die verschiedenen Notenlängen. Das sind nämlich zwei verschiedene Dinge, die ich aber getrennt mit dir besprechen will. Zuerst schauen wir uns die Notenlängen an, dann die Gleichmäßigkeit. Wir können die Töne lang oder kurz singen. Angefangen haben wir mit mittellangen Tönen, die sich ruhig und entspannt anhören. Bei unserem ersten Spiel haben wir erlebt, dass die Noten gekürzt werden können, weil das die Melodie oder unser Gefühl so verlangt hat. Die Länge der Töne zu verkürzen heißt, in einem Abschnitt mehrere Töne

unterzubringen bzw. zu singen. Damit kann man eine Melodie beschleunigen. Was müsstest du tun, damit du ein Baguette teilen kannst?

- Ich würde es in zwei Hälften brechen.

- Wir haben Töne schon halbiert, dadurch sind zwei kürzere entstanden.

- Die du dann mit einem Strich und einem kleinen Buchstaben gezeichnet hast. (Do Do-do)

- Wir können statt halbieren auch verlängern.

- Du meinst den Ton doppelt so lang machen?

- Aus Do wird dadurch ein längeres Doo.

- Und das längere Doo können wir weiter verlängern auf Doooo.

- Du hast das Prinzip begriffen. Man kann die Tonlänge durch Halbieren und Verdoppeln bilden.

- Einfach zu verstehen.

- Nun zeige ich dir die Möglichkeiten, die wir besprochen haben.

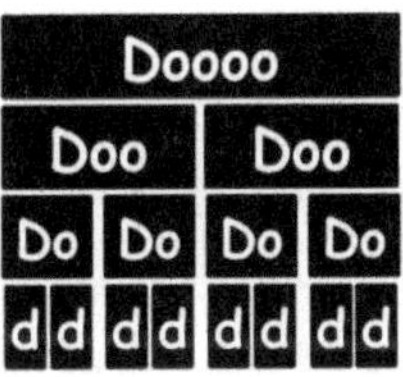

Ich fasse zusammen: Oben ist ein ganz langes Do. Seine Länge wird als „Ganze" bezeichnet. Das lange „ganze" Do ist aufgeteilt, zuerst in die Hälfte, dann in Viertel und zuletzt in Achtel. Die beiden Doo's, die als Halbe genannt werden, dauern genau so lang wie das erste lange Do. Zweimal Doo + Doo = Doooo. Ich kann die halb so langen Doo's noch einmal durch zwei teilen: Doo = zweimal Do. Anders beschrieben: Do+Do=Doo.

- Kannst du dieses kurze Do noch einmal teilen?

- Do hat die Länge eines Viertels. Wenn wir die Viertel teilen, bekommen wir eine Achtel. Das Zeichen für die Achtelnoten kennst du schon: Do-do. In den Melodien, die wir gesungen haben, sind sie vorgekommen. Jetzt aber eine wichtige Frage: Wie lange dauern sie wirklich?

- Wie lange sie wirklich dauern? Kürzer als das Viertel-Do, also halb so lange.

- Wie lange dauern die Viertelnoten?

- Wird das eine Mathe-Stunde?

- Die Notenlängen stehen immer in einem Verhältnis zueinander. Eine Viertelnote ist halb so lang wie ein halbe Note. Wovon hängt die Länge der ganzen Note ab?

- Davon, wie schnell wir die Melodie singen.

- Was ist, wenn wir die Melodie langsamer singen wollen?

- Na dann dauert ein Ton, egal ob Viertel oder Halbe, einfach länger, oder?

- Das ist die entscheidende Frage. Zum Festlegen der Notenlängen brauchen wir etwas, mit dem wir die Zeit messen können.

- Also eine Uhr.

- Wir brauchen etwas, was hörbar ist und gleichmäßig ist.

- Ist die Uhr doch.

- Hörbar und gleichmäßig! Darum geht es. So können wir die Zeit in gleichmäßige Einheiten teilen. Wenn wir Musik hören, wippen wir automatisch mit dem Fuß zum Takt der Musik.

- Verstehe, du meinst etwas was gleichmäßig erklingt.

- Ich denke an etwas, was wir an uns haben, die Hände!

- Nora, du sitzt gerade auf einem Stuhl, also schlag mit deiner Hand leicht und sanft auf deinen Oberschenkel, langsam und gleichmäßig, damit teilst du die Zeit in gleichmäßige Abstände ein.

Und während du das machst, singe ich die Tonsilbe Do viermal, und dann gleich noch einmal! ||: Do Do Do Do :|| Wie viele Dos habe ich zwischen dem Anfangs- und dem Endstrich, also zwischen den Wiederholungzeichen, geschrieben? Hier geht es wie beim Kleeblatt um das Gleichgewicht und um die Symmetrie, die Zahl 4. Es werden vier Handschläge zusammengefasst und mitgezählt. Das ist der Vierertakt. Der wird mit der Zahl 4 vor dem Abschnitt gekennzeichnet (4 | 1 2 3 4 |) und bestimmt die Länge der Noten.

Du: Schlag gleichmäßig langsam mit der Hand auf die Oberschenkel oder auf die Tischplatte und sag laut Do. Dann wiederhole das: 4 ||: Do Do Do Do :|| . Es ist am besten, wenn du diese einfache Übung gleich einige Male wiederholst, damit du das Gefühl für die Notenlängen bekommst. Es ist wichtig, dass du beim Singen spürst, wie lange du die Noten aushalten sollst. Dazu brauchst du einen Maßstab, mit dem du die Länge der Noten halten kannst.

- Erhöhen wir die Dauer der Tonsilbe Do auf das Doppelte, also auf zwei Handschläge. Geschrieben sieht das so aus: 4 | Doo Doo | .

Du bist an der Reihe! Sing und schlag mit der Hand und sprich:
4 ||: Doo Doo :||

-Jetzt verlängere ich die Dauer der Tonsilbe auf das Doppelte: | Doooo|

Du: Schlag mit den Händen viermal und sing ein langes Dooo 4 ||: Dooo :||.
- Das heißt, du schlägst den Takt. Ein Schlag auf den Oberschenkel ist ein Taktschlag. So machen wir aus vier Übungen eine einzige Übung:

4 ||: Do Do Do Do | Doo Doo | Dooo :||

- So klingen die Töne noch besser.

Du bist jetzt dran! : 4 ||: Do Do Do Do | Doo Doo | Doooo :||

- Probieren wir das mit einer Melodie aus. Sing die folgende Melodie und schlag dazu den Takt mit der rechten Hand auf dem Oberschenkel oder Tisch.

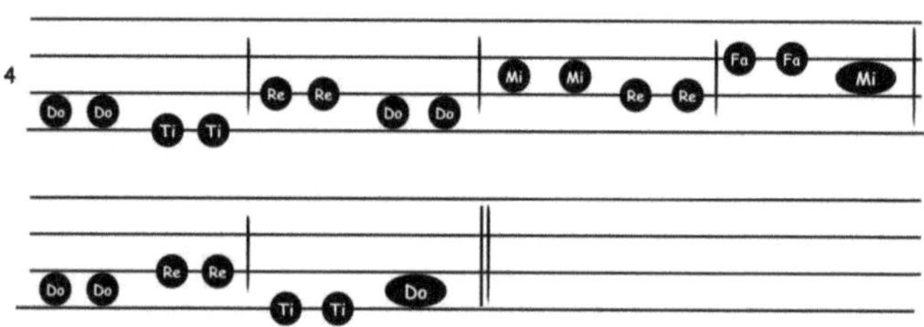

- Takt und Musik sind wie Bewegung und Tanz.
- Wenn ich tanze, spüre ich das.
- Bleiben wir beim Tanzen. Beim Tanzen machst du einfache Schritte, die sich wiederholen.
- Meine Tanzlehrerin will, dass wir uns schön bewegen. Dazu haben wir einen großen Spiegel, damit wir uns selbst sehen können.
- Hier bei der Musik brauchen wir ebenso die Kontrolle, damit wir z. B. nicht zu schnell oder zu unregelmäßig sind. Wie macht eine altmodische Uhr?
- Tick-tack, Tick-tack.
- Also gleichmäßig und immer im Kreis. So bewegt sich der Zeiger. Fangen wir an. Stehen wir jetzt auf. Zuerst stehen wir still und sprechen die Textsilben „Tick" und „Tack", „Tick" und „Tack". Das wiederholen wir ruhig.
- Tick-tack, Tick-tack.

- Während du langsam „Tick" und „Tack" aussprichst, denk an die Pause zwischen den Wörtern. Spürst du sie? Wir wollen diese Pause oder diese kurze Stille hören und fühlen, weil wir später diesen Teil ausfüllen möchten.
- Ausfüllen? Du meinst mit Klatschen oder Singen?
- Das wird unser Rhythmusspiel interessanter machen. Zuerst stehen wir still und sprechen langsam „Tick" und „Tack".

Du: Mach das etwa eine Minute lang, dabei still stehend. Sprich die Rhythmussilben aus. tick-tack, tick-tack, tick-tack, tick-tack.

- Es kommt noch etwas dazu. Wir sagen „tick-tack" und heben die Füße abwechselnd rechts und links, langsam.

tick   tack
Fuss   Fuss
L   R

So verschieben wir unser Gleichgewicht von links nach rechts und andersrum. Stell dir diese Bewegungen wie ein langes Band vor, worauf wir unsere Rhythmussilben „Tick" und „Tack" wie auf eine Halskette aufhängen. Jede Silbe hat eine andere Farbe „tick" ist schwarz „tack" ist weiß.

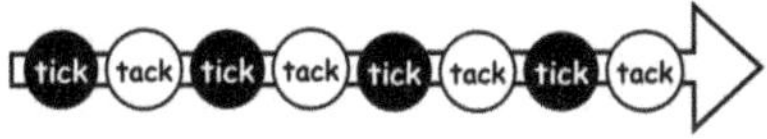

Tick-tack: Jetzt bewegt sich unser Oberkörper wie ein Pendel jeweils nach rechts oder nach links. Statt einer Halskette kannst du dir einen Kreis vorstellen, in dem sich der Zeiger dreht.

Du bist daran! Mach die Übung mit, mindestens eine Minute lang. Linken und rechten Fuß abwechselnd leicht heben und „tick-tack" sagen. Unten steht für den rechten Fuß das große R und für den linken das große L.

Stimme | tick-tack | tick-tack | tick-tack | tick-tack |
Fuß | L   R | L   R | L   R | L   R |

- Ist dir aufgefallen, dass du nicht tick-tick, sondern tick-tack gesagt
hast? Warum sagen wir tick-tack? Wenn du genau hinhörst, klingt jeder Schlag. Tick! Tick! Tick! Oder: Tack! Tack! Tack. Das liegt daran,
dass sich die Menschen das viel besser merken können. Wir alle machen das von ganz allein. Wir suchen nach einer Wiederholung, weil
wir uns damit leichter tun, egal, ob das beim Sehen oder beim Hören
ist. Deswegen sagen wir tick-tack, weil das für unser Ohr und den Verstand leichter zu merken ist. Machen wir noch etwas anderes. Beim
Tick klatschen wir noch zusätzlich in die Hände. Wenn du willst,
kannst du in Gedanken mitzählen: eins, zwei, eins, zwei… Wir wiederholen immer wieder „Tick" – und „Tack". Oder stell dir vor, deine
beiden Füße drehen sich wie Uhrzeiger und machen „Tick" und „Tack".
- Das ist wie ein einfacher Tanz. Ich kann meinen Oberkörper etwas
links und rechts wie einen Pendel bewegen.
- Wenn wir „Tick" aussprechen, klatschen wir gleichzeitig in die Hände.
- Ich klatsche auf „Tick".
- Also, wir stampfen mit dem Fuß, links und rechts, sprechen die Silben „Tick" und „Tack" aus, und auf „Tick" klatschen wir in die Hände.
Wenn wir das einige Minuten lang machen, wird das leicht und flüssig
wie ein Tanz sein. Fangen wir an! Wir stehen am Anfang still und sprechen die Textsilben aus. Dann beginnen wir, abwechselnd rechts und
links die Füße leicht zu heben und leicht auf den Boden zu stampfen,
während wir weiter „Tick" und „Tack" sprechen. Das machen wir etwa
eine Minute lang, damit sich unser Körper an diese Bewegung gewöhnt und sich den Rhythmus merken kann. Wenn das gut klappt,
kommen die Hände dazu und wir klatschen leise, während wir Tick
sagen. Beim Tack klatschen wir nicht. Der Fuß aber stampft weiter.

Du bist dran! Auf „Tick" klatschen, mindestens eine Minute lang. Die
Sterne stehen für das Klatschen:

```
Stimme 2 | tick-tack | tick-tack | tick-tack | tick-tack |
Fuss     |L    R |L    R |L     R |L    R |
Hand      *          *          *          *
```

- Was wir hier machen, heißt in der Sprache der Musik Zwei-Viertel-Takt, stampfen mit dem Fuß und sagen „Tick" und „Tack". Jetzt machen wir weiter wie bisher und stampfen mit dem Fuß, sprechen aber „Neck" und „Nack".

- Also werden vier neue Wortsilben eingefügt?

- Diesmal sind das vier Rhythmussilben. Das Klatschen wollen wir auf die Silbe „Tick" beibehalten.

- Kann ich auch mitzählen?

- Ja natürlich, das Zählen ist gut, damit du es verstehst. Mache die Übung stehend mehrere Minuten lang. Du willst so erleben, dass es mit den Rhythmussilben noch besser ist. In Indien lernen die Leute mit den Rhythmussilben.

Zählen	1	2	3	4	1	2	3	4
Stimme	**tick**	tack	neck	nack	**tick**	tack	neck	nack
Fuss								
Klatsch-en								

Du: Mache diese Übung zu Hause genauso, und zwar mehrere Minuten lang. Dein Körper und dein Gleichgewichtssinn brauchen mehrere Minuten, um sich an den Ablauf der Bewegungen zu gewöhnen.

- Hast du bemerkt, unser Klatschen teilt das Ganze auf? Es ist ein Teil entstanden: vom Klatschen der Rhythmussilbe „Tick" bis zum nächsten „Tick". Diesen wiederkehrenden Teil nennen wir Zyklus. Das Wort Zyklus bedeutet Wiederkehr, also die Wiederholung eines Teils.

- Wie bei den Jahreszeiten Frühling, Sommer, Herbst und Winter, die im nächsten Jahr wiederkommen?

- Jahreszeiten sind Zyklen wie der Wechsel zwischen Tag und Nacht oder wie dein Herzschlag und dein Puls. Mit diesen Übungen haben wir den Zwei-Viertel-Takt und den Vier-Viertel-Takt erarbeitet.
- Weil ich auf die erste Silbe, also auf „Tick" geklatscht habe, habe ich bemerkt, dass beim „Tick" etwas passiert.
- So hast du den Anfang des Zyklus hörbar gemacht. Verbinden wir jetzt den Rhythmus mit den Tonsilben. Wir sagen statt „tick-tack" und „neck-nack" Do Do Do Do und singen auch eine Tonhöhe dazu. Das schaut so aus.

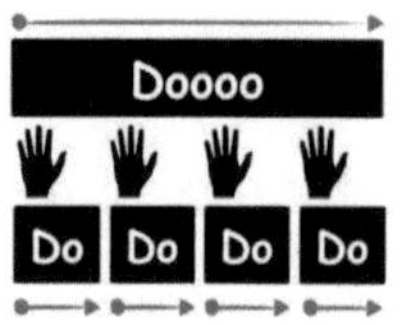

- Was bedeuten die Pfeile?
- Wenn wir klatschen, klingt der Ton wie ein kurzer Knall. Wenn wir einen Ton, also eine Tonsilbe wie Do singen, dauert das länger als das Klatschen. Wenn wir ein langes Do, also einen ganzen Ton singen, dauert das ziemlich lange.
- Ist das der lange Pfeil?
- Die kleinen Pfeile zeigen, wie lange ein kürzeres Do dauert und wie es klingt, wenn wir singen. Das Klatschen markiert den Anfang des Tons. Die wirkliche Dauer kannst du an der Länge der grünen Quadrate ablesen. Du musst dir merken, dass die Zeichen, die für die Notenlänge benutzt werden, Symbole sind und stellvertretend für die tatsächliche Länge der Töne stehen.
- Beim Singen halte ich den Ton länger aus. Du hast mir die kurzen Noten gezeigt. Ich meine jene, mit denen achtmal das Do gesungen wird.
- Wir halbieren die Noten immer weiter in kleinere Stücke. Die Viertelnoten werden halbiert.
- Alle vier?
- Alle vier, und so entstehen acht Noten, die Achtelnoten heißen. Diese acht Noten werden kurz gesungen. Sonst würden wir in der kurzen Zeit nicht fertig werden. Diese acht kurzen Noten treten paarweise auf. Sie bilden Zweiergruppen, also Pärchen: 1-2, 3-4, 5-6, 7-8. Unser Gehör bildet automatisch kleinere Gruppen, um erkennen zu können, was gemeint ist. Wenn ich die Achteln mit den Tonsilben schreibe, be-

nutze ich einen Strich, damit sichtbar wird, dass sie Pärchen sind, und den zweiten Teil des Pärchens schreibe ich klein: 4 |Do-do Re-re Mi-mi Fa-fa | . Schau dir das Bild unten an. Ich habe die Achtelnoten am oberen Rand mit einem dicken Strich paarweise verbunden und die zweite Tonsilbe kleingeschrieben: Do-do.

- Die beiden Achteln ergeben eine Viertelnote.
- Bei den Achtelnoten, die paarweise gezeichnet werden, Do-do, ist noch etwas zu beachten. Die Betonung des großgeschriebenen Teils ist stärker. Das wird durch die Schreibweise gezeigt und, wenn wir uns das vorsagen, betonen wir die erste Rhythmussilbe. Deswegen habe ich die erste Silbe fett gemacht.
4 | Do-do Do-do Do-do Do-do |

Du: Sing die folgende Melodie in einer für dich bequemen Tonhöhe, betone die erste Silbe:
4 ||: Do-do Do-do Do-do Do-do :||

- Wenn ich die zweite Silbe betone, klingt die Melodie anders.
-Machen wir das doch. 4 | Do-do Do-do Do-do Do-do |

Du: Betone diesmal die zweite Silbe beim Singen.
4 ||: Do-do Do-do Do-do Do-do :||

- Das ist, als würde ich beim Schaukeln immer wieder schnell in eine andere Richtung geschubst werden.
- Dadurch einsteht die Spannung. Sie klingt interessanter. Jetzt erweitere ich die Übung: 4 | Do-do Do-do | Do Do |. Spannungen werden immer aufgelöst. Deswegen habe ich bei der kleinen Übung zum

Schluss längere Noten und keine Achteln, also keine Spannung gelassen, weil sich die Melodie ausruhen will. Die Betonung auf dem zweiten Achtel heißt Synkope.

Du: 4||: Do-<u>do</u> Do-<u>do</u> Do <u>Do</u> :||

- Ich habe noch eine Idee! Wir könnten einen Ton auslassen.
- Nicht schlecht. Dann machen wir das doch gleich. Damit die Schüler wissen, wann ich einen Ton auslasse, werde ich statt des Tons das Zeichen x einfügen. x bedeutet Stille: 4 ||: x-do x-do Do Do :||

Du: Klatsche gleichmäßig und singe. Achte auf die Pausen:
4 ||: x-do x-do Do Do :||

- Dort sind Lücken, als würde ein Zahn fehlen.
- Die Pause darf nicht kürzer oder länger sein als die Note, die ausgelassen wurde. Hör hin: 4| Do Do x Do | Do-do x-do x-do x-do | Do Do Doo |

Du: 4||: Do Do x Do | Do-do x-do x-do x-do | Do Do Doo :|| .

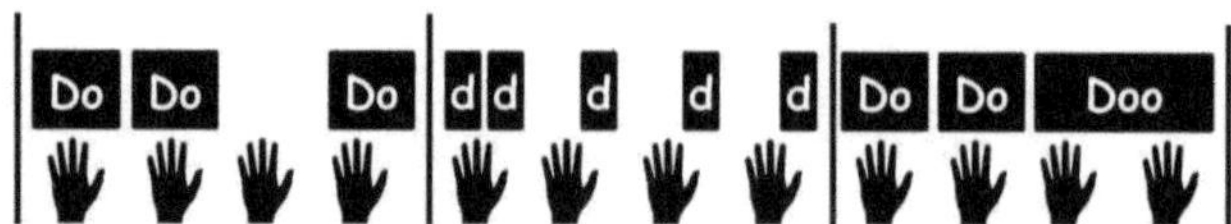

- Das dritte, fünfte und siebte Achtel-Do fehlt. Du spielst mit der Stille.
- Diese stillen Stellen heißen Pausen. Die Pausen können wie die Noten lang oder kurz sein.

90

- Die Pausen werden nach der Länge der fehlenden Noten benannt, ganze, halbe, Viertel- und Achtelpausen. Wie oft werden diese kurzen Töne genutzt?

- Dafür gibt es keine Regeln. Da haben wir große Freiheit: Das hängt davon ab, ob die Melodie beschleunigt werden soll oder ob wir einen melodischen Sprung verkürzen wollen. Die Pausen werden sparsam und selten genutzt, die relativ kurzen Töne, die Viertel in unserem Melodienspiel, werden nicht zu oft und nicht überall verwendet. Es gibt bestimmte Stellen, wo die Melodie ruhig fließt, und es gibt Stellen, an denen sie beschleunigt wird. Finde diese Stellen durch Experimentieren heraus. Es gibt Gewohnheiten beim Singen. In der Kirche singen die Menschen oft langsam. Daher enthalten diese Lieder lange Noten. Volkslieder sind schneller.

Was hast du diesmal gelernt?

Du hast gelernt, wie man lange Noten halbiert und verdoppelt, also Notenwerte bildet. Das dient der Abwechslung und Ausschmückung von Melodien. Jetzt weiß du, was ein Zweiviertel- und ein Vierviertel-takts sind. Du hast erfahren, wie stehend, klatschend und sprechend eine gleichmäßige Bewegung, ein Rhythmus und ein Takt erzeugt werden kann. Bei den Achtelnoten wird die erste Silbe stärker betont, als Ausnahme kann die zweite Silbe betont werden. Dadurch entsteht eine Spannung, die später aufgelöst werden muss. Ich habe dir die Pausen vorgestellt. Sie haben die gleiche Länge wie die Noten, die ganzen, halben, Viertel- und Achtelnoten.

8. Züge /Bewegungen

Peter: Reden wir weiter über die Melodiewellen. Eine unsichtbare Kraft wirkt auf die einzelnen Töne und so entsteht eine Bewegung, die wir als hörbare Melodie wahrnehmen. Ich erzeuge jetzt eine Melodiewelle. Do Re Mi Fa So Fa Mi Re Do. Die Welle hebt sich, wird größer, erreicht eine Spitze, wird wieder kleiner und läuft am Ufer aus. Stell dir das Meer am Strand vor. Etwa so singen wir gemeinsam: | Do Re Mi Fa So Fa Mi Re Do |

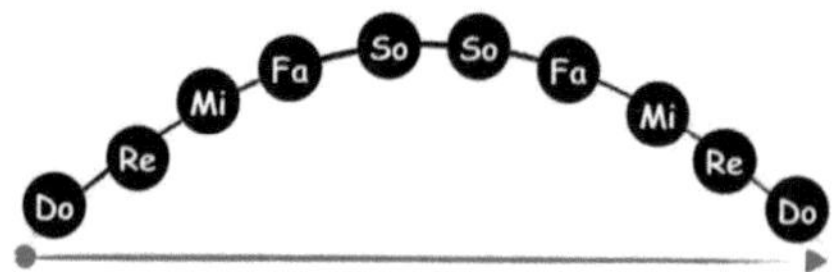

Nora: Die Spitze der Melodiewelle ist der Ton So. Dann geht sie zurück zum Do, weil Do der Ruhepunkt ist. Ist das immer so?

- Nicht immer. Eine Welle kann größer werden und bis zum nächsten Ton La anwachsen. Das kommt in manchen Liedern vor. Das können wir singen: | Do Re Mi Fa So La So Fa Mi Re Do |

- Gibt es auch Monsterwellen?

- Ich weiß, was du dir unter Monsterwellen vorstellst, also Do und das höhere Do′ singen.

- Do Do. Das ist wirklich hoch, kommt das auch in Liedern vor?

- Es gibt z.B. ein Lied auf Englisch, das heißt „Over the Rainbow“: | Doo Doo′| Ti So-la Ti Do′| Doo Laa | Soo xx |

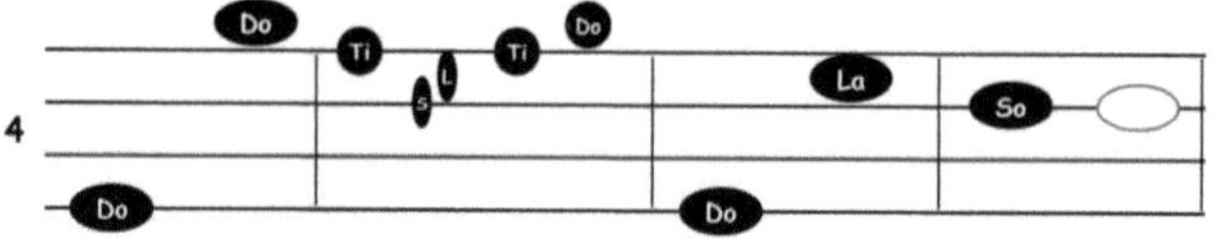

- Das Lied kenne ich aus dem Film „Der Zauberer vom Oz“.
- Merk dir das, wenn du den Oktavsprung Do Do′ hören willst, dann singe den Anfang von „Over the Rainbow.“ Wir erzeugen jetzt Melo-

diewellen, aber mittelgroße. Es sind wieder 4 Teile gegeben, im 4/4 Takt. Der höchste Ton soll La werden. Denk an die Spielregeln, das Treppensteigen, die Wiederholung, die Nachbarnote und dann die Ruhe am Ende. Verwende diesmal nur ganze und halbe Noten, damit die Melodie ruhig klingt.

- Gut, mache ich. | Do Re Mi Fa | So La Soo | So La Soo | Mi Re Doo ||

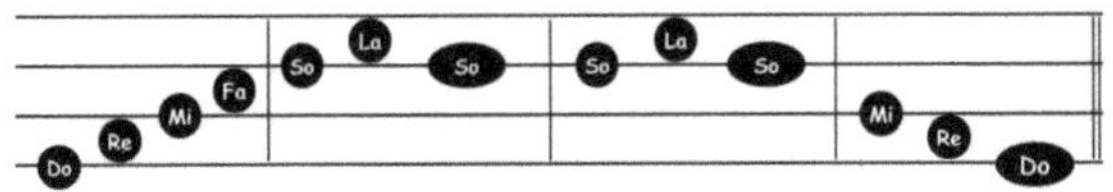

- Zeig mir nun die Bewegung der Melodie auf der Wabentafel.

Du: Sing und zeig den Ablauf der Melodie.

- Spielen wir noch eine Runde! Auf welchem Level bist du jetzt?

- Bei diesem Spiel bekommen wir doch keine Punkte.

- Es geht ums Spiel. Machen wir es spannender. Hat eine Melodie ihr Ziel, den Zielton, erreicht, dreht sie sich manchmal um oder ändert ihre Richtung. Doch erst kommt sie zur Ruhe.

- Der Ruhepunkt ist Do!

- Die Melodiewelle braucht Kraft, um in Bewegung zu kommen.

-Du hast mir diese Zeichnung gezeigt.

- Den Bogen. Was passiert, wenn du den Bogen stärker

spannst? Wenn du die Spannung verstärkst, ist die Melodie intensiver.

- Das habe ich schon probiert. Ich habe die Schnur mehr gezogen und so ist es immer schwerer geworden.

- Ein anderes Beispiel: Stell Dir einen Wasserhahn vor und einen Trop- fen, der hängt. Wird er lange dort bleiben?

- Der Tropfen wird bald ins Waschbecken fallen.

- … weil sein Gewicht auch wegen der Spannung zu groß ist. „Ein Tropfen hängt am Wasserhahn, ein Tropfen schwebt am Wasserhahn."

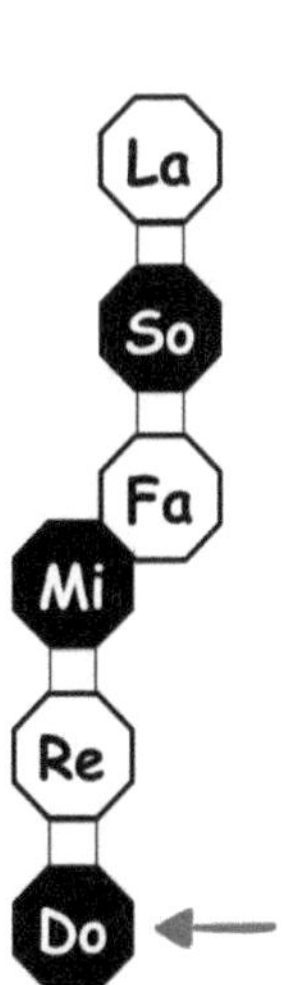

- Ich stelle mir das Bild vor.

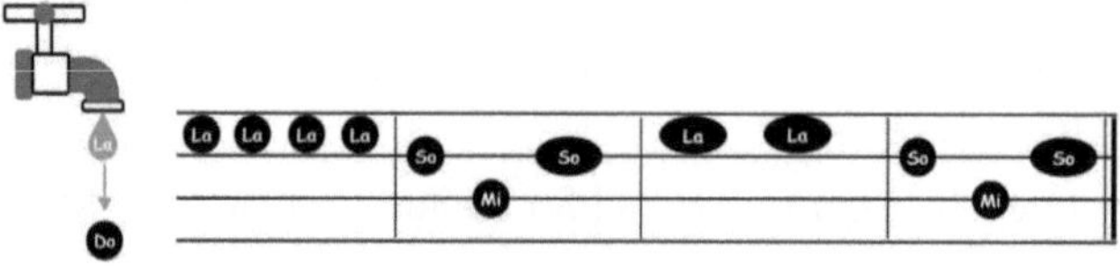

- Versuch dir das hörbar vorzustellen, schwebend und spannend. Alles wird mit dem Grundton Do in Beziehung gesetzt. Die Spannung liegt im Abstand zwischen dem Do und einem anderen Ton. Welcher Ton könnte die Rolle neben dem Do spielen?
- Der kleine verträumte Sohn, der die schwebende Eigenschaft hat.
- Erraten! La gegenüber dem Do klingt schwebend, auch spannend. Wir hören, dass dieser Zustand nicht lange halten wird. Der Ton La will irgendwohin weitergehen..
- Wir singen Do La und bleiben beim La stehen. Wir singen länger: Doo Laa.

Du: Sing die beiden Töne und beobachte, ob du die Spannung fühlst, dass nach La die Melodie weitergehen soll: | Doo Laaa | .

- Singen wir nicht so lange La, sondern kürzer: | La La La La |.
- Spielen wir, dass der Tropfen runterfällt.
- Der Tropfen soll nicht gleich runterfallen. Deshalb verlängern wir die Zeit und dadurch die Melodie. Die Form der Melodie soll aus acht Teilen/Takten bestehen, zweimal vier Teilen. Den ersten Teil haben wir schon: La La La La. Es fehlen noch sieben Takte. Der nächste Teil könnte so sein, indem ich die Spannung ein wenig verringere. Des Wassertropfens wegen singe ich etwas tiefer: | So Mi Soo |.
- Dann könnte eine Wiederholung kommen.
- Wiederholung der Töne ja, mit etwas Abwechslung in der Länge. Deshalb verändere ich die Länge der Note La: | Laa Laa |. Es folgt die einfache Wiederholung des vorletzten Teils: | So Mi Soo |. Damit haben wir vier Teile der Melodie fertig.

Du: Sing die Melodie und beobachte, ob du die Spannung des La spürst, 4 | La La La La | So Mi Soo | Laa Laa | So Mi Soo | .

- Wir brauchen Abwechslung. Unser Tropfen wird bald runterfallen und das Waschbecken treffen (Do), aber nicht gleich. Außerdem könnten wir die Melodie flotter machen, die Notenlängen kürzen: | So Mi-re Do Re-mi | . Das können wir wiederholen: | So Mi-re Do Re-mi | . Nun müssen wir etwas langsamer werden, weil der Tropfen sich vom Wasserhahn löst: | Soo Mi Re | . Nun ist unser Tropfen endlich unten beim Do angelangt | Do Do Doo |. Wollen wir das singen?

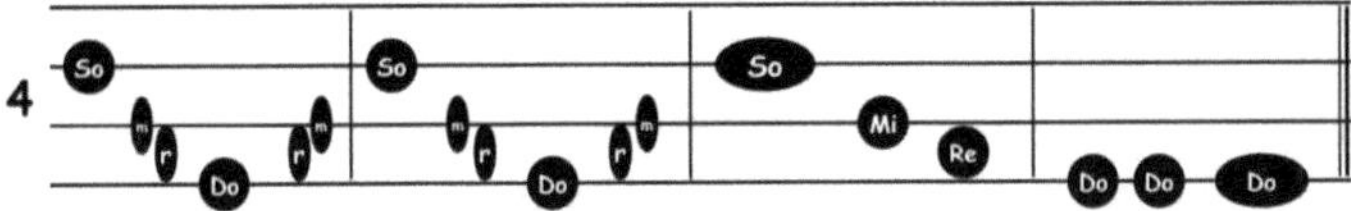

Du: Sing zuerst den Teil | So Mi-re Do Re-mi | So Mi-re Do Re-mi | Soo Mi Re | Do Do Doo |, dann die ganze Melodie: 4 | La La La La | So Mi Soo | Laa Laa | So Mi Soo | So Mi-re Do Re-mi | So Mi-re Do Re-mi | Soo Mi Re| Do Do Doo || .

- Ich fasse zusammen, was wir gelernt haben. Den Ablauf der Melodie nennt man schwebender Anfang, weil der Anfangston La über dem Grundton Do schwebt. Später fällt er zum Grundton Do ab. Der Weg zum Grundton ist nicht gerade, sondern zick-zack-förmig. Der echte Tropfen fällt gerade herunter. Der musikalische Tropfen will nicht gleich fallen. So etwa könnte man den vereinfachten Weg der Melodie zeichnen. Es ist wie ein Gerüst, das die Melodie trägt und zusammenhält.

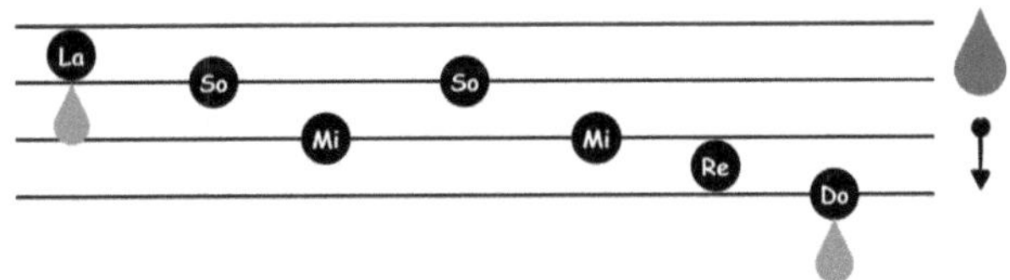

- Nora, wie wäre es, wenn du jetzt die Melodie vorsingst und bei der Hälfte der Melodie eine Pause einlegst, um in Ruhe einatmen zu können.

- | Laaaa | So Mi Soo | > | Soo Mi Re | Doooo |. Es ist wie beim Rutschen. Ich klettere auf das Gerüst hoch und rutsche dann hinunter.

- Merk dir diesen Weg bzw. diese Art von Melodie. Der ist sehr alt. Viele Völker haben für ihre Volksmusik diesen Bauplan, die fallende Linie, verwendet und früh entdeckt, dass der Ton Do die anderen Töne später oder früher zu sich zieht.

- Wie ein Magnet die Eisenspäne …

- Dieses Volkslied hat der ungarische Komponist Z. Kodaly in einem Dorf gehört und aufgeschrieben. Siehst du, Nora, wie gut es ist, dass wir Melodien aufschreiben können! Wir können auch eine Melodie vom oberen Do bis zum unteren Do basteln.

- Rutscht man schneller, weil der Startpunkt der Rutsche hoch liegt?

- Der Vergleich mit der Rutsche ist nur eine Eselsbrücke. Die Melodie muss deswegen nicht schneller werden. Ich zeige dir noch ein Beispiel, den Weg der Melodie vom Vater zum Sohn, also von Do zu So. Diesmal ist der Vater oben und der Sohn etwas weiter unten und zuletzt erscheint der Vater noch einmal unten: Do´ So Do.

Du: Sing diese 3 Tonsilben, die Melodie beginnt beim oberen Do´.| Doo´ Soo Doo |.

- Das ist also wie ein melodisches Gerüst, das wir erweitern können. Die Eckpunkte sind als Do´, So und Do. Ich kann diese Töne umspielen. Es gibt Variationen, | Do´Re´Do | So La So | Re So Do|.

- Diesmal hast du die Nachbarnoten verwendet.

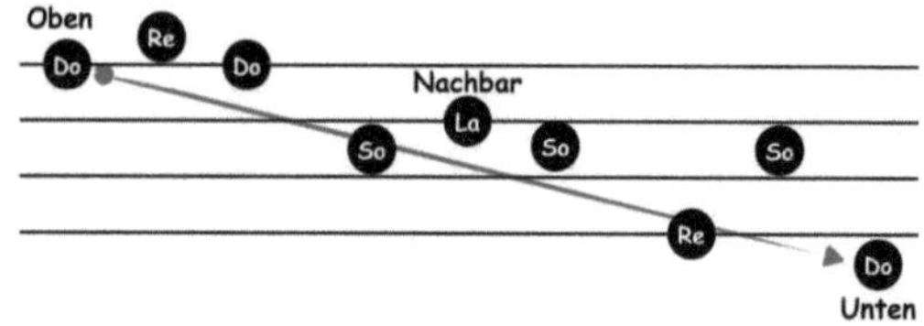

Du: Sing jetzt langsam |Do´ Re´ Do´| So La So | Re So Do | .

- Die Melodie beginnt oben mit Do und macht dann einen kleinen Umweg zum Nachbarn Re. Also heißt das dann Do Re Do. Das ist der Trick mit der Nachbarnote. Rutsch auf der Melodie nach unten bis zum unteren So, zum Sohn. So möchte seinen Vater nachahmen: So La So. Dann rutscht die Melodie weiter nach unten bis zum Re. Fast am Boden angekommen, macht die Melodie einen Sprung nach oben zum So und rutscht zum Ende, wo sie stehen bleibt: Re So Do. Die Fahrt auf der Rutsche ist beendet. Die Musiker nennen diesen Rutsch Oktavzug nach unten. Der Abstand vom oberen Do´ bis zum unteren Do entspricht einer Oktave. Vor vielen Jahrhunderten haben das die Menschen entdeckt, und damals so mit der Melodie gespielt. Wir werden diesen Bauplan noch oft nutzen!

Was hast du diesmal gelernt?

Jede Melodie besteht aus Zügen. Diese sind melodische Abschnitte, die einen Anfangs- und Endpunkt haben. Die melodischen Züge können klein oder groß, kurz oder lang sein. Es gibt Do → Mi (Mi → Do), Do → So (So → Do), Do → La (La → Do) und Do → Do´(Do´→ Do). Melodien tragen immer melodische Züge in sich, meist mehrere. Sie können sich über die ganze Melodie erstrecken. Dies zu erkennen hilft, den Aufbau der Melodie zu verstehen. Die sind wie ein Gerüst. Sie tragen und halten die Melodien zusammen. Die Anziehungskraft des Vaters Do spielt dabei eine weitere wichtige Rolle.

9. Die Zaubertreppe

Peter: Wir haben öfter festgestellt, dass wir manchmal andere Zeichnungen als die Notenlinien benötigen, weil es in der Musik viele Geheimnisse gibt. Die Töne leben in einer unsichtbaren Welt. Sie können gleichzeitig an mehreren Orten sein. Um das zu zeigen und zu verstehen, brauchen wir neue Zeichnungen. Ich werde unser Haus, in dem die Töne wohnen, neu formen. Dann entsteht eine Kreisform wie auf einer Uhr.

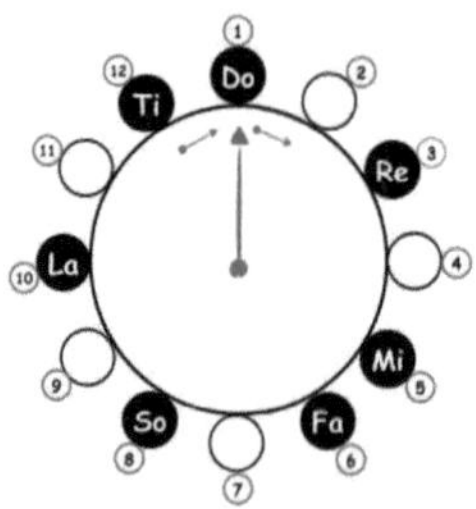

Es gibt zwölf Töne. Nach der Zwölf würde die Dreizehn kommen. Hier steht neben der Zwölf nicht die Dreizehn, sondern die Eins. Der erste und der 13. Stock sind gleich.

- Nach zwölf Uhr mittags kommt ein Uhr.
- Die Reihenfolge der Töne wiederholt sich trotzdem.
- Sind die leeren Kreise die Zwischentöne?
- Das sind Zwischenstockwerke, in denen die anderen Familienmitglieder, die Verwandten, wohnen. Wenn du von Do mit der Nummer 1 schrittweise im Uhrzeigersinn weitergehst, gelangst du nach dem zwölften Ton Ti zum Do, der die Nummer 1 trägt.
- Warum ist das so?
- Weil die Töne die Reihenfolge und die Rollen in der Familie immer einhalten. Es ist unerheblich, ob die Töne tief oder hoch sind. Der 13. Ton ist wie der erste Ton in der neuen Reihenfolge. Obwohl der neue Ton höher und heller klingt, ist seine Rolle gleich geblieben. Den Abstand zwischen den zwei Do´s, Do unten und Do´ oben, nennen wir

die Oktave. Ohne die Oktave würde unsere Musik nicht funktionieren und es wäre sehr kompliziert, die vielen Tonhöhen zu überblicken, wie etwa bei der Uhr oder den Wochentagen. Dann ist es leichter, wenn sich etwas nach wenigen Schritten wiederholt. Oft kommt eine Melodie nicht mit einem Do aus, weil wir verschiedene Stimmlagen, Tonhöhen singen können. Manche Melodien kann ich nicht hoch singen. Daher brauche ich ein tieferes Do. Wir können die gleiche Melodie zusammen singen, obwohl ich eine Oktave tiefer singe. So ergeben sich ein Do unten und ein Do´ oben. Wir können auch gemeinsam die Rolle des Do singen, obwohl das zwei verschiedene Tonhöhen sind.

Du: Spiele auf einem Instrument gleichzeitig die Oktave Do Do´ (C - C´, C3 - C4)) . Sing langsam ||: Doooo und Doooo´ :|| .

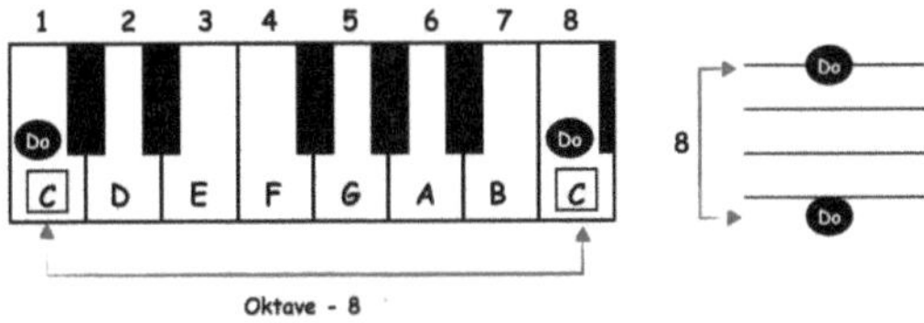

Oft ist es so, dass wir manches, das kompliziert erscheint, schwer verstehen können, aber wenn wir es singen, kann unser Gehör uns Dinge bewusst machen, die unser Verstand nicht erfasst. Deshalb musst du die Singübungen immer gewissenhaft durchführen. Sie helfen dir, die Geheimnisse und die Spielregeln der Musik zu verstehen.

- Die Oktave ist wirklich eine große Hilfe.
- Die Reihenfolge der Familienmitglieder ist immer gleich, egal, wo wir anfangen. Die Reihenfolge muss immer stimmen. Die Töne wollen auf ihrem gewohnten Platz bleiben. Es ist egal, ob wir sie in Kreisform oder als Spielsteine nebeneinander darstellen. Die Reihenfolge der farbigen Schmucksteine wiederholt sich: | Do Re Mi Fa So La Ti Do´| Do´ Re´ Mi´ Fa´ So´ La´ Ti´ Do´´|| .
- Es könnte nach rechts noch weiter gehen, also noch höher, und auch nach links noch tiefer.

- Das erinnert mich an ein Lagerhaus, in dem die Töne gelagert sind. Wenn sie gebraucht werden, holt man sie raus und sie erklingen dann.

- Du meinst, dass die Töne dort auf ihren Auftritt warten? So könnte man das auch betrachten. Die warten tatsächlich darauf, dass sie eingesetzt werden. Gehen wir zurück zum Vergleich mit dem Wohnhaus. Du wohnst im fünften Stockwerk und bleibst die gleiche Person, wenn du deine Nachbarin im dritten Stockwerk besuchst. Deine Rolle ändert sich. Wenn du oben wild und laut bist, benimmst du dich bei deiner Nachbarin. Jetzt gehen wir zurück zur Musik. Die Rolle von Do bleibt immer dieselbe. Wenn Töne mit Buchstaben gekennzeichnet werden, dann wird damit eine bestimmte Tonhöhe ausgedrückt: C, G, A, F und so weiter. Die Tonsilben zeigen uns die Eigenschaften der Töne. Und die sind unabhängig von der Tonhöhe. Alle Töne können in die Rolle von Do schlüpfen. Es kann 12 Do geben.

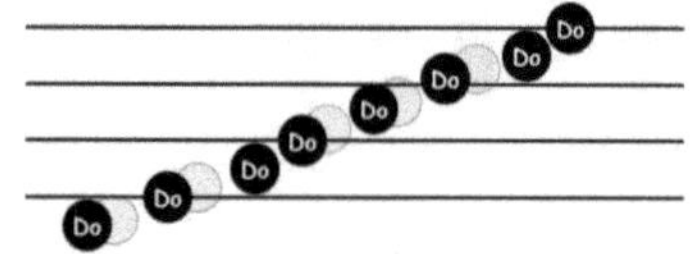

- Hier aber sind nur acht Do zu sehen.

- Die anderen sind versteckt. Ich erkläre dir die versteckten Töne. Die haben sich eingezwängt, hinten zwischen den anderen versteckt.

- Ist das deshalb so, weil die Notenschrift nicht alle zwölf Töne zeigen kann?

- Die Zwischenstockwerke lassen sich mit zusätzlichen Zeichen andeuten, aber nicht wirklich darstellen. Die nicht sichtbaren Zwischentöne können mit dem Zeichen Kreuz # oder mit dem Zeichen ♭ in der gewöhnlichen Notenschrift angedeutet werden. Später erkläre ich das genauer. Es gibt nicht nur C-Do, sondern auch D-Do, E-Do und F-Do. Es gibt zwölf Töne, daher zwölf verschiedene Buchstaben für Do. Wenn wir über Töne reden, müssen wir ziemlich genau deren Steckbriefe angeben, die Tonhöhen und die Rollen.

- Ein Postangestellter muss wissen, in welcher Straße und in welchem Haus ich wohne. Sonst bekomme ich keine Post.

- Nachdem du den Abstand zwischen den Tönen, die Oktave, kennengelernt hast, will ich dir noch Beispiele zeigen, warum die Oktave so wichtig ist. Die Straßen und Wege sind meist gerade, wenn es keine Kurven gibt. In der Musik können sie ebenfalls plötzlich krumm und gebogen sein.

- Verstehe noch nicht ganz. Ist das mit Do und dem hohen Do´ auch so?

- Du kannst von Do aus wegsingen, in eine Richtung zum So gehen und dann wieder zum Do zurückkommen, nicht zum tiefen, sondern zum hohen Do. Quasi durch die Hintertür kommst du in das gleiche Haus, oder wie auf einer Zaubertreppe.

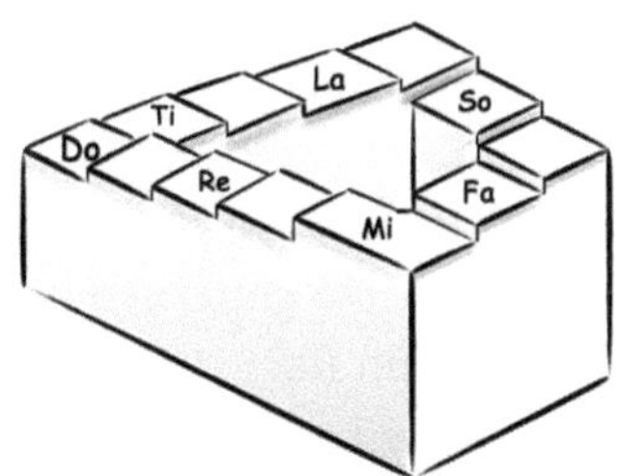

- Es ist leichter zu verstehen, wenn wir das singen. Wir gehen aus dem Haus durch die vordere Tür Do und weiter zum So. Von dort kommen wir nicht zum unteren Do zurück, sondern gehen in die andere Richtung weiter zum oberen Do´. Dort haben wir das Gefühl, zurückgekommen zu sein. Es stellt sich Ruhe bei uns ein: | Do So Do´| .

Du: | Do So Do´ | Do´ So Do |

- Ist das wirklich so, dass es gleich ist, ob ich Do und So singe und entweder zum oberen Do´ oder zum unteren Do gelange?

- Sing es einfach!

- Beide Male habe ich das Gefühl der Ruhe.

Du: Zeig auf das Notenbild, versuch es noch einmal: | Do So Do´| > | Do´ So Do | > | Do So Do ||

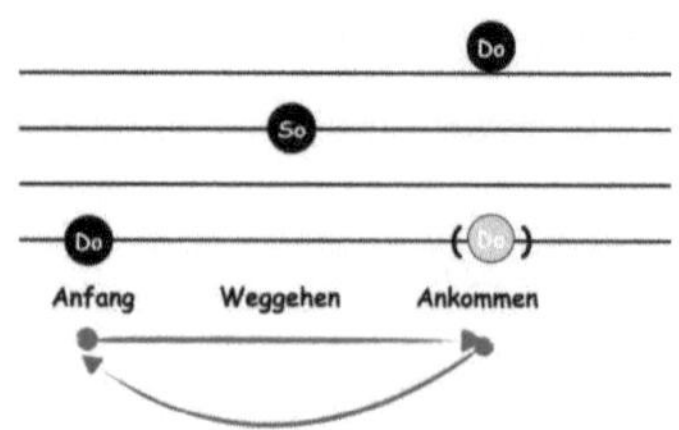

- Ich habe eine andere Idee, damit ich den Aufbau der Tonleiter und die Kräfte in der Musik besser erklären kann. Wie weit kannst du in den Wald hineingehen?

- Bis zur Mitte?

- Klingt gut. Warum?

- Hinter der Hälfte meines Weges gehe ich hinaus aus dem Wald.

- Gibt es eine Mitte zwischen den Tönen in der Do-Familie? Wie weit kannst du dich vom Do entfernen, wenn du vom Do aus wegsingst, also in die Richtung zum Re?

- Weit! Do → Re → Mi → Fa → So → La → Ti → Do´. Stopp! Die Frage ist, wo die Mitte liegt? Es gibt sieben Töne. Wenn ich Do dazuzähle, sind es acht Töne. Die Hälfte von acht ist vier. Der vierte Ton ist Fa. Die Mitte liegt bei Fa.

- Hören wir nun, ob das richtig ist. Ich singe die Töne vom Do weg. Ab wann hast du das Gefühl, dass die Töne Spannung vermitteln und zurück zum Do wollen?

- Re will zurück zu Do. Mi will ebenfalls zu Do, auch Fa. Also ist Fa nicht die Mitte! - Peter singt Do So.

- Bei So denke ich, dass dort die Mitte liegt. Von So will ich nach unten singen: So → Fa → Mi → Re → Do., ebenso nach oben: So → La → Ti → Do´.

- Die fünfte Tonstufe So befindet sich in der musikalischen Mitte der Do-Familie. Bis So können wir uns vom Do entfernen. Nach dem So kommen wir wieder zum Do, entweder zum unteren oder zum höheren Do zurück: Do ← Re ← Mi ← Fa ← **So** → La → Ti → Do´.

- Das ist wirklich merkwürdig, sogar rätselhaft.

- Ich zeige dir noch ein Bild.

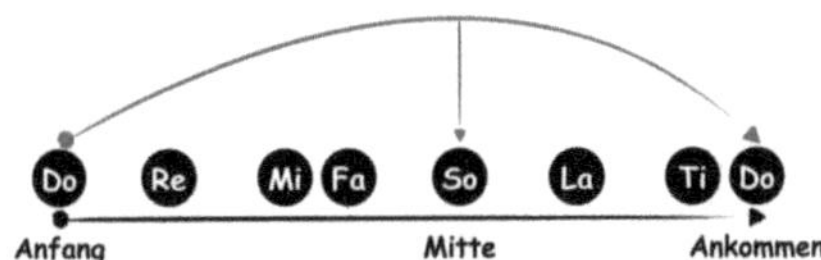

Das heißt „bergauf und bergab" wie beim Do ← Re ← Mi ← Fa← **So**→ La → Ti → Do´. Wir singen ab dem Do. Nach dem „Mittelpunkt" (So) kommen wir zum Do zurück, obwohl wir uns von diesem Ton entfernt haben.

- Man kann sich eine Stufe höher bewegen und trotzdem kommt man zum Ausgangspunkt zurück. Das ist eine optische Täuschung wie die Zaubertreppe!

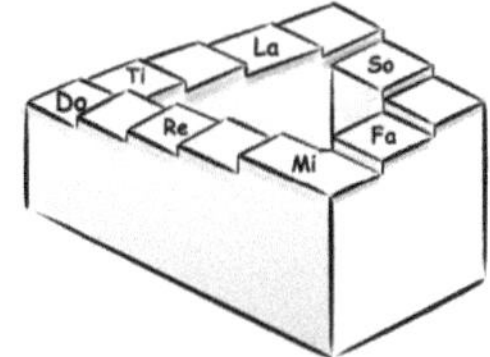

- Dieses Bild entspricht dem, was wir empfinden, wenn wir singen: Do → Re → Mi → Fa → **So** → La → Ti → Do .

- Obwohl sich So nicht in der Mitte befindet, hören wir einen Punkt, bei dem sich die Richtung ändert. Hast du nicht am Anfang deswegen die Geschichte mit dem Haus erzählt, wo man geradeaus weggehen kann und plötzlich durch die hintere Tür wieder ankommt?

- Ja. Der Kreis schließt sich. Das bleibt trotz Erklärungen immer ein Stück rätselhaft. Wahrscheinlich ist die Musik deswegen so interessant ist, weil nicht alles erklärt werden kann. Ich habe dir gesagt, dass es insgesamt 12 Töne gibt. Wo wäre rechnerisch die Mitte?

- Die liegt beim sechsten Halbton.

- Du hast etwas vergessen. Der 13. Halbton ist wieder der erste Ton.

- 13 durch 2 ergibt 6,5. So einen Ton gibt es nicht. Also liegt die Mitte beim sechsten oder siebten Ton. Der sechste Halbton ist Fa. Er kann nicht die Mitte darstellen. Also muss das der siebte Halbton sein.

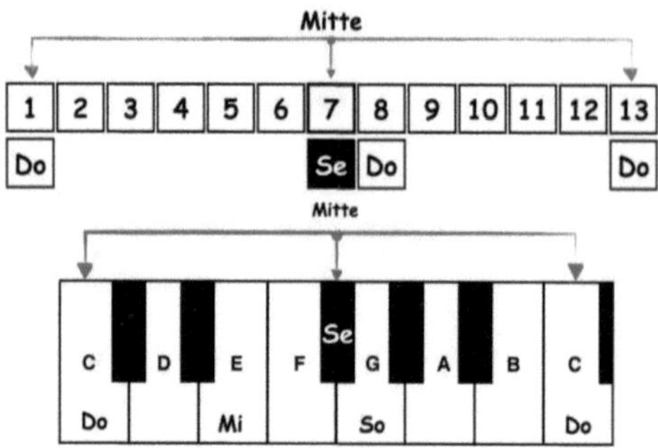

Peter spielt auf dem Klavier den siebenten Halbton vor.

Du: Benutze ein Instrument (iPad usw.). Suche die weiße C3- oder C4-Taste und spiel sie. Drück die schwarze Taste, das Se genannt, also von links die dritte. Spiel C (Do) und Fis (Se) mehrmals abwechselnd. Ist das nicht eine eigenartige Tonfolge? Kann dieser Ton die Mitte sein?

- Der kann nie die Mitte sein!
- Rechnerisch schon. So ist der fünfte Ton der Do-Familie, der achte Halbton der großen Tonfamilie, Se ist der siebte Halbton und liegt zwischen Fa und So (Fa → Se ← So). In der Welt der Töne ist vieles anders. Hinter der rechnerischen Hälfte liegt beim achten Halbton So die musikalische Mitte.
- Warum heißt der Ton Se?
- Weil dieser Ton vom So einen Halbton tiefer liegt, einen Halbton höher als Fa. Weil der Ton Fi/Se zwischen Fa und So liegt, wird der Name aus dem vorherigen Ton gebildet. Vom Fa ausgegangen wird aus dem Fa das Fi (Fa → Fi), und vom So ausgegangen, wird aus dem So das Se (Se ← So), trotzdem haben beide die gleiche Tonhöhe: Fa → Fi/Se ← So).
- Also gibt es für einen Ton zwei Namen. Se und Fi sind derselbe Ton.
- Musikalisch spielt dieser Zwischenton zwei Rollen, den von Fi oder den von Se. Wir haben über Spannungen geredet. Zwischen Fa und Ti wirkt eine abstoßende Kraft. Dieser Abstand von Do und Se ist so groß wie zwischen Fa und Ti! Das heißt in der Musikersprache: Tritonus. Schau das Bild an.

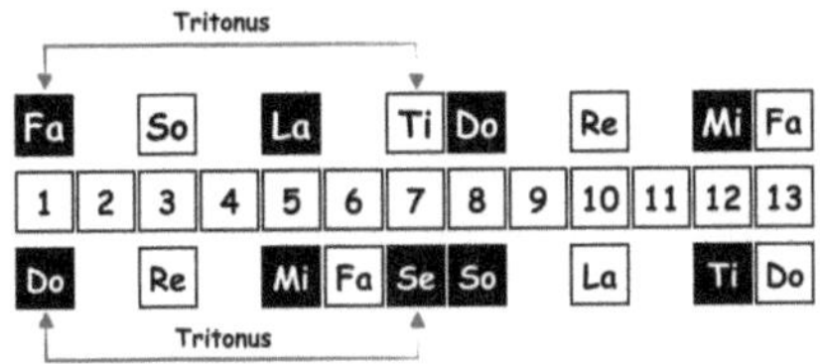

- Ich sehe das. Es befinden sich sechs Halbtöne als Abstand, zwischen Do und Se und zischen Fa und Ti.

- Noch besser ist es, wenn du die Stelle aus dem Lied „Im Märzen der Bauern" singst: An der Stelle, wo „die Röss-lein" vorkommen, hören wir den Tritonus. | So, Do Do Mi Re Re Fa Ti, Ti, Re Doo |

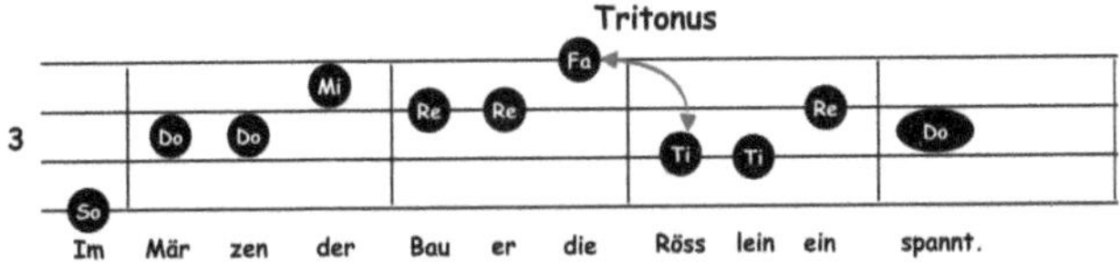

- Nun habe ich den Tritonus gehört. Beim So befindet sich der Wendepunkt. Dort kann sich die Melodie entscheiden, welche Richtung sie nehmen will.

- Sie kann sich für den Weg entscheiden, nicht für das Ziel, weil sie immer zum Do zurückkommen muss. Also Weggehen bedeutet das Zurückkommen! Das ist nicht nur Theorie. Viele Melodien sind so aufgebaut. Kannst du dich an die Melodie erinnern, die wir vor kurzem besprochen haben?

- Du meinst die Melodie mit dem Wasserhahn?

- Der Ton La, der eine schwebende Eigenschaft hat, könnte auch zum oberen Do gehen.

- Der Wassertropfen könnte nicht hinunterfallen? Er könnte nach oben schweben?

- Das klingt komisch aber musikalisch ja. Singe Do La und nach oben La Ti Do´. Nehmen wir noch einmal einen Teil der Melodie des ungarischen Liedes: 4 | La La La La | So Mi Soo | jetzt ohne Wiederholung und Mittelteil, gleich das Ende | Mi Re Doo. Statt | Mi Re Doo | singen wir nach oben | La Ti Doo´|. Das klingt so: 4 | La La La La | So Mi Soo | La Ti Doo´ ||.

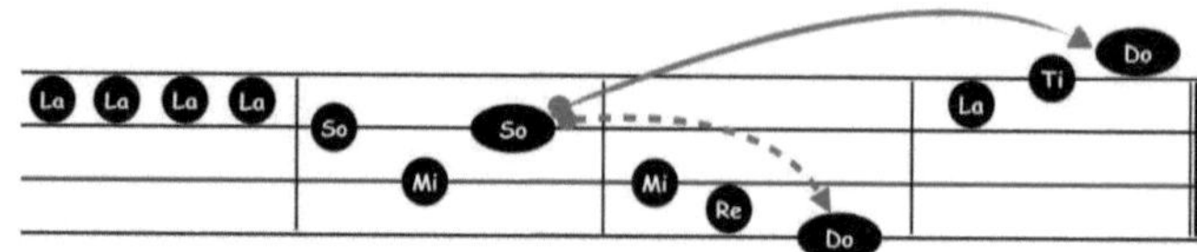

Du: Sing 4 | La La La La | So Mi Soo | La Ti Doo´||.

- Jetzt machen wir ein Experiment. Wir betrachten das Bild mit dem Kreis. Du kannst dir aussuchen, in welche Richtung du singen willst. Die Töne, wo du freie Wahl hast, werde ich *kursiv* schreiben: | Do Mi Fa Mi *Ti Do* |. Du kannst nach dem Mi nach oben zum Ti oder nach unten zum Ti, gehen.

- Ich singe nach dem Mi nach oben | Do Mi Fa Mi ↗ Ti Do´|.

- Dann singe ich nach dem Mi nach unten | Do Mi Fa Mi ↘ Ti, Do |.

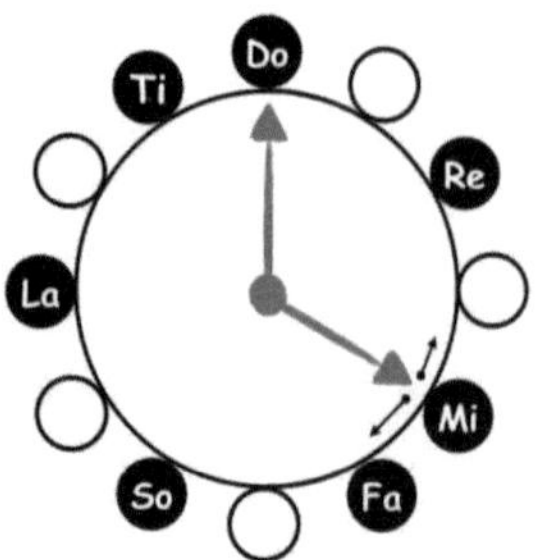

Du: Schau dir Zeichnung an, während du beide Möglichkeiten singst. Betrachte den Weg, wenn du den Schluss Ti Do aus zwei Richtungen erreichen kannst. Bei den kursiven Tonsilben hast du die Wahl: | Do Mi Fa Mi Ti Do |.

Was hast du diesmal gelernt?

Es gibt zwölf Töne, die sich in einer Reihenfolge wiederholen. Aus denen werden sieben Töne ausgesucht, die wir als Do-Familie bezeichnen. Ihre Rollen und Eigenschaften behalten sie. Es ist egal, wie hoch oder tief sie klingen. Die Reihenfolge der Töne bleibt immer gleich und wiederholt sich wie die Tage in der Woche. Der achte Ton kann als der erste Ton bezeichnet werden. Sie bekommen die gleichen Tonsilben und spielen die gleichen Rollen, obwohl ihre Tonhöhen verschieden sind. Der Kreis schließt sich. Die Oktave ist ein wichtiger Abstand zwischen den Tönen. Die Anzahl der Töne in der Musik ist durch die Oktave begrenzt. Der musikalische Mittelpunkt liegt beim So. Eine Melodie kann sich vom Grundton Do maximal bis zum So entfernen, weil Do als Ziel und Ruhepunkt folgt, eben höher oder tiefer. Weggehen bedeutet zurückkommen. Alle Wege führen zum Do.

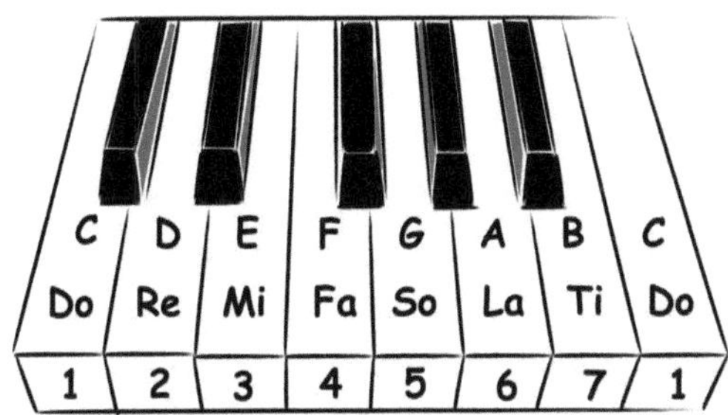

10. Zusammenspiel

Freundschaften

Peter: Hast du schon das Licht durch ein Prisma betrachtet?

Nora: Ich habe durch das Prismenglas die bunten Farben gesehen, rot, grün und blau.

- Also, das bedeutet, dass das Licht nicht weiß ist, sondern aus mehreren Farben besteht. Durch das Prismenglas sehen wir das Licht bunt, obwohl wir es ohne Glas nicht so sehen. Bei den Tönen ist es ähnlich, weil sie wie das Licht aus mehreren Teilen bestehen. Licht und Ton bestehen aus Wellen. Die Melodie ist eine melodische Welle. Die Töne entstehen durch Schwingungen.

- Was sind Schwingungen?

- Schwingungen sind schnelle Bewegungen, so schnell, dass wir die einzelnen Bewegungen nicht erkennen können. Es gibt dafür einige Beispiele, wie die Flügelschläge des kleinen Vogels Kolibri. Mit seinen kleinen Flügeln kann er so schnell flattern, dass er in der Luft stehen und die Blüten der Blumen aussaugen kann. Das macht er ungefähr 50 Mal in der Sekunde. Das Erstaunliche daran ist auch, dass der Beobachter nahe beim Kolibri ein leises Brummen vernimmt. Es entstehen durch die Flügelschläge Luftwellen, die einen tiefen Ton erzeugen. Ähnlich wie beim weißen Licht, das sich aus mehreren Farben zusammensetzt, setzt sich ein Ton aus mehreren Tonwellen zusammen.

- Wie soll ich das verstehen?

- Dazu brauchen wir ein Beispiel. Eine auf einem Instrument aufgespannte Saite verhält sich ähnlich wie die Flügel des Kolibris. Durch die Flügelschläge entsteht ein hörbarer Ton, also eine Schwingung. Nehmen wir eine Gitarrensaite. Weil ich eine Gitarre bei mir habe, kann ich dir zeigen, wie das wirklich aussieht. Ich zupfe die dickste tiefe Saite der Gitarre. Schau genau hin.

- Die Saite bewegt sich hin und her und sieht verschwommen aus. Ich habe auch mehrere leise Töne gehört.
- Ich zupfe eine Saite und lasse diese lange klingen. Die anderen Töne, Obertöne genannt, sind viel leiser, kaum hörbar. Die Saitenschwingung entsteht oberhalb des Grundtons. Daher der Name Oberton. Wenn du dein Ohr nahe ans Instrument hältst, kannst du diese Obertöne besser hören.
- Welche Obertöne erklingen dabei?
- Dazu muss ich etwas ausholen. Ich werde jetzt die Saitenlänge an bestimmten Punkten der Saite teilen, also die Saite kürzer machen und wir hören zu, was dabei passiert. Zuerst teile ich Saite in die Hälfte.

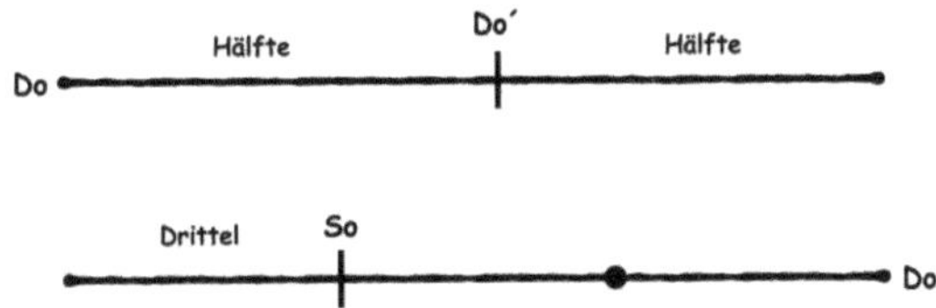

- War da nicht ein hohes Do, was ich gehört habe?
- Natürlich, das Do. Das helle Do´ eine Oktave höher.

Peter teilt die Saite in drei Teile. Beim zweiten Drittel der Saitenlänge zupft er den restlichen Teil der Saite.

- Das ist das So.
- Hier finden wir die Familienverhältnisse, die Vater- und Sohn-Beziehung Do und So. Die Musik dreht sich oft um diese Beziehung von Do und So. Das ist ein wenig wie das Ringen oder Kräftemessen zwischen Vater und Sohn. Am Ende halten sie zusammen.
- Wenn du die Saite um ein Drittel kürzer machst, dann entsteht ein So. Ich verstehe, willst du damit sagen, dass die leisen Töne, die mitklingen, auch Do und So sind?

- Ja, die Obertöne die mitklingen sind Do und So, aber viel leiser und viel höher.

- Gibt es noch andere leise Töne, Pardon, Obertöne, die mit dem Vater Do erklingen?

- Auf dem Bild siehst du die anderen Obertöne. Auch die Entstehung der Reihenfolge kannst du dort ablesen. Wir hören sie gleichzeitig.

- Ich sehe noch die Mutter, das Mi.

- Mi klingt auch immer mit. In der Welt der Musik erklingen die Töne zusammen. Das tun sie dann, wenn 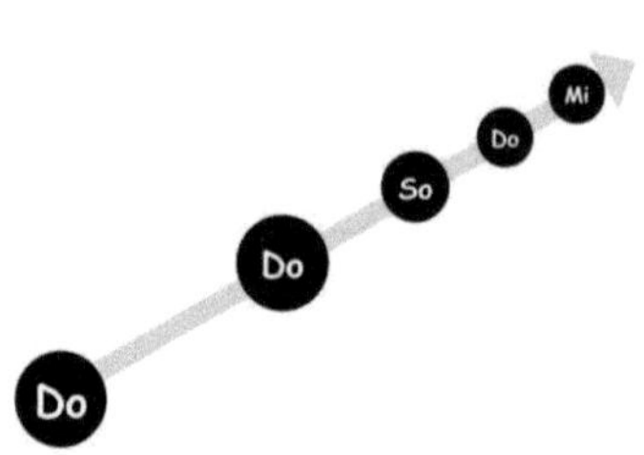 scheinbar ein einziger Ton erklingt. In Wirklichkeit treten die Töne zusammen auf. Die anderen zusätzlichen Töne klingen schön und harmonisch im Verhältnis zum Grundton Do. Deswegen singen und spielen wir nicht nur eine Melodie, sondern als Begleitung eine zweite oder mehrere Stimmen dazu. Welche wäre die einfachste logische Begleitung, wenn wir von unten, vom tiefsten Ton, ausgehen würden?

- Do, weil er der Vater ist, und seine unsichtbare Kraft wie ein Magnet die anderen Töne zu sich zieht.

- Der erste Ton der Begleitung kann das Do sein. Kommen wir zu den Mönchen zurück. In der Kirche gab es am Anfang die Orgel. Sie hat Pfeifen. Um einen Ton zu erzeugen, braucht man eine Orgelpfeife mit einer bestimmten Länge. Durch sie erklingt ein Ton, wenn Luft hineingepustet wird. Ein einfacher Trick, um zwei Stimmen zu erzeugen, ist der, den Grundton Do während der gesamten Melodie zu spielen. Dieser Ton heißt Orgelton. Die Mönche haben den Orgelton zur Begleitung verwendet und ihren eigenen Gesang damit unterstützt. Lass uns das nachmachen. Du singst: Do Re Mi Fa So, einatmen und weiter singen, So Fa Mi Re Do. Ich singe: Doooooo.

Nora: | Do Re Mi Fa So | > | So Fa Mi Re Do ||
Peter: | Do o o o o | < | Do o o o o ||

Und damit du sicher verstehst, was ich meine, zeichne ich es auf.

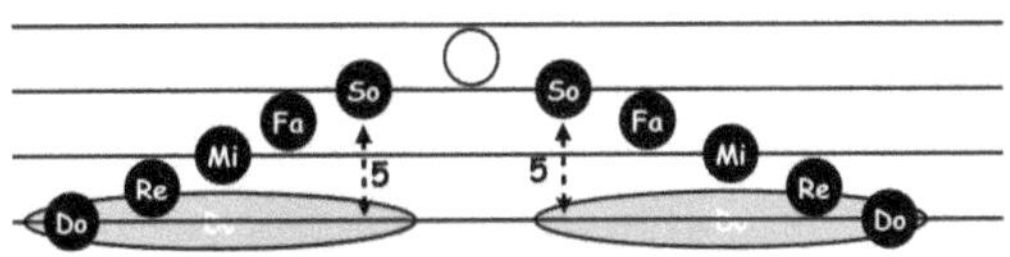

Du: Sing und spiel es mit einem Instrument oder zu zweit.

- Das war schön, zwei Stimmen zu hören.
- Immer?
- Do und Re klingen nicht gut zusammen, vielleicht weil sich Vater und Onkel nicht gut verstehen? Du hast gesagt, dass der Onkel neidisch ist.
- Weil Re und Do zu nah beieinander sind. Wir können den Zusammenklang ausbessern, den „hässlichen Frosch" in einen schönen Prinzen verwandeln!
- Echt, geht das so, wie in dem Film „Küss den Frosch"?
- Ja, ungefähr so! Aber das kommt in den nächsten Stunden! So viel Zauberkraft hast du noch nicht! Wo war der Zusammenklang am schönsten?
- Na ja, wenn du Do gesungen hast und ich So!
- Die Notenlinie in der Zeichnung kann das nicht gut zeigen, dass die Verschmelzung der zwei Töne wichtig ist. Deshalb zeige ich dir eine andere Zeichnung, die die Schönheit und Zusammengehörigkeit von Do und So besser darstellt.

- Umarmen sich die beiden Töne?
- Sie gehören zusammen. Do ist der Vater, So der Sohn. Sie halten zusammen und bilden ein starkes Team. Die beiden, wenn sie gleichzeitig erklingen, heißen in der Musik „Quinte". Quinte ist die Zahl 5, weil So der Fünfte in der Reihenfolge ist. Wenn wir vom Do anfangen zu zäh-

len, ist So der fünfte Ton, das fünfte Familienmitglied. Deswegen heißt er als der Fünfte im Lateinischen Quinte.

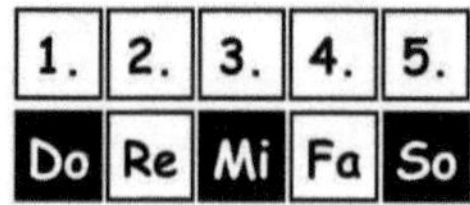

- Ist Mi die Nummer drei?

- Mi ist das dritte Familienmitglied, die Musiker sagen Terz dazu.

- Bleiben wir bei dem schönen Zusammenklang. Früher in den Kirchen und Klöstern, in denen die Mönche viel und gern gesungen haben, war der schöne Zusammenklang sehr wichtig. Sie haben das als die Vollkommenheit Gottes symbolisiert.

- Ich höre das manchmal im Schulgottesdienst. Der Orgelspieler spielt auf der Orgel einen solchen „schönen Zusammenklang". Warum klingt das so schön, wenn wir zusammen singen?

- Es gibt Dinge, die man nicht leicht in Worte fassen kann. Die Welt der Töne ist schon seltsam genug. Es gibt noch eine andere unsichtbare Welt, in der logische Ordnung herrscht und sonderbare Wesen wohnen. Diese Wesen sind weder sichtbar noch hörbar, aber trotzdem gibt es sie. Wir rechnen mit ihnen.

- Ist das das Reich der Zahlen?

- Das ist das Reich der Zahlen, und die werden in der unsichtbaren Welt der Musik angewendet. Ich habe dir die Teilung der Gitarrensaite in zwei Hälften und jeweils in Drittel gezeigt. Die Zahlen 2 und 3 spielen im Verhältnis zueinander ihre Rollen, hörbar durch die Tonwellen in der Luft, die zum schönen Zusammenhalt werden. Wir können sagen, dass Musik hörbare Geometrie ist. Geometrie ist in der Mathematik eine Zeichnung, also ein Bild.

- Also ist ein „schöner Zusammenklang", z.B. die Quinte, eine Zahl, die wir hören.

- Genauer gesagt, wir hören das Verhältnis von zwei Zahlen. Noch genauer gesagt, von zwei Schwingungen, die in einem bestimmten Verhältnis stehen.

- Das klingt kompliziert.
- Ein Beispiel. Das ist ein Ziel bei unserem Spiel, schöne Zusammenklänge zu finden. Schau dir diese Zeichnung genau an.

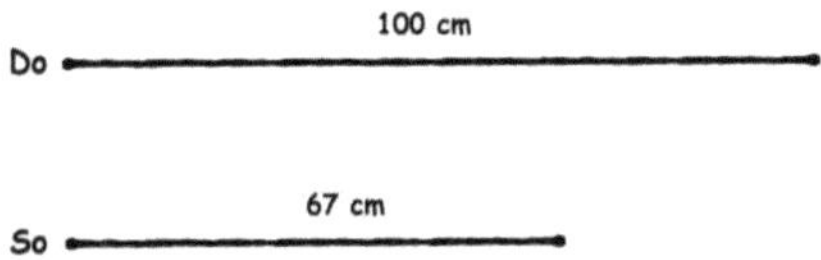

Wenn wir eine Gitarrensaite nehmen, 100 Zentimeter lang, sie aufspannen und daran zupfen, hören wir einen Ton, den wir noch nicht benennen können. Spannen wir eine zweite Saite auf, die um ein Drittel kürzer ist, also nur 66,66 oder besser 67 Zentimeter lang, hören wir einen Ton, der höher ist als der erste. Wenn wir schnell hintereinander oder gleichzeitig beide Saiten zupfen, ist der „schöne Zusammenklang" (die Quinte) zwischen Do und So nicht zu überhören. Ich singe lange Do, du singst lange So, und wir hören aufmerksam, wie sie zusammenklingen.

Du: Singe und spiel eine Quinte.
Stimme 1: | Soooo |
Stimme 2: | Doooo |
Klang: 5

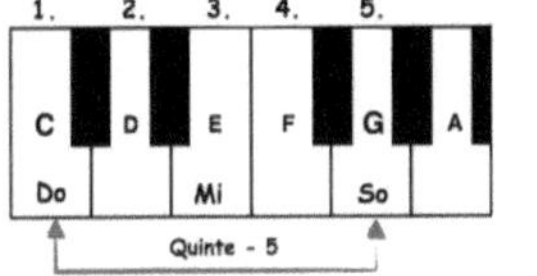

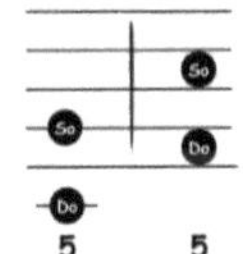

- In Indien benutzen sie diesen schönen Zusammenklang (die Quinte) zur Begleitung, zur Unterstützung für deren Lieder. Die Quinte, Do und So, erklingt auf einem Instrument, das sie Tanpura nennen. Dieses Instrument hat Saiten, die gezupft werden. Während sie die Melodie singen, spielen sie den „schönen Zusammenklang" durchgehend, und der passt immer zur Melodie.
- Ist das also der indische Orgelton?

- Den haben sowohl die Inder und auch die Mönche entdeckt. Sie singen langsam. Weißt du übrigens, was ein Kanon ist?

- Wenn jemand eine Melodie singt und ein anderer Sänger mit derselben Melodie etwas später beginnt …

- … gleichzeitig gesungen immer ein schöner Klang entsteht. Der einfachste Kanon ist der, Do und So zeitlich versetzt zu singen. Ich fange an, Do zu singen, dann So, du etwas später ebenfalls Do und So, und so entsteht ein schöner Klang, die Quinte.

Du: Du musst jetzt zeitversetzt Do So singen und Do So spielen. Fang zuerst mit dem Instrument (Stimme 2) an.

Stimme1: | x   Doo | Soo Doo | Soo Doo | Soo Doo | Doooo ||
Stimme2: | Doo Soo | Doo Soo | Doo Soo | Doo Soo | Doooo ||

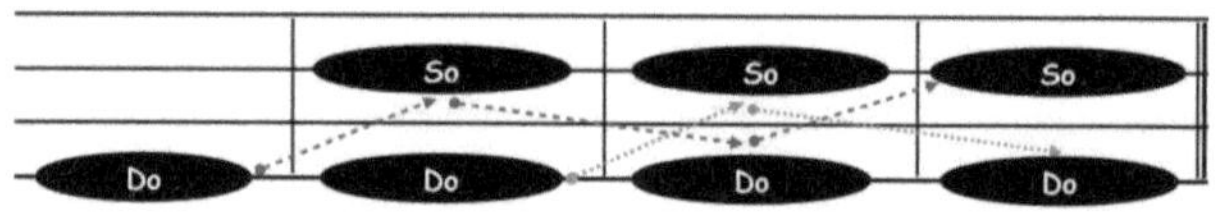

- Die ganze Zeit erklingt der schöne Klang, die Quinte!

- Ja das ist ein einfacher Quint-Kanon. Ich will Dir jetzt zeigen, dass außer der Quinte (Do - So) es noch andere Zusammenklänge gibt, die natürlich entstehen, wenn der Grundton Do im Hintergrund und die Melodie im Vordergrund gespielt und gesungen werden. Die Melodie geht so: | Mi Re Mi So Mi | > | Mi Mi Mi Re Do |. Ich singe immer das Do! Nicht vergessen, bei der Hälfte, beim Zeichen (>) , einzuatmen.

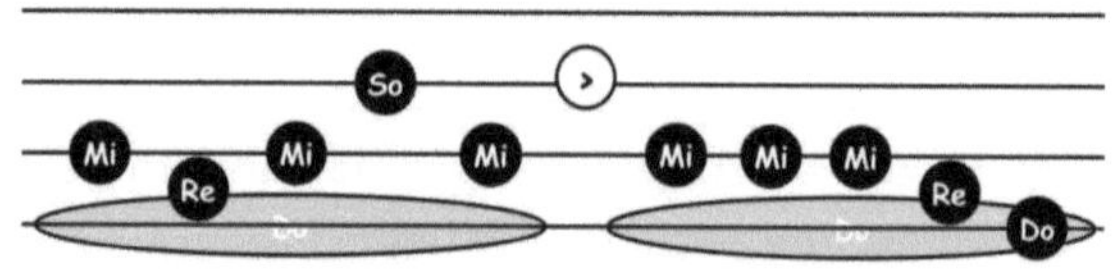

Du: Sing und spiel gleichzeitig die beide Stimmen.

Stimme 1: | Mi Re Mi So Mi | > | Mi Mi Mi Re Do |
Stimme 2: | Do o o o o | > | Do o o o o |
Klang: 3 2 3 5 3   5 3 3 2 1

- Das macht Spaß! Ich habe eine andere Stelle entdeckt, die schön und harmonisch klingt, wenn wir Do und Mi gesungen haben.
- Do und Mi klingen zusammen auch schön. Schließlich mögen sich Vater und Mutter.

Begleitung mit So

- Nachdem du die wichtige Rolle von So kennst, zeige ich dir, wie man So, also die Quinte, für die Begleitung nutzen kann. Wir singen gemeinsam. Du singst | Mi Fa Mi | Dooo | und wiederholst | Mi Fa Mi |. Statt Do singst du Re, also | Mi Fa Mi | Reee |. Ich singe einen Ton, den Grundton Do.

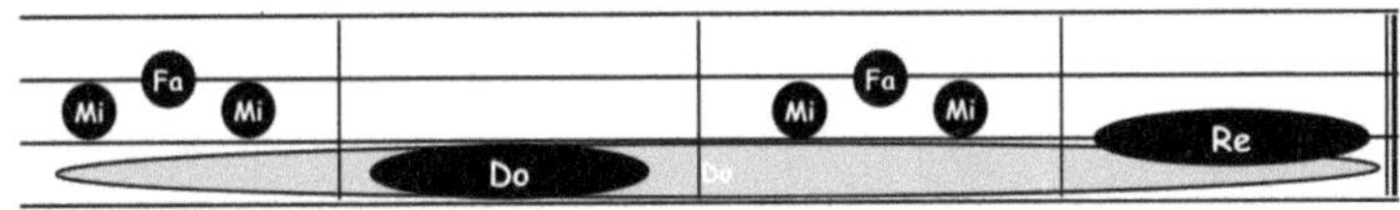

Du: Zu zweit oder mit einem Instrument.

Stimme1: | Mi Fa Mi | Dooo | Mi Fa Mi | Reee |
Instrument: | Do o o | Dooo | Do o o | Dooo|
Klang: 3 4 3   1   3 4 3   2

- Am Anfang, als ich lange das Re gesungen habe und du das Do, war das nicht schön, irgendwie komisch und schwer zu singen.
- Der Zusammenklang von Re und Do hört sich nicht angenehm an. Dieser nicht angenehme Klang heißt Dissonanz. Das Wort „Sonanz" bedeutet Klang und das „Dis" steht für „nicht schön". Das Wort Dissonanz sagt also: kein schöner Klang, eine Dissonanz.
- Warum gibt es sie?

- Ohne Dissonanz wäre die Musik nicht so interessant. Es verhält sich wie in einem Film. Wenn dort nichts passiert, würdest du den Film nicht gucken wollen.

- Natürlich muss er spannend sein.

- In unserer Melodie, in der Re und Do zusammen erklingen, brauchen wir die Dissonanz nicht. Es wäre besser, an dieser Stelle einen schönen Klang zu haben.

- Du meinst den schönen Klang, die Quinte?

- Genau.

- Du hast gesagt, dass eine Quinte entsteht, wenn Do und So zusammen erklingen.

- Schauen wir uns unser „Haus" an, in dem die Töne wohnen. Die Quinte bedeutet die Fünfte, sie ist also der fünfte Ton, wenn du beim Do beginnst. Jetzt komme ich zurück zum Re. Schau unten im „Haus" das Re an, und beginne damit, rückwärts zu zählen: 5, 4, 3, 2 und 1.

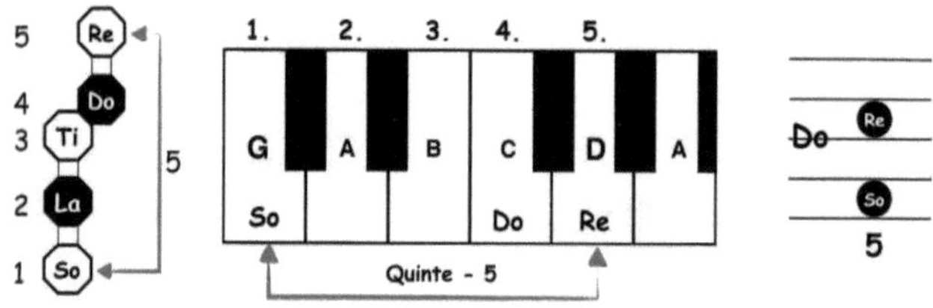

- Wenn Re der fünfte Ton ist, ist Do der vierte, Ti ist der dritte, La der zweite, und So ist der erste!

- Noch einfacher ist das zu verstehen, wenn du das hörst. Ich singe vor: | Soo, Ree |.

Du: Sing Soo, Ree.

- Ich zeichne das in Notenschrift auf. Vom unteren So ist Re die Quinte. Daher ergeben die Töne einen schönen Klang. Wenn du oben Re singst, werde ich das untere So, singen. Damit haben wir sozusagen die Dissonanz geheilt und daraus einen gesunden schönen Klang gemacht, die Quinte erhalten.

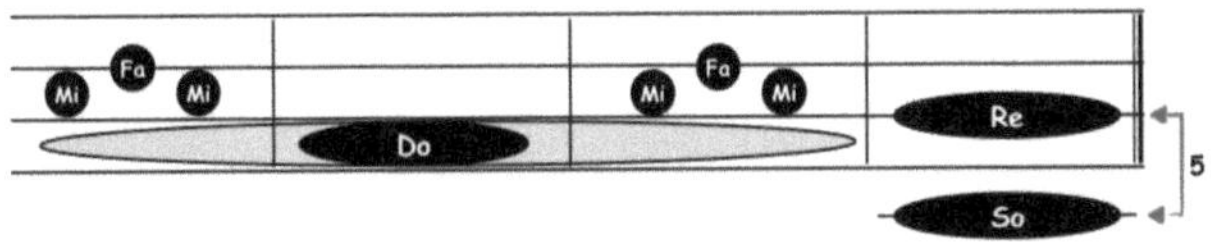

Du:
Deine Stimme: | Mi Fa Mi | Dooo | Mi Fa Mi | Reee |
Instrument: | Do o o | Dooo | Do o o | Sooo |
Klang: 3   5

- Das klingt wirklich schön! Kann ich diesen Trick, die „Heilung" immer nutzen, egal, wie hoch oder tief ich singe?
- Das ist eine sehr wichtige Frage. Das kannst du immer nutzen, egal, wie hoch oder tief du singst. Die Beziehungen zwischen den Tönen sind stets gleich. Die gleichbleibenden Tonsilben können diese Beziehungen einfach zeigen. Mit diesem Trick arbeiten die Komponisten. Suchen wir andere schöne Klänge. Wie heißt die Quinte vom La?
- La = 1, Ti = 2, Do = 3, Re = 4, Mi = 5, also Mi.
- Sehr gut. Und die Quinte vom Fa?
- Fa ist der erste Ton, So der zweite, La der dritte, Ti der vierte und Do ist der fünfte Ton. Also ist die Quinte von Fa das Do.

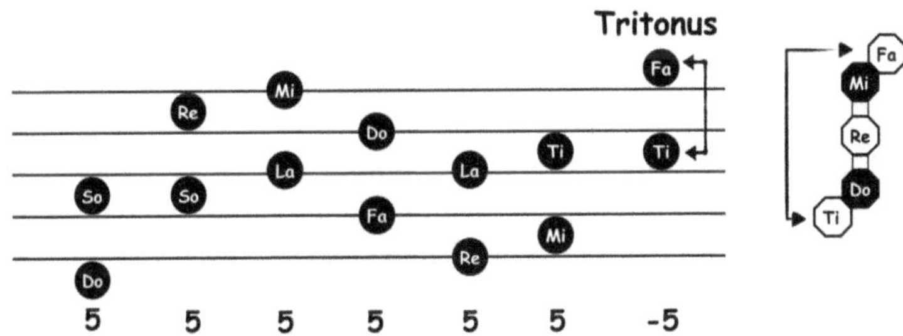

- Viel einfacher ist es, wenn du singst. Wenn du das oft machst, bekommst du das Gefühl, wie der fünfte Ton, die Quinte, im Verhältnis

zu einem anderen Ton klingt. Ich kann schöne Klänge mit meiner Stimme erzeugen: |Do-So Re-La Mi- Ti Fa-Do′ So- Re′|.
- Das war leicht zu hören, dass du immer eine Quinte zu dem vorherigen Ton gesungen hast.

Du: Versuche du das auch. Stell dir im Kopf die Quinten vor. Fang tief an. | Doo Soo | Ree Laa | Mii Tii | Faa Doo | Soo Ree′| La Mi |

- Und jetzt singen wir zusammen. Du die obere Stimme ich die untere.

Nora: | Mii Ree Mii |
Peter: | Laa, Soo, Laa |
      5   5   5

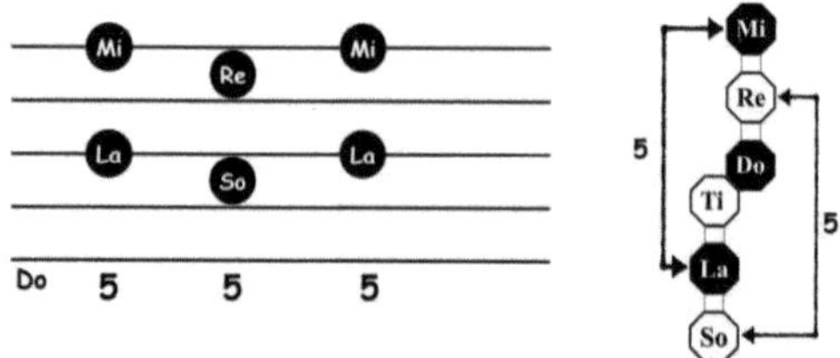

- Das klingt wie Musik aus der Ritterzeit. Du hast unten die Zahl 5 hingeschrieben, das bedeutet die Quinte.

Du: Sing jetzt mit einem Instrument zweistimmig. So erklingen immer Quinten.

- Genau, es erklingt immer eine Quinte. In der Zeit der Ritter haben die Musiker den schönen Klang, die Quinte, verwendet. Etwas fehlt noch. Können wir unsere vorige Melodie auf Re enden lassen?
- Die Melodie endet auf Do, weil sie sich dort ausruht.
- Beende die Melodie. Mach einen richtigen „Schluss".
- So geht mein Schluss: Mi Mi Do.
- Ich springe unten in der Begleitstimme nach oben auch zum Do.
- Du hast also Do So, Do gesungen.

- Viele Volkslieder und andere Lieder haben in der unteren Begleitstimme diese Wendung, Do So, Do. Wir werden das auch oft nutzen.
- Wenn in einer Melodie der Ton Re lange vorkommt, kann man dann das untere So, dazu singen?
- Das ist eine neue Spielregel. Natürlich gibt es Ausnahmen und andere Möglichkeiten, aber darüber später. Singen wir gemeinsam die Melodie.

Du: Spiel und sing!
Stimme 1: | Mi Fa Mi | Dooo | Mi Fa Mi | Reee | Mi Mi Do ||
Stimme 2: | Do o o | Dooo | Do o o | Sooo, | Do o o ||

Was hast du diesmal gelernt?

In jedem einzelnen Ton sind mehrere andere Teiltöne versteckt, die immer leise mitklingen. Deswegen gibt es Mehrstimmigkeit. Davon spricht man, wenn gleichzeitig mindestens 2 Töne erklingen. So ist es eben in der Welt der Töne. Der erste Teilton, der leise mitklingt, ist von seiner Eigenschaft und Rolle her der gleiche Ton, eine Oktave höher. Der zweite Teilton, der in der Reihenfolge mitklingt, ist So. Diese Tatsache, also das Verhältnis zwischen Do und So, zwischen Vater und Sohn, ist sehr wichtig und wird in den Spielregeln der Musik oft angewandt. Dieser Quintbezug Do-So ist sozusagen der Maßstab in der Musik. Diese besondere Stellung wird noch durch das Zahlen- oder Längenverhältnis verstärkt. Mit dem So kann man eine Melodie an bestimmten Stellen begleiten. Das ist die Stelle, wo das Re, der neidische Onkel, vorkommt und dominiert. Der will sich wichtigmachen. Das kann zur Begleitung einer Melodie dienen. Re und das untere So bilden gemeinsam einen schönen Klang, die Quinte. So kann Re, der neidische Onkel, mit dem Sohn ein starkes Team bilden. Do und Mi zusammen klingen schön und sicher. Der Vater und die Mutter passen eben gut zusammen.

11. Terz-Pärchen

- Schauen wir jetzt den Do-Mi-Zusammenklang näher an. Ich spiele dir auf dem Klavier lange Mi und Do vor, zuerst zusammen und dann hintereinander. Schau auf das Notenbild.

Wie hört sich das an? Klingt das für dich angenehm? Denk daran, was ich dir am Anfang gesagt habe: Do, der Vater, und Mi, die Mutter. Vielleicht hilft dir das Bild besser, während ich den Zusammenklang von Do und Mi spiele. Weckt das ein Gefühl in dir?
- Du hast mich nach meinem Gefühl gefragt. Der Zusammenklang von Do und Mi ist schön aber anderes als der Klang von Do und So.
- Früher waren sich die Mönche nicht einig, ob die Terz wohlklingend, also harmonisch, ist, oder scharf, also dissonant. Heute betrachten wir die Terz als wohlklingend, also konsonant. Do und Mi zusammen ergeben einen Terzklang. Das Wort Terz heißt der Dritte. Ist der erste Ton Do und Re der zweite, dann ist der dritte Ton Mi (1 = Do, Re = 2, Mi=3). Der Terzklang wird eine wichtige Rolle in unserer Musik spielen. Die Terz wird noch wichtige Entscheidungen treffen!
- Welche wichtige Entscheidung?
- Ob eine Melodie traurig oder lustig klingt.
- Gibt es auch andere Terzen als Do und Mi?
- Natürlich: viele sogar. Bei jedem beliebigen Ton kann man Terzen bilden. Die zwei Töne müssen nicht gleichzeitig erklingen. Ihre Eigenschaften behalten sie auch dann, wenn sie zeitlich versetzt, also nacheinander, erklingen. Terz heißt der Dritte, also immer der übernächste Ton: 1 = Do, 2 = Re, 3 = Mi. Die Terz von Do ist Mi. Und wenn du mit

dem Re anfängst? 1 = Re, 2 = Mi, 3 = Fa. Die Terz von Re ist Fa. Mach weiter.

- Mi ist der erste Ton, Fa der zweite und So der dritte, die Terz von Mi ist So.

- Ich kann die Terzen vom Do aus beginnen: Do Mi So Ti Re´. Wenn ich beim Re anfange, habe ich folgende Terzen: Re Fa La Do´. Ich mache besser eine Zeichnung für dich.

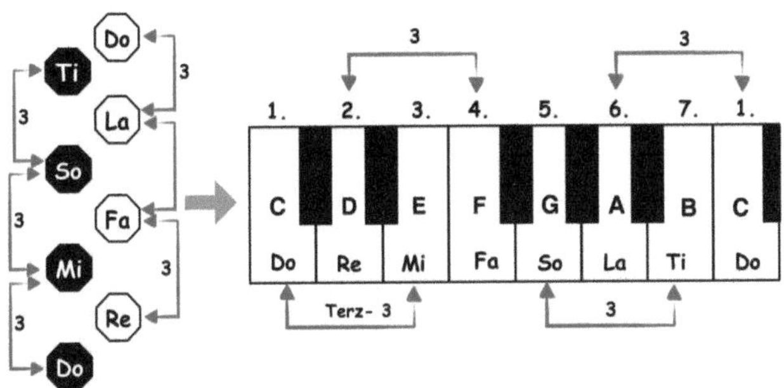

Du wirst das noch leichter verstehen, wenn du dir die Terzen vorsingst:
Do Mi So Ti Re´ > Do´ La Fa Re Ti,

- Ich kann dir zwei Varianten von Terzen, von Do und von Re in eine Melodie packen, in eine so genannte Terzenmelodie. Do Mi Re Fa Mi So Fa La So Ti La Do´, und von oben nach unten singend Do´La Ti So La Fa So Mi Fa Re Mi Do .

- Die Terzen kann man wirklich gut brauchen. Das klingt schön.

Du: Sing jetzt immer mit einem anderen Anfangston die Terzen.
| Do Mi Re Fa Mi So Fa La So Ti La Do´| > | Do´La Ti So La Fa So Mi Fa Re Mi Do ||

- Willst du hören, wie Terzen klingen, wenn man sie gleichzeitig singt? Ich singe Do. Du singst Mi. Dann singe ich Re und du Fa. Jeder konzentriert sich auf seine Stimme.

Du: Willst du hören, wie Terzen klingen, wenn man sie gleichzeitig singt? Spiel auf dein Instrument oder sing.

Stimme 1: | Mi- Fa-So-La-Ti- Do´| > |Do´-Ti-La-So-Fa-Mi || .
Stimme 2: | Do-Re-Mi-Fa-So-La | >| La - So-Fa-Mi-Re-Do || .
         3 3 3 3 3 3   3   3 3 3   3 3

Wie das aussieht, siehst du unten.

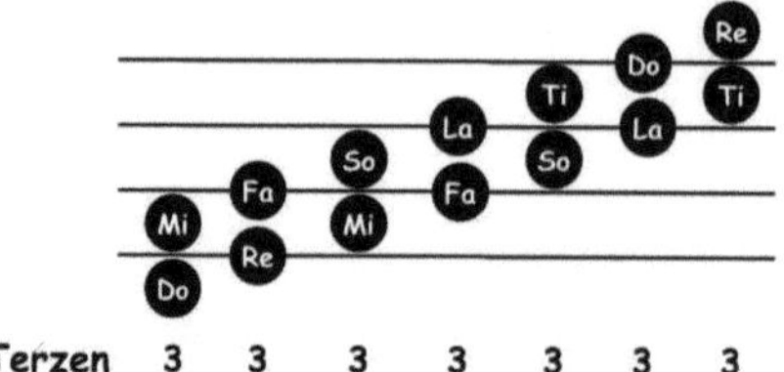

- Die schauen aus, als ob sie huckepack wären.
- Die Terzen sind aufgetürmt. Wichtiger ist der Klang. Das haben viele Völker entdeckt und sie haben ihren Gesang so gestaltet, dass sie zu einer Melodie mit einer zweiten Stimme in Terzen gesungen haben.
- Wie können wir in unserem Spiel diese Terzen brauchen?
- Du hast die einfache Melodie „Knusperbrot" gesungen.

Nora singt die Melodie vor: | Mi Re | Do X | Mi Re | Do X | Do Do | Re Re | Mi Re | Do X ||.

- Jetzt können wir zu jedem Ton eine Terz höher den dazu passenden Ton singen.
- Du meinst gleichzeitig?
- Die Melodie beginnt mit Mi. Die Terz von Mi ist So. Du beginnst mit So, während ich Mi singe. Während du So Fa Mi singst, singe ich Mi Re Do und so weiter bis zum Ende der Melodie.

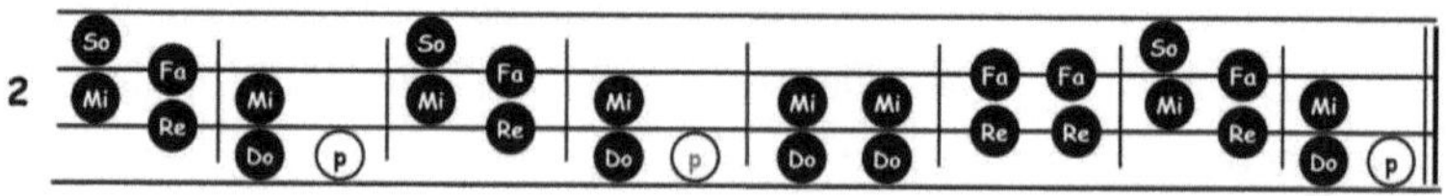

- Das Ganze schaut aus wie eine Welle.

Du: zu zweit oder mit einem Instrument.

Stimme 1: | So Fa | Mi x | So Fa | Mi x | Mi Mi | Fa Fa | So Fa | Mi x ||
Stimme 2: | Mi Re| Do x | Mi Re|Do x | Do Do | Re Re | Mi Re | Do x ||
           3   3   3   3   3   3   3   3   3   3   3   3   3

- Das klingt wirklich schön, haben die Sänger, die Volksmusik sangen,
das auch so gemacht?
- Genau so, jemand hat einfach die Melodie gesungen und eine zweite
Person hat in Terz-Abständen die zweite Stimme dazu gesungen.
- Könnten wir die Terzen nicht höher sondern tiefer als die Melodie
singen?
- Natürlich!

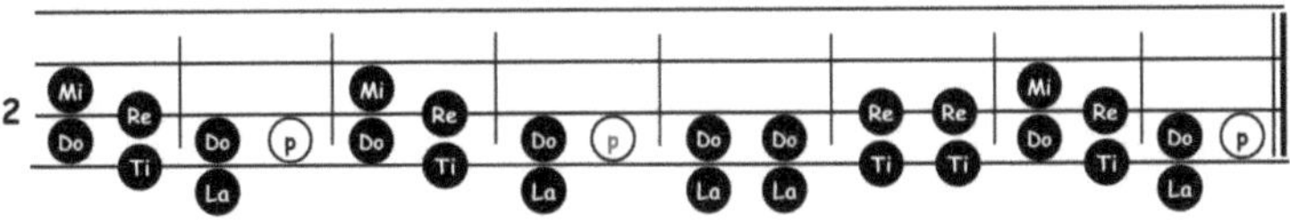

-Die leeren weißen Notenköpfe mit dem Buchstaben P bedeuten Pau-
se.
- Du hast noch eine Linie gezogen, damit sich das untere La ausgeht.
Diesmal ist die Melodie oben und immer eine Terz tiefer die zweite
Stimme.

Du: zu zweit oder mit einem Instrument.

Du: | Mi Re | Do x | Mi Re | Do x | Do Do | Re Re | Mi Re | Do x ||.
Inst: | Do Ti, | La, x | Do Ti, | La, x| La, La, | Ti, Ti, | Do Ti, | La, x ||.

Was hast du diesmal gelernt?

Du hast die Terz-Pärchen kennengelernt. Der Terzklang ist nach der
Quinte der zweitwichtigste in der Musik. Die Terz kann man aus der

Obertonreihe ableiten. Obertöne heißen diejenigen Töne, die auf einer Saite zum Grundton leise mitklingen. Terzen können zu jedem Ton gebildet werde, oberhalb oder unterhalb von ihm. Daher können wir zur Melodie im Terzabstand eine zweite Stimme bilden.

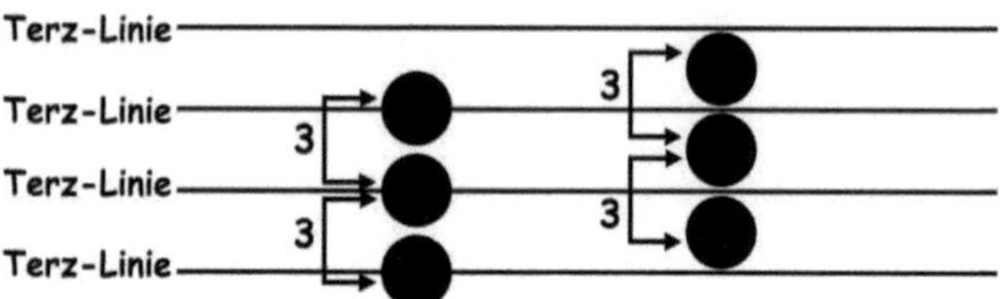

12. Gleise - Hintergrund

- Es gibt zwei Möglichkeiten: Wir können entweder unterhalb oder oberhalb der Melodie die Terzen singen. Nun möchte ich dir zeigen, wie man Terzen zur Begleitung nutzen kann, also nicht immer parallel zur Melodie, sondern wie eine Schablone.

- Wie die Schablonen beim Mandala-Zeichenset?

- Ich erkläre dir das deshalb, weil wir einen Bauplan brauchen, damit wir leichter Melodien erfinden können. Dafür gibt es einige Tricks. Du kennst doch Bahngleise.

- Das sind lange Eisenstangen, die in einem bestimmten Abstand nebeneinander liegen.

- Es gibt sogenannte Stimmbahnen, die aus zwei Schienen bestehen, aus zwei Tönen. Diese zwei langen Töne führen die Hauptmelodie im Großen. Die anderen Töne, die diese Hauptmelodie umspielen, können sich daran anlehnen oder sie kurzzeitig verlassen. Wir können die Stimmbahnen nutzen, damit wir leichter nach vorn kommen. Wir werden zu jedem Lied eine Schiene, eine Stimmbahn nutzen. Wir haben die Terzen besprochen und wissen, dass sie nützlich sind. Nehmen wir die ersten Terzen: Do und Mi, also den Terz-Zusammenklang, lang und schmal wie eine rechte und linke Schiene für die Bahn.

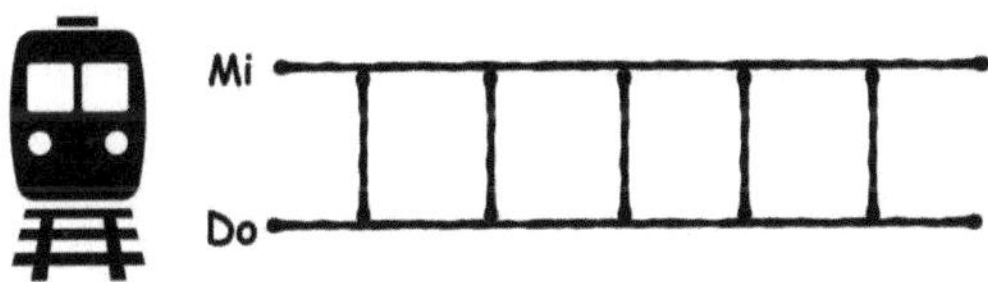

- Oben befindet sich Miiii, unten das Doooo. Die Musiker nennen diesen Zusammenklang Intervall, d.h. zwei Töne klingen zusammen. Das Wort Intervall markiert den Abstand zwischen zwei Tönen. Wir könnten das Intervall Terz zu zweit singen oder auf einem Instrument spielen, z.B auf einem Klavier, Keyboard oder auf einem Akkordeon.

Du: zu zweit oder mit einem Instrument.

Stimme 1: | Miiii | .

Stimme 2: | Doooo | .

3

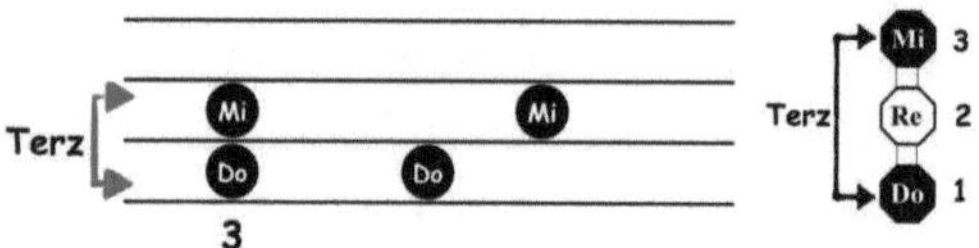

- Das Terz-Intervall erklingt lange. Dazu muss etwas geschehen, eine Veränderung oder ein Wechsel wie in einem echten Spiel.

- Ein anderer Terz-Klang, ein anderes Intervall soll erklingen!

- Ja, am Anfang steht die Ruhe. Dann kommt das Weggehen.

- Re und Fa bilden auch eine Terz.

- Unsere Stimmbahnen machen eine Bewegung nach oben. Kannst du dich an das Bild noch erinnern?

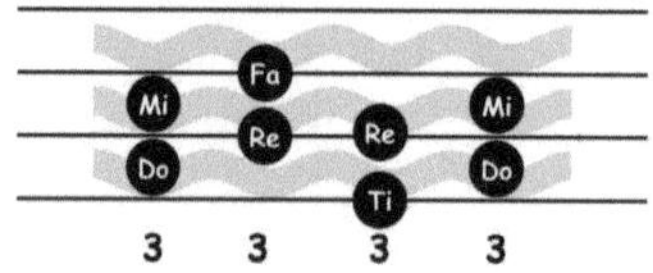

- Die Melodie bewegt sich zuerst nach oben, dann nach unten und kommt am Ende zum Ausgangspunkt zurück.

- Wir haben uns vom Terz-Pärchen Do-Mi zum Terz-Pärchen Re-Fa nach oben bewegt. Dann kommt eine Bewegung nach unten…?

- Ti-Re!

- Also haben wir doppelte Wellen, die sich miteinander und zueinander immer im gleichen Abstand bewegen, wie die Wellen auf dem Bild.

- Das sind vier Terz-Pärchen. Du hast über die Form der Kleeblätter geredet, über die seltenen vierblättrigen. Die Melodien sind in Teile aufgebaut wie vieles in der Natur. Die vier Teile einer Melodie sind immer gleich, ob eine einstimmige oder eine zweistimmige Melodie gespielt werden. Auch gilt das für Terzen. Ich habe eine Art musikalisches Baukastenspiel mit Karten vorbereitet. Ich zeige es Dir.

126

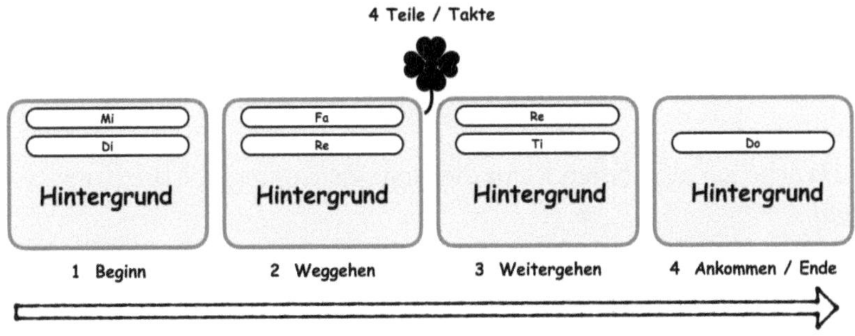

- Das ist zu bunt und zu kompliziert.

- So ist das, wenn du ein Spiel zum ersten Mal siehst. Es gibt vier große Karten, drei grüne und eine rote. Die legen wir auf den Tisch. Die vier Teile haben wir kennengelernt, Teil 1: den Beginn, Teil 2: das Weggehen, Teil 3: das Weggehen/Wiederholung und Teil 4: das Heimkommen oder das Ende.

- Was heißt Hintergrund und Vordergrund?

- Denk an ein Kartenspiel. Im Hintergrund gibt es vier große Karten und darauf, also im Vordergrund, die kleineren vier Karten. Die Karten, die oben liegen, verdecken die, die darunter liegen.

- Die großen Karten bilden den Hintergrund, und die kleineren den Vordergrund.

- Betrachten wir die großen Karten. Ich habe vorher über die Terz-Stimmbahnen gesprochen: Do-Mi, Re-Fa und Ti-Re. Ich gebe diese Stimmbahnen vor, vier Stimmbahnen, die aus Terzen bestehen. In diesem Kartenspiel siehst du das auf den großen Karten.

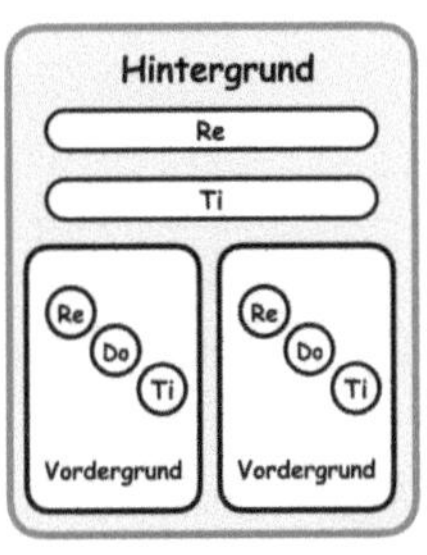

4 | Miiii | Faaaa | Reee | Dooo ||
   | Dooo| Reeee | Tiii, | Dooo ||

Es gibt vier Karten mit Terz-Stimmbahnen. Jede größere Karte trägt die Überschrift „Hintergrund", weil diese Töne der Zusammenklang im Hintergrund sind. Sie erklingen die ganze Zeit und sind die Begleitung. Während sie im Hintergrund erklingen, wird eine andere einzelne Stimme erklingen. Die langen Töne bedeuten, dass sie während der ganzen Zeit erklingen. Sie sind am oberen Rand der großen Karten gezeichnet.

- Da sehe ich am oberen Rand die lange Zeichnung, die die Noten zeigen.

- Genau. Die vorletzte große Karte („Weitergehen") ist deswegen rot, weil ich zeigen will, dass an dieser Stelle etwas Spannendes geschehen soll, bevor die Melodie zu Ende geht oder zur Ruhe kommt. Diese Stelle nennen die Musiker „dominant". Das Wort „Dominant" bedeutet, dass ein Ton oder eine Tonfolge sich durchsetzen, also bestimmen will. Hier ist es erwünscht, dass ein nicht so schöner Zusammenklang entsteht, weil die Auflösung, die Ruhe, umso harmonischer klingt. Ti und Re ergeben zusammen eine Terz, haben aber Spannung und wecken Erwartungen, dass es etwas geschehen soll.

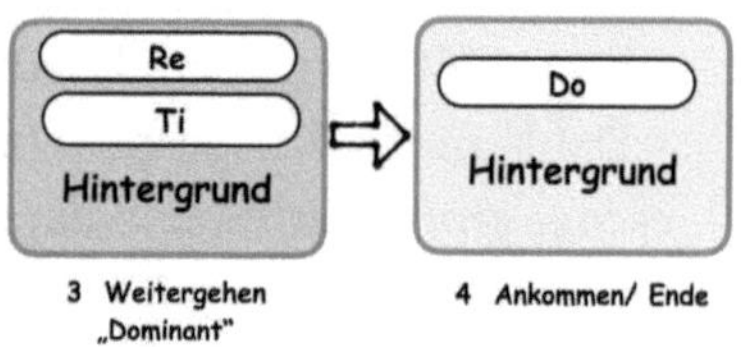

- Das Ti ist die kleine Tochter vom Do. Es will in seine Nähe, zum Vater.

- Der Ton Ti will zum Do. Deswegen nennen die Musiker diesen Ton den Leitton. Jetzt nochmals etwas zum Begriff Hintergrund. Die vier großen Karten sind im Hintergrund. Auf denen sind die Terz - Stimmbahnen aufgezeichnet. Sie geben die Richtung für den Verlauf der Melodie vor, wie die Schienen die Richtung für den Zug vorgeben. Die kleinen orangen Karten haben die Aufschrift Vordergrund. Sie stehen tatsächlich etwas weiter vorne. Was fällt Dir ein, wenn Du das Wort Vordergrund hörst?

- Vielleicht etwas, das vorne ist und gut sichtbar ist.

- Der Vordergrund ist, was wir zuerst oder am auffälligsten hören. Das ist meist die Melodie, die wir erkennen können. Deswegen heißen die

kleineren Karten Vordergrund. Wenn du genau hinschaust, kannst du
die einzelnen Töne, Tonsilben, auf den Karten sehen.

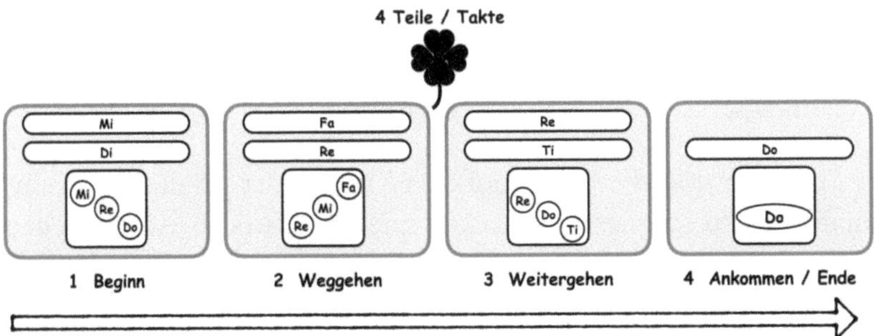

- Auf der ersten Karte steht | Mi Re Do |.
- Hier geht es um ein Spiel. Also kann man sich Veränderungen, Variationen ausdenken. Jedes Spiel ist eine Mischung aus Spielregeln und
dem Zufall. Wenn wir würfeln, entscheidet der Zufall, auf welches Feld
wir ziehen. Wir können entscheiden, ob wir das wollen. So ist es auch
in der Musik. Es gibt Regeln und die Freiheit, wo wir mit den Regeln
etwas kombinieren, verändern oder frei erfinden. Die Stimmbahnen
sind in Terzen gegeben. Du kannst innerhalb dieser sicheren Bahnen
deine Melodie bewegen. Vergiss nicht die Spielregeln, die wir bisher
besprochen haben, die Sprünge, die Nachbarnoten, die Nebennoten
und das Treppensteigen.
- … und das Wiederholen, das Spiegelbild, und am Ende soll die Melodie mit Do enden.
- Mit deiner Melodie musst du am Anfang auf der Schiene bleiben.
Sonst kannst du leicht entgleisen. Bleib innerhalb der Stimmbahnen
zwischen den Terzen. Ich fange an, habe Do und Mi. Ich kann einen
Zwischenton suchen, also Treppen steigen. Mi Re Do setzt die erste
Karte.
- Ich mache es ähnlich, Treppen steigen verkehrt mit Re Mi Fa.
- Ich bin dran mit Re Do Ti,.
- Und ich | Dooo |.

- Sing die Melodie, während ich im Hintergrund die Terz-Stimmbahnen langsam auf dem Klavier spiele.

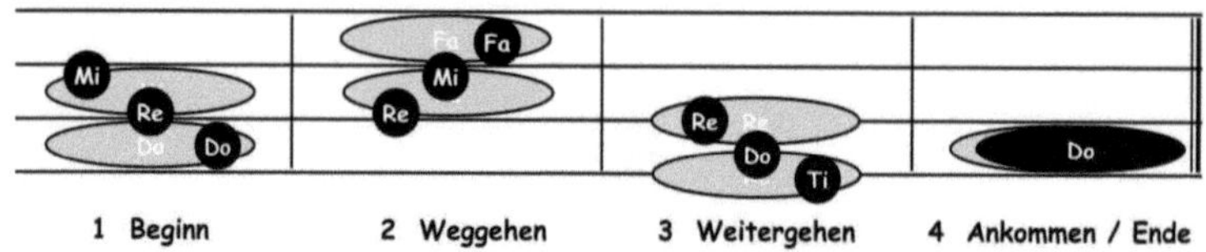

Du: Sing oder spiel die Übung auf dem Klavier oder gib die Noten einzeln ins PC-Notenprogramm ein und spiel die Musik ab. Achte auf den Zusammenklang.

Stimme: 3 | Mi Re Do | Re Mi Fa | Re Do Ti, | Do o o || = Melodie

Instrum.: | Mi i i | Fa a a | Re e e | Do o o || = Hintergrund
          | Do o o | Re e e | Ti i i, | Do o o ||

- Das hört sich wie ein kleines Lied an, und die Stimmbahnen passen gut dazu. Jetzt verstehe ich, warum du mir die Terzen so lange erklärt hast.

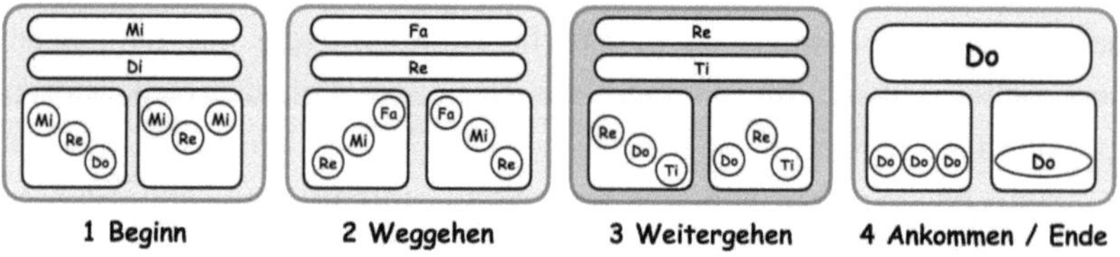

- Die Karten mit der Farbe Orange, die kleinen Karten im Vordergrund, sind genau so groß, dass zwei davon nebeneinander Platz haben können …

- Dir entgeht nichts. Wir können die vier großen Teile, den Hintergrund, behalten. Bei den kleinen, orangen im Vordergrund, können wir die Zahl der Karten verdoppeln. Dann haben wir am Ende acht Karten.

- Ich habe bemerkt, dass die linksstehenden Vordergrund-Karten unverändert geblieben sind wie am Anfang. Die dazugekommenen Vordergrund-Karten sind die Variationen. Damit ist die Melodie länger und interessanter geworden! . Ich werde die ganze Melodie vorsingen:

3| Mi Re Do | Mi Re Mi | Re Mi Fa | Fa Mi Re |
 | Re Do Ti,| Do Re Ti, | Do Do Do | Dooo ||

- Melodien erfinden ist ein schönes Spiel! Singen und spielen wir weiter!

Du bist dran!

Stimme: 3| Mi Re Do | Mi Re Mi | Re Mi Fa | Fa Mi Re |
Instrum: | Mi i i | Mi i i | Fa a a | Fa a a |
          | Do o o | Do o o | Re e   e | Re e   e |

Stimme: | Re Do Ti,| Do Re Ti,| Do Do Do | Do o o ||
Instrum. | Re e   e | Re e   e | Do o o | Do o o ||
          | Ti   i i | Ti   i i | Do o o | Do o o ||

- Die Komponisten haben auch gespielt. Ihr Spiel war viel komplizierter und schöner. Doch die Spielregeln sind immer die gleichen. Der junge Komponist Schubert konnte zum Beispiel kaum damit aufhören, Lieder zu schreiben. An einem Tag soll er einmal sogar acht Lieder komponiert haben.
- Das würde ich auch gerne machen.
- Wenn dir dieses Spiel gefällt, dann machen wir damit weiter. Ich zeige dir nächstes Mal noch andere Möglichkeiten, dieses Spiel noch spannender zu gestalten. Ein Baukasten-Spiel heißt, dass man schon eine gewisse Anzahl Fertigteile hat. Das ist ein Vorteil, vor allem dann, wenn man noch nicht so geübt ist, eigene Melodien zu erfinden. Es ist wie bei einer Sprache, wir können fertige Wörter, die wir schon kennen, verwenden, sie dann neu ordnen und so viele Sätze bilden.

- Ich hätte gern auch solche Karten, damit ich zu Hause allein spielen kann. Dann habe ich meinen Baukasten.
- Die kannst du selbst machen. In jeder Papierhandlung bekommst du Karteikarten in verschiedenen Größen. Nimm verschiedene Farben und beschrifte sie: eine große Karte für den Hintergrund und kleinere andersfarbige für den Vordergrund. Die Form und die Anzahl der Karten sind vorgegeben: Vier Hintergrundkarten und mindestens acht Vordergrundkarten. Damit kannst du dir neue Variationen ausdenken.

Was hast du diesmal gelernt?

Dass die Melodien auf Stimmbahnen sich sicherer bewegen und diese auch kurzzeitig verlassen können, um wieder zurückzukommen. Einfache Stimmbahnen sind z.B. die Terz-Pärchen. Eine Melodie besteht aus mehreren Teilen, mindestens aus drei Teilen, die Vier-Teile-Form gibt es öfter. Der vorletzte Teil oder Abschnitt einer Melodie hat eine Spannung, die am Ende aufgelöst wird. Diese Spannung heißt „Dominant". Es gibt in der Musik Vordergrund und Hintergrund. Vordergrund ist, was wir hören, die Melodie selbst. Hintergrund bedeutet, dass hinter der Melodie ein einfaches Muster oder eine Stimmbahn versteckt ist. Den Hintergrund kann man als die Begleitung der Melodie bezeichnen. Du hast ein Melodie-Baukastenspiel ausprobiert, in dem eine Variation, also eine Veränderung der ursprünglichen Melodie, vorgekommen ist.

13. Begleitung, Gruppen

Nora: Ich verstehe die Begleitung mit den Terzen. Wir haben auch noch über die Begleitung mit einer zweiten Stimme geredet, mit Do und So. Können wir bei dem Lied „Knusperbrot" die Terzen und die tiefe Bassstimme (Do So) gleichzeitig verwenden?

 - Du bist auf eine heiße Spur geraten! Setzen wir deine Idee um! Vorher möchte noch über die Möglichkeit, mit einer zweiten Stimme eine Melodie zu begleiten, reden. Die Mönche haben noch die Möglichkeit entdeckt, dass sie ihre einstimmigen Melodien im Quintabstand wie Wellen begleiten können. Die zweite Stimme wird mit einem Quintabstand zur ersten Stimme gesungen. Du kennst einige Pärchen, also zwei Töne, die eine Quinte voneinander entfernt sind.

- Do-So, So-Re und Mi-Ti

- Lange Jahre haben die Mönche mit der Quinte als Begleitung gesungen. Dieser Gesangsstil wurde jeweils nach der Kirche oder der Stadt, wo er hauptsächlich verwendet wurde, benannt. Deshalb gibt es die „Notre-Dame-Schule", weil zum Beispiel in der wichtigsten Pariser Kathedrale, die Notre Dame heißt, so gesungen wurde. Nicht nur die Mönche sondern auch die Chinesen haben das entdeckt. Kommen wir zu den Möglichkeiten der Begleitung mit Tonabständen zurück. Die zweite Stimme als Quinte-, Quart- oder Oktav-Begleitung wurde Organum genannt.

- Dann haben sie zur Hauptmelodie den „schönen Klang", die Quinte, gesungen.

- Das klingt aber etwas eigenartig. Ich zeige dir so ein Beispiel. Als Beispiel nehme ich den Anfang vom Lied „Knusperbrot", Mi Re Do, und gebe darunter die zweite Stimme, also nur Quinten.

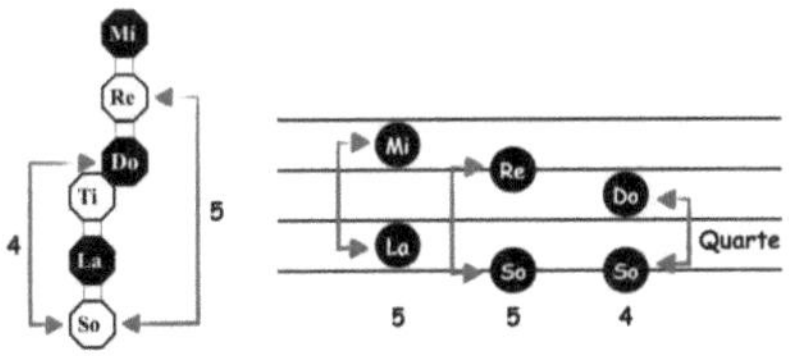

- Für die Abstände zwischen den oberen und unteren Tönen hast du Zahlen aufgeschrieben. Die Zahl 5 kenne ich schon. Die bedeutet den schönen Klang, die Quinte. Warum steht am Ende die Zahl 4?
- Die Mönche haben am Ende der Melodie bemerkt, dass die Quinte (Fa,-Do) nicht das Gefühl des Endes vermittelt. Besser klingt, wenn wir unten statt Fa, das So, singen. Zwischen So, und Do ist der Abstand etwas kleiner: So, = 1, La, = 2, Ti, = 3, Do = 4). Dieser Abstand von vier heißt lateinisch Quart.
- Also am Ende steht ein Quart-Klang statt der Quinte?
- Das haben die Mönche durchs Experimentieren entdeckt.

Du: Sing, damit du hörst, wie das klingt.

Stimme 1. | Mii Ree | Doooo |
Stimme 2. | Laa, Soo,| Soooo, |
Intervall   5   5   4

- Das klingt wie aus der Ritterzeit.
- … weil sie in der Zeit der Ritter diese Art von Zusammenklängen gekannt und verwendet haben. Zurück zu deinem Vorschlag, die Terzen und die Begleitung mit Do und So zusammen zu verwenden. Wir werden die Melodie mit Terzbegleitung oben beibehalten und unten, im Bass, den passenden Ton suchen und dort mit Do und So begleiten. Wir haben hier einige Instrumente. Neben dem Klavier habe ich eine Gitarre.
- Dann spielt einer von uns auf der Gitarre Do und So, und wir singen dazu.
- Ich nehme die Gitarre. Wann soll ich Do und wann So spielen? Denk an die Spielregeln, die wir besprochen haben, und frag dich, welche Töne schön zusammen klingen, Do und So und weiter.
- Re und das untere So klingen auch gut.
- Neu ist, dass wir zu den Terzen eine dritte Stimme singen. Am besten zeichne ich dir das auf, damit du dir leichter vorstellen kannst, was die Aufgabe ist.

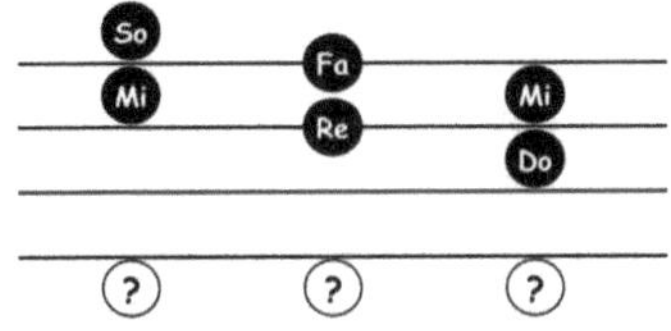

- An den Anfang setze ich Do, weil Do und Mi und So schön klingen. Die drei Töne, die gleichzeitig erklingen, sind: Do Mi So. Der Vater, die Mutter und der Sohn klingen schön!
- Bei diesen Tönen Do, Mi und So ist alles dabei, auch der schöne Quint-Klang Do-So und auch die Terz Do-Mi. Zusammen klingen alle drei besonders schön und gut. Diese drei Töne habe eine innige Beziehung. Das passt zu unserem Beispiel mit der Familie: Vater, Mutter und Sohn, ein Dreierband. Deswegen heißt es Dreiklang: 1. ist Do = Vater, 2. ist Mi = Mutter, 3. ist So= Sohn.

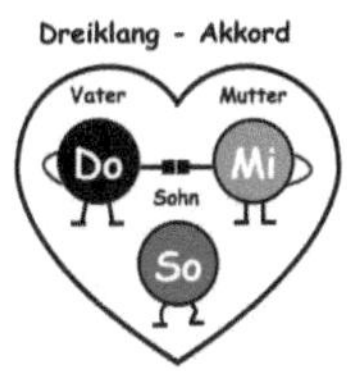

- Dreiklang, ist das nicht zugleich ein Akkord?
- Ein Dreiklang wird Akkord genannt.
- Einen Dreiklang oder Akkord nutzen wir zur Begleitung.
- Einen Dreiklang können wir zur Begleitung benutzen. Der Dreiklang ist aber mehr. Er ist eine wichtige Einheit! Du hast gehört, wie der Dreiklang entsteht, wie er zusammengesetzt wird. Merke dir das singend: | Do Mi So | So Mi Do |

Du: Zuerst alleine singen | Do Mi So So Mi Do | und dann gleichzeitig singen und spielen.
Stimme 1: Soo
Stimme 2: Mii
Stimme 3 Doo

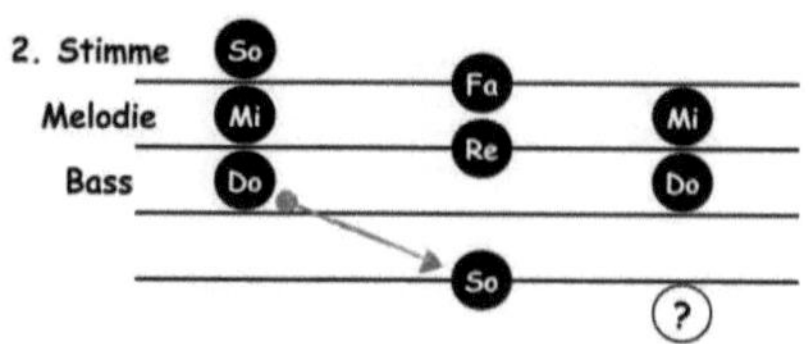

- Ich habe nicht gedacht, dass es so einfach geht. Beim Re Fa habe ich unten So, gesetzt.

Du: Mit einem Instrument oder am PC.
Stimme 1: Faa
Stimme 2: Ree
Stimme 3: Soo,

- Dann bin ich weiter gegangen und habe unten wieder Do gewählt, dabei habe ich gemerkt, dass die Melodie auch oben eine Oktave höher Do´ hat. Was soll ich machen?
- Die Begleitung und die Melodie haben oft den gleichen Ton. Das nennt man Gleichklang. Das kann man so lassen. Die tiefe Bassstimme So, springt nach oben zu Do, also ist das ein Gleichklang, wie bei einem Chor. Dort können mehrere Personen zeitgleich die gleiche Tonhöhe singen. Die Oktave spielt die gleiche Rolle. Daher könntest Du das untere Do, eine Oktave tiefer nehmen.

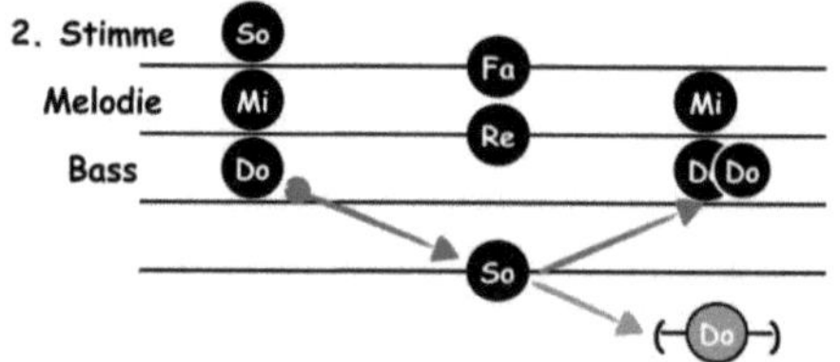

- Ist die Oktave wie der Joker im Spiel?
- Kann man so sagen. Spielen wir also das Lied „Kunsperbrot" dreistimmig. Bei der Begleitung können wir das Do eine Oktave tiefer le-

136

gen. Ich schlage vor, dass du Do nach unten verlegst. Um das tiefere Do zu notieren, brauchen wir eine zusätzliche Notenlinie.

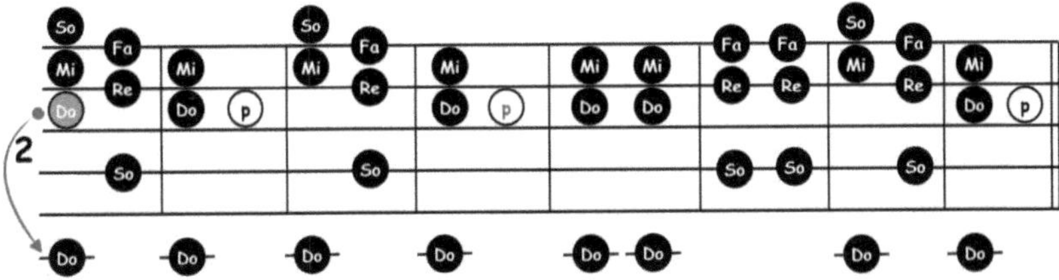

Dann kannst du die Melodie und Begleitung auf dem Notenbild gut unterscheiden. Es folgt eine Wiederholung. Die Mönche haben gesungen und vieles entdeckt, auch den mehrstimmigen Gesang. Wenn ich statt auf der Gitarre auf unserem Keyboard spiele und einen Sound, also einen Klang nehme, der wie eine Chorstimme klingt, hörst du den Unterschied noch besser. Die untere Begleitung, die tiefe Stimme, klingt wie eine Männerstimme, und der obere Terz-Klang hört sich wie eine Frauenstimme an.

Peter spielt das Beispiel auf dem Keyboard vor.

- Du singst die obere Stimmbahn So Fa Mi und ich Mi Re Do usw.So hören wir immer einen Terz Klang. Ich spiele auf dem Keyboard die tiefe Bassstimme.

Du: Sing und spiel oder gebe die Noten in den PC ein.
Stimme 1: | So Fa | Mi x | So Fa | So Fa | Mi x ||.
Instrument 2: | Mi Re | Do x | Mi Re | Mi Re | Do x ||.
Instrument 3: | Do, So,| Do, x | Do, So,| Do, So| Do, x ||.

- Nun kommen oben in der Melodie Do Do Re Re zweimal vor und unten der Bass nur einmal, dafür aber länger, Doo und Soo.

- Du hast nun zwei Möglichkeiten, weil Do und Re wiederholt werden, also zweimal vorkommen. Nun kannst du unten in der Begleitung zweimal Do Do und So So nehmen oder die Töne verlängern, weil ohnehin nichts Neues mehr kommt, also statt Do Do So So, - Doo und Soo.

- Einfacher! Doo und Soo,!

- Nun gibt es nichts Neues, weil das Ganze die Wiederholung des ersten Teils ist. Bei der Begleitung bleibt alles wie gehabt.

- Das macht Spaß, wenn gleichzeitig drei Stimmen erklingen.

- Das nennt man dreistimmigen Klang.

- Das ist wie ein Gemeinschaftsspiel.

- In der Sprache der Musik, nennt man es Mehrstimmigkeit. Aber jetzt will ich dich etwas fragen. Ist dir eine Dissonanz aufgefallen, an einer Stelle, die im Lied öfter vorkam?

- Das war ziemlich am Anfang, wo unten So und oben Fa gleichzeitig erklangen. Das klang nicht so schön, ein wenig hart oder scharf.

- Du hast ein gutes Gehör! Ich zeichne die Stelle auf, wo das untere So und das obere Fa vorkommen. So und Re klingen sehr schön, So und Fa aber nicht.

- Warum gibt es diese Stelle dann?

- Weil es sich so ergeben hat. Die Hauptmelodie Mi Re Do war schon gegeben. Darüber haben wir die Terzen gebildet, so ist das Terz-Intervall Fa-Re entstanden. Danach hast du nach den Spielregeln die tiefe Bassstimme gesetzt. Auf diese Weise entstand dann der folgende Dreiklang: So, Re Fa. Die Töne So und Fa sind in der Do-Familie ganz eng zusammen.

- Sie sind Nachbarn sozusagen.

- Die zwei Nachbartöne klingen zusammen nicht gut. Da aber der Abstand zwischen unterem So und oberem Fa recht groß ist, hört sich der Zusammenklang nicht so störend an, im Gegenteil er bewirkt sogar etwas Interessantes! Vor allem deswegen, weil das Ganze nur kurz dauert und nachher ein wirklich angenehmer Klang darauf folgt!

- Mi und Do zusammen, diese Terz klingt gut.

- Die Dissonanz So,-Fa, wird schnell aufgelöst. Aber ich wollte mit dir noch nicht über drei Stimmen und deren Zusammenklang reden, bevor du weißt, wie es sich mit zwei Stimmen verhält. Daher werden wir noch weiter über zwei Stimmen, also über zweistimmige Musik reden.
- Stimmt, zwei Stimmen sind einfacher als drei.

Was hast du diesmal gelernt?

Du hast gelernt, wie man zu einer Melodie eine zweite und sogar eine dritte Stimme hinzufügen kann. Nach der Terz-Stimmbahn wurde diesmal eine tiefe dritte Begleitstimme, die Bass-Stimme hinzugefügt. So hat sich ein Klang ergeben, der aus drei Tönen besteht und daher Dreiklang genannt wird. Unter den Dreiklängen gibt es einen, der schön und kräftig erklingt: Do - Mi - So. Und einen anderen, der sich nicht so schön klingt: So, - Re - Fa. Dieser nicht so schön klingende Dreiklang, der dissonant bezeichnet wird, hat aber eine wichtige Rolle. Er erzeugt Spannung und bereitet den Weg für den nachkommenden schönen Klang vor.

14. Strenge Spielregeln

- Nun werden wir zweistimmig spielen.

- Wie mein Bruder, der mit seinem Freund online Computerspiele spielt? Dort heißt das Multiplayer-Modus.

- Umso mehr passt der Begriff Multiplayer-Modus. Wenn wir singen, ist das ein Teamspiel.

- Du hast gesagt, dass ein Ton nie allein steht, weil die Obertöne mitklingen.

- Das Zusammenspiel in der Musik ist grundlegend. Deshalb wollen wir besprechen, wie zwei Töne zusammen erklingen. Dafür gibt es Spielregeln.

- Das Wort Zusammenklang gefällt mir gut.

- Wir werden das Schritt für Schritt durchgehen. Die Musiker nennen den Abstand zwischen den Tönen ein Intervall. Der Abstand zwischen Do und Mi heißt Terz (3), und zwischen Do und So gibt es die Quinte (5). Wenn zwei Töne gleichzeitig erklingen, hören wir einen Zusammenklang, das Intervall.

- Du hast auch noch die Quarte erwähnt.

- Die Intervalle oder Zusammenklänge lösen bei uns Gefühle oder Empfindungen aus wie Ruhe oder Spannung. Spannung bedeutet, dass man sie auflösen sollte.

- Da gab es einen Zusammenklang, der nicht schön, also dissonant war: zwischen Do und Re. Den haben wir ausgebessert oder geheilt. Hat der einen Namen?

- Dieser Zusammenklang heißt Sekund. (Do =1, Re = 2, und 2 = Sekund) Es gibt einige andere mögliche Zusammenklänge. Nun singen wir gemeinsam im „Multiplayer-Modus". Ich singe lange Doooo. Du singst die Tonleiter von oben nach unten wie auf der Zeichnung. Dabei entsteht immer ein Zusammenklang. Diese Zusammenklänge, Intervalle, sind verschieden, weil sich der Abstand zwischen dem einen Ton und dem Grundton Do verändert. Jedes Intervall klingt anders und erweckt dadurch unterschiedliche Gefühle in uns. Singe und beachte dein Gefühl. Vier alte Bekannte wirst du sicher leicht erkennen, den Schönen-Klang, die Quinte, außerdem die Terz, die Sekund und wahrscheinlich auch die Quarte.

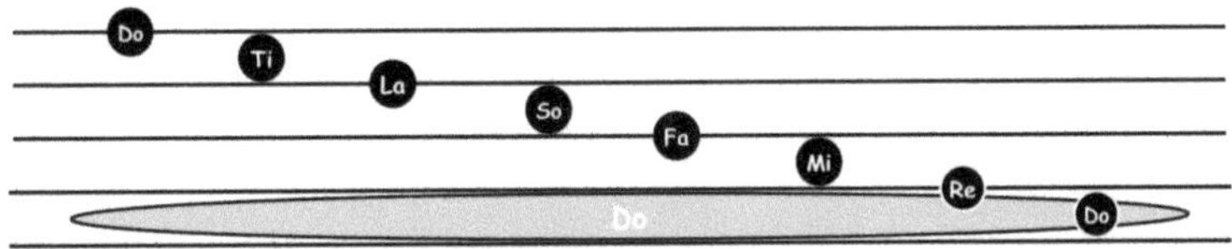

Du: Sing das zu zweit, mit einem Instrument, am PC, iPad usw.
Stimme 1: | Do´ Ti La So Fa Mi Re Do |
Stimme 2: | Do o o o o o o o |
Intervall: 8 7 6 5 4 3 2 1

- Warum hast du unter jeden Ton eine Zahl geschrieben?
- Das sind die Tonabstände, die Intervalle, die beim Singen entstanden sind. Beschreibe jetzt deine Empfindungen, die du während des Singens und Hörens gehabt hast.
- Gleich am Anfang zwischen Do und Do´ gab es keinen großen Unterschied, obwohl die zwei Töne weit voneinander entfernt liegen.
- Das ist rätselhaft. „Das Geheimnis der Oktave" nennen das die Musiker. In der Welt der Musik ist manches anders und sogar umgekehrt, als wir es erwarten würden. Wenn sich zwei Töne scheinbar nah sind, tragen sie eine große Spannung in sich. Bei anderen, die weit entfernt sind, spürt man diese weniger. Die Oktave ist geheimnisvoller, weil sich die zwei Töne hörbar unterscheiden und trotzdem die gleiche Rolle und Aufgabe haben.
- Do und Ti haben nicht schön geklungen. Später zwischen Do und La war das besser. Do und So waren sowieso schön. Fa und Do haben mir gut gefallen. Mi und Do habe ich gekannt. Bei Re war das schräg. Du hast vorher erwähnt, dass man diesen Zusammenklang heilen kann, wenn man das untere So singt, um einen schönen Quint-Klang zu erhalten.

- Gut, gemerkt! Dass Ti und Do nicht gut klingen, war klar zu hören. Das war ein gutes Beispiel dafür, um zu zeigen, was nicht gut klingt. Dieser dissonante Zusammenklang wird in der Sprache der Musiker Septime genannt. Septime bedeutet Sieben.

- Das Wort klingt seltsam. Du hast über Konsonanz geredet.

- Das neue Wort hat einen Teil davon, Sonanz bedeutet „Zusammenklang". Die Silbe „Dis" bedeutet „nicht schön". Also heißt Dissonanz „kein schöner Klang".

- Ein schlechter Klang?

- Obwohl der nicht schön klingt, werden wir ihn später brauchen, weil er eine wichtige Rolle spielt. Kannst du dir ein Märchen ohne Drachen oder Riesen oder einen bösen Ritter neben dem Prinzen vorstellen? So ist das in der Musik mit den Dissonanzen. Schöne Wohlklänge wären bald fad, also uninteressant. Dissonante Zusammenklänge haben Wichtiges in sich, die Spannung. Das ist wie bei den Konflikten in einem Märchen. Unschöne, dissonante Klänge werden gebraucht, damit die anderen umso schöner erstrahlen. Es gibt andere Dissonanzen als Do und Ti.

- Do und Re haben wir schon besprochen.

- Zur Erinnerung wiederhole ich das. Do und Re zusammen heißen Sekund, weil sie einen Sekundabstand voneinander entfernt sind (Do = 1, Re = 2 und 2 = Sekund). Singen wir gemeinsam. Du singst langsam Mii Ree Doo. Ich singe währenddessen das lange Dooo. Dabei entsteht zwischen Re und Do der Abstand, die Sekund.

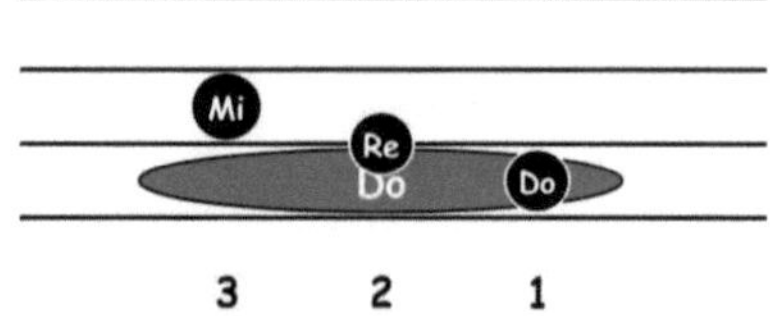

Du:
Stimme 1: Mii Ree Doo
Stimme 2: Do   oo   oo
Intervall: 3   2   1

- Kommen wir zu einem Intervall, bei dem nicht eindeutig ist, ob es konsonant oder dissonant klingt. Als wir Do und Fa zusammengesungen haben, hat dir der Zusammenklang gefallen. Also Do und Fa ergeben ein Intervall, einen Klang, der Quarte heißt, auf Deutsch Vier. Quarte heißt der vierte Ton. Vom Do zum Fa können wir bis vier zählen: 1= Do, 2= Re, 3= Mi, 4=Fa. Wir können an einer anderen Stelle eine Quarte bekommen, die oft in Liedern vorkommt. Einige Lieder beginnen mit einem Ton unterhalb des Grundtons, der die Rolle des ältesten Sohns hat,: mit dem unteren So,. Wir haben die Melodie des Volkslieds „Im Märzen der Bauern" gesungen. Dort fängt die Melodie an: So, Do Do usw. Tatsächlich klingt die Quarte ähnlich gut wie die Quinte. Trotzdem klingt die Quarte nicht stabil und nicht so schön wie die Quinte, weil sie zu einem anderen Intervall drängt, also fortgeführt werden will. Es gibt zwei Möglichkeiten für einen Quart-Abstand. Schau dir das Bild an.

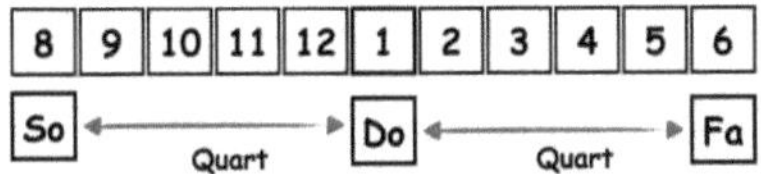

Die Quarte besteht zwischen Do und Fa, und So, und Do´. Einmal ist der Grundton Do der tiefere Ton, und einmal ist er der höhere Ton. Die letztere Variante hast du im Lied „Im Märzen der Bauern" hören und beobachten können: So, Do Do Mi Re Re usw. Der höhere Ton ist gleichzeitig der Grundton. Do befindet sich oberhalb vom Fa, der mit ihm den Quartabstand bildet. Diese Folge kommt oft in den Melodien vor.
- In welcher Melodie zum Beispiel?
- Zum Beispiel in einer Melodie, die viele Leute kennen: in „Eine kleine Nachtmusik" von Mozart.

Peter singt die Tonsilben vor: | Doo x So, | Doo x So, | Do So, Do Mi | Soo xx |.
- Es ist interessant, dass die bekannte Melodie nach diesen Regeln aufgebaut ist.

- Mozart hat sehr früh angefangen, mit Tönen zu spielen. Er war etwa sechs Jahre alt, als er schon viele Spielregeln kannte. Sein Vater brachte ihm die Spielregeln der Musik bei. Wenige wissen, dass Mozarts Schwester Nannerl ebenfalls begabt war und vom Vater unterrichtet wurde.

Peter geht zum Bücherregal und zieht ein dünnes Heft heraus.

- Schau, das ist ein Heft von Mozarts ersten Klavierstücken. Auf der Innenseite steht es: „Nannerls Notenbuch".
- Sind das die Stücke, die sie erfand?
- Wahrscheinlich ja, aber es gibt Stücke die er komponiert hat. Hier ist das erste Stück, das die Bezeichnung KV 1a hat. Dieses kleine Stück erfand er mit sechs Jahren.
- Das sieht kompliziert aus. Ich kann dieses Notenbild noch nicht lesen.
- Aber du bist schon auf dem Weg dorthin. Wo sind wir stehen geblieben, bevor wir über Mozart geredet haben?
- Wir waren beim Zusammenklang, warte…, bei der Quarte!
- Die Quarte gehört nicht zu den starken stabilen Zusammenklängen.
- Nicht stabiler Zusammenklang?
- Die Quarte klingt zwar schön. Wenn du hinhörst, merkst du, dass du nicht das Gefühl hast, dass der Klang sicher ist. Daher vermeide ihn möglichst, wenn du später einen Klang, ein Intervall, suchst. Eine Quart hören wir auch, wenn Do und Fa oder wenn Mi und La oder Re und So erklingen. Wenn wir unterhalb die Grundtonstufe Do gehen, dann zwischen Ti, und Mi, oder zwischen La, und Re oder zwischen dem unteren So, und Do.

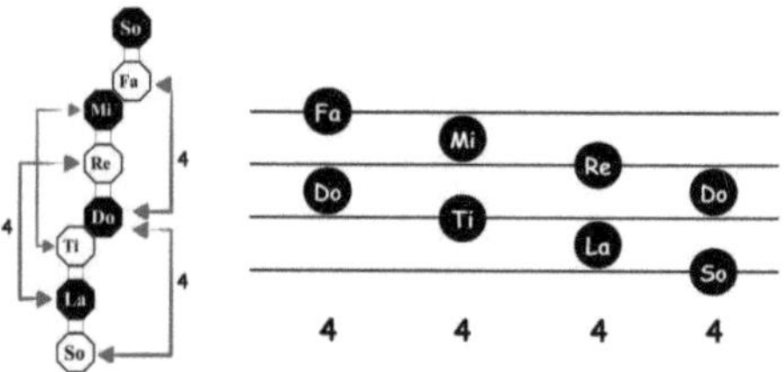

144

Du: Nun zu zweit oder mit einem Instrument:

Stimme 1: | Fa a a a | Mi i i i | Re e e e | Do o o o ||
Stimme 2: | Do o oo | Ti, i i i, | La a a a, | So o o o, ||
Intervall: 4   4   4   4

- Die Quarte ist ein unsicherer, nicht konsonanter Klang, obwohl er mir gut gefällt.
- Die Quarte Do und Fa klingt zwar gut, aber da hat man das Gefühl, dass man weitergehen sollte, meist zu Mi, damit ein ruhigeres Gefühl entsteht.
- Mir fällt auf, dass wir einen Zusammenklang nicht besprochen haben, den von Do und La.
- Wie klingen Do und La zusammen? Sing Do und dann La!
- Irgendwie schön, aber etwas unsicher.
- Do La klingen aber nicht dissonant. Der Abstand zwischen den zwei Tönen ist eine Sexte (Sexte=der sechste Ton). Der obere Ton La strebt entweder nach unten zu So oder nach oben zu Do´.
- Du hast gesagt, La habe eine schwebende Eigenschaft wie ein verträumtes Kind.
- Siehst du, wie wichtig das ist, den Tönen Eigenschaften zuzuordnen, damit du ihr Verhalten verstehen kannst. Der Zusammenklang von Do und La heißt Sext. Die Sext gehört zu den konsonanten Intervallen. Wir werden sie oft im zweistimmigen Lied benutzen. Die Mönche haben die schönen Zusammenklänge gesucht.
- Wenn der schönste Zusammenklang die Quinte ist, warum haben die Mönche sie dann nicht immer verwendet?
- Würdest du täglich dreimal Eis essen wollen? Man braucht bei der Begleitung Abwechslung. Da haben die Mönche und die Chinesen lange herumprobiert und entdeckt, dass die Zusammenklänge, die Intervalle, die schön klangen, also konsonant sind, die Oktave, die Quinte, die Sexte und die Terz sind. Diese Intervalle klingen gut. Ich fasse sie zusammen. Die gut klingenden konsonanten Töne im Verhältnis zu Do

sind grün. Die nicht gut klingenden, also die dissonanten Töne sind rot (bzw. jetzt schwarz).

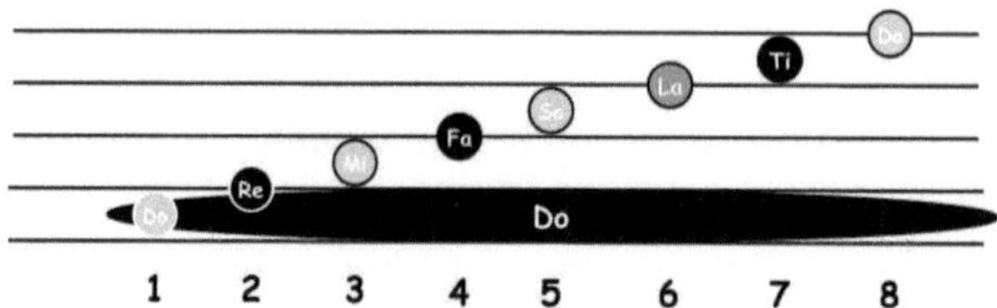

- Do kann aber auch oben sein, das ergibt andere Kombinationen für die Zusammenklänge. Nun zeichne ich dir den Fall auf, bei dem Do oben ist und die anderen Töne unten. Somit ergeben sich andere Abstände zwischen den Tönen.

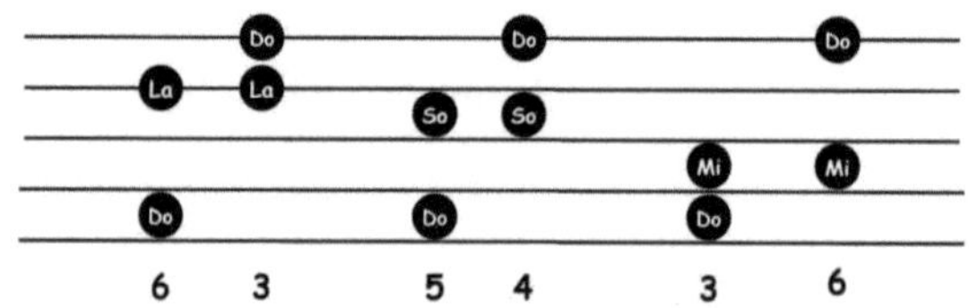

- Du hast den Abstand zwischen Do´ und La mit Terz angegeben. Vorher hast du gesagt, dass zwischen Do und La ein Sext-Klang entsteht.
- Das macht einen Unterschied, ob Do unten oder oben ist. Wenn Do unten ist und La oben, heißt der Zusammenklang Sext. Wenn Do´ oben ist und La unter ihm, entsteht ein Terzklang. Die unterschiedlichen Größen der Abstände zwischen den Tönen kannst du auf dem Bild gut sehen.
- Betrachte das kreisförmige Bild. Dein Ausgangspunkt ist der grüne Kreis Do. Do hat die Zahl 1. Gehe von Do nach rechts: Do → Re → Mi → Fa → So - oder mit den Zahlen 1 2 3 4 5 6 7 8. Die Zahl 8 ist der achte Halbton.

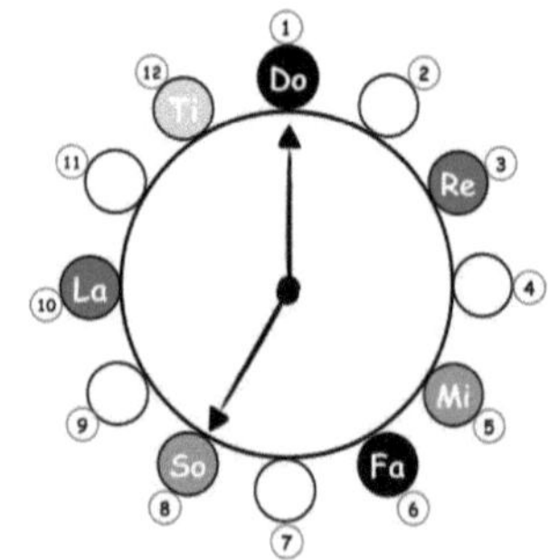

- Den achten Halbton nennen wir So.

- Die Zahlen zeigen, wie viele Halbtöne es überhaupt geben kann, maximal 12.

- Die Zahlen stehen für die Halbtöne und nicht für die Reihenfolge in der Do-Familie. Wir waren beim So und der ist der achte Halbton. Wir gehen weiter, 9 10 11 12 13/1. Damit kommst du beim Do an. Der Weg zurück über Fa Mi Re zu Do ist länger als der über das La und Ti zu Do. Do ← Re ← Mi ← Fa ← **So** → La → Ti → Do′. Also unser Ausgangspunkt ist So. Von hier blicken wir herum, von 8 (So) zurück zur 1 (Do) oder von 8 bis zur 13. (Do′)(1 ← 2 ← 3 ← 4 ← 5 ← 6 ← 7 ← **8** → 9 → 10 → 11 → 12 → 13). Ich schreibe 13, weil das obere Do′ gleichzeitig der 13. und der 1. Ton ist und die beiden Töne Do und Do′ in ihren Rollen und mit ihren Eigenschaften gleich sind. Wir schreiben statt 13 die 1. Jetzt eine andere Darstellung.

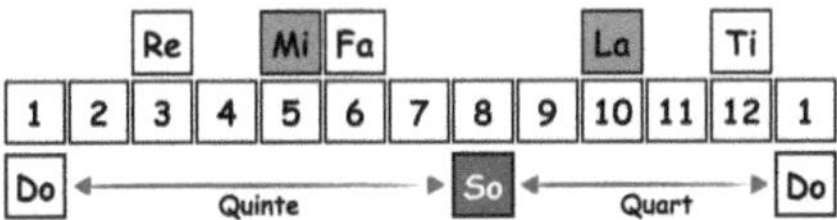

- Wenn ich vom So zum oberen Do′ singen will, ist der Abstand eine Quarte. Wenn ich zum unteren Do singen will, ist der Abstand eine Quinte: |So Do′| > | So Do |

Du: Das Zeichen > bedeutet „Einatmen, gleichzeitig kurze Pause". | So Do′ | > | So Do |

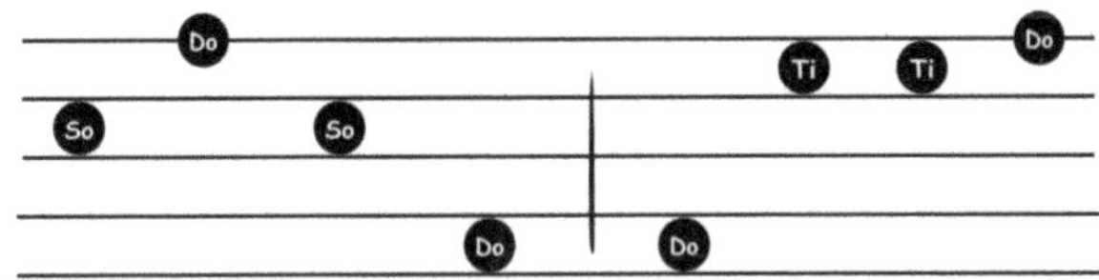

- Wenn ich mir das kreisförmige Bild anschaue, sehe ich, dass der Abstand zwischen Do und Mi nach rechts gehend kleiner ist als zwischen Mi und Do nach links gehend.

- Am besten merkt man das zwischen Do und Ti. Do und Ti sind Nachbarn, wenn wir vom Do nach links gehen wollen (Ti, ← Do). Dann müssen wir einen Schritt nach links machen. Wenn wir nach rechts gehen, ist der Weg von Do zum Ti sehr lange, genau 12 Schritte lang (Do → xxxxxxxx Ti).

- Warum dieser Umweg!

- Du solltest die Möglichkeiten für die Tonabstände und die Vertauschungen hören und singen können. Ich werde dir Folgendes vorsingen: | Do So So Do´ | weiter, | Do Mi Mi Do´| und / Do La, Do La | und | Do Ti, Do Ti Do´|.

- Ich habe gehört, was du gemeint hast.

- Besser hören wir das, wenn wir beide gleichzeitig singen, zweistimmig. Nora, du singst Do. Ich singe unten verschiedene Töne, damit du die Intervalle erkennen kannst.

Sie singen das gemeinsam.

Stimme 1: | Do o o o o o o´ ||
Instrument: | Do Fa Mi La Ti Re Do ||
Intervall: 8 4 5 6 7 2 8

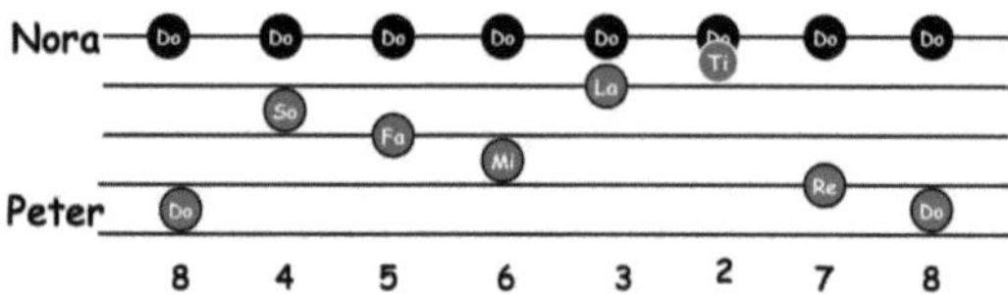

Du: zu zweit oder mit einem Instrument.

- Die Zahlen zwischen den Tönen bedeuten die Intervalle, wie die Oktave (8), Septime (7), Sexte (6), Quinte (5), Quarte (4), Terz (3) Sekunde (2).

- Wenn wir eine zweite Stimme zu einer gegebenen Melodie schreiben wollen, verändern sich die Töne. Die andere Stimme bleibt nicht immer auf Do. Wir wollen die zweite Stimme interessanter gestalten, damit sie sich stärker bewegt. Schön wäre es, wenn die zweite Stimme

148

eine eigene Melodie hätte, die man leicht singen kann und mit der Hauptmelodie gut klingt.

- Genügt es nicht, mit dem Do und So die Möglichkeit zur Bewegung zu erhalten?

- Wir können den Abstand zwischen Do und So verkleinern. Die Mönche wollten keine großen Melodiesprünge singen. Zwischen Do und So befinden sich drei andere Töne, Re, Mi und Fa, die wir zur Begleitung nutzen können. Wir wählen eine kurze einfache Melodie, Do Ti, Re Do. Ich habe dazu eine zweite Stimme unterhalb der Melodie erstellt.

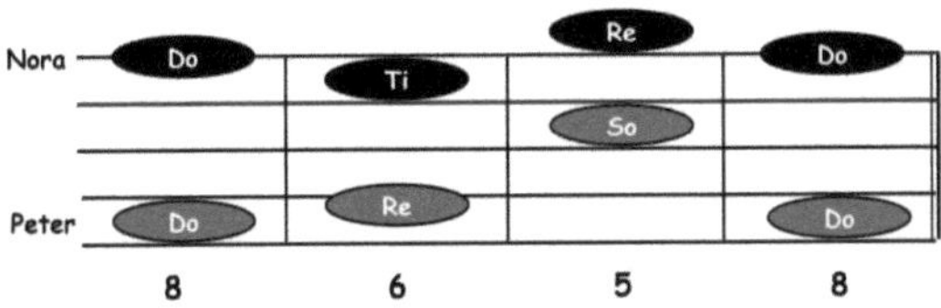

Du: zu zweit oder mit einem Instrument

Melodie: | Do o o o ´ | Ti i i i | Re e e e´| Do o o o ´||
Stimme 2: | Do o o o | Re e e e| S o o o | Do o o o ||
Intervall: 8   6   5   8

- Nora, kannst du mir erklären, warum ich die zweite Stimme so gestaltet habe?

- Du hast mit Do angefangen, einen kleinen Schritt nach oben zu Re gemacht, weil Re und Ti gut klingen. Dann hast du So und nachher für den Schluss Do gewählt, damit am Ende Ruhe entsteht. Schließlich hast du die Intervalle mit den Zahlen sichtbar gemacht.

- Die Melodie ist am Ende zur Ruhe gekommen, ich meine auch in der zweiten unteren Stimme. Beide enden auf Do. Wenn wir die Begleitstimme allein singen, erklingt eine einfache Melodie mit Doo Ree Soo Doo, während die obere Melodie so klingt: Doo´ Tii Ree Doo. Du hast gesagt, dass du Schach spielen kannst. Beim Schach können sich die Spielfiguren, der Läufer, die Dame usw., in verschiedene Richtungen bewegen. Das sind die Schachzüge. Sie überspringen manchmal andere Felder. Wie beim Schach ist das in der Musik. Die Bewegungen, anders gesagt die Züge, finden zwischen den Tönen statt. Jeder musikalische Zug hat einen Anfangs- und einen Endpunkt. Dazwischen befinden sich natürlich noch andere Töne. Diese Züge heißen in der Musik: Terz-Zug, Quart-Zug Quint-Zug, Sext-Zug oder Oktav-Zug.

Ich werde die musikalischen Züge mit einem Pfeil (→) kennzeichnen. Das deutet eine Bewegung in eine bestimmte Richtung an. Das ist der Terz-Zug: Do → Mi|Mi → Do oder Do → La|La → Do usw. So klingt der Quart-Zug: Do → Fa oder Fa → Do. Und hier der Quint-Zug: Do → So/So → Do. Ich zeige dir den Sext-Zug: Do → La. Schließlich solltest du den Oktavzug kennen: Do → Do´.

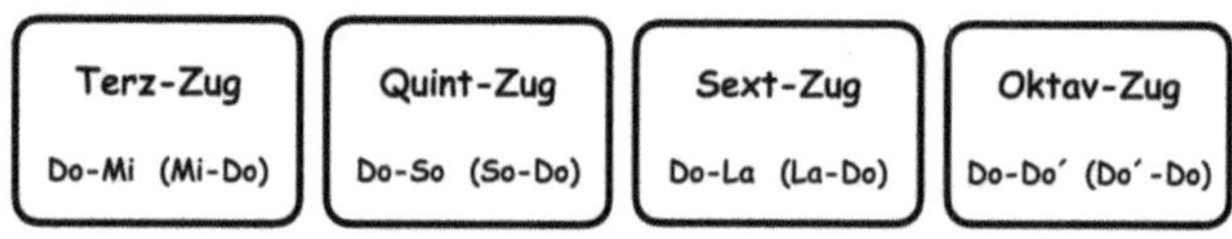

- Gut, also eine Melodie kann sich höher oder tiefer bewegen oder auf der gleichen Tonhöhe bleiben, die Tonhöhe wiederholen.

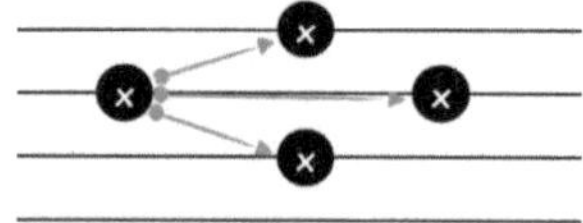

- Warum steht ein x als Bezeichnung für die Töne?
- Weil ein x-beliebiger Ton gemeint ist. Wir haben schon über den Fall geredet, dass sich zwei Stimmen im Gleichschritt bewegen.
- Zusammen, Hand in Hand im Gleichschritt? Du meinst die Terzen?
- Ja, das ist eine Möglichkeit. Die nennt man gerade oder parallele Bewegung, in gleichem Abstand, nach unten oder nach oben.

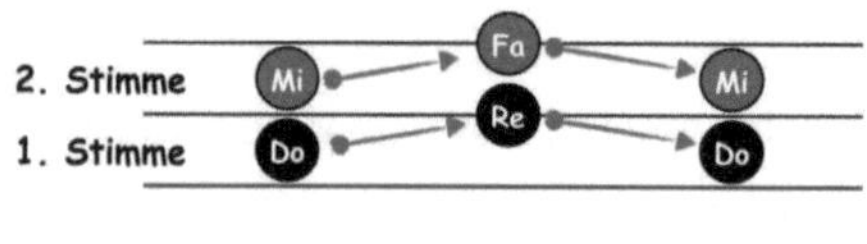

Es ist aber nicht erwünscht, dass zwei Stimmen lange Zeit zusammenkleben, also sich parallel bewegen. Sie sollen ihren eigenen Weg gehen. Das können sie auf verschiedene Arten tun, sich voneinander entfernen oder sich nähern.

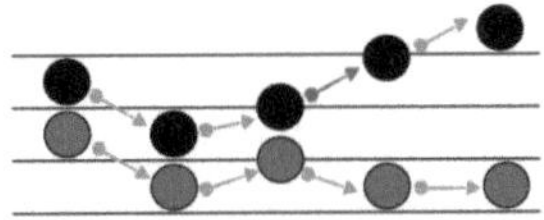

Wenn sie sich voneinander entfernen, heißt das Gegenbewegung. Wenn ein Ton auf der gleiche Tonhöhe bleibt und der andere sich bewegt, dann heißt das Seitenbewegung.

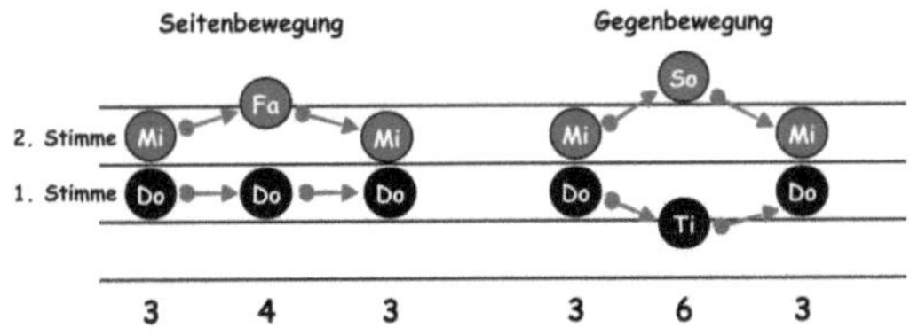

- Wir könnten hier den Vergleich mit dem Ball gut gebrauchen.
- Nun betrachten wir die zweistimmige Melodie, wie zwei Bälle, die in die Luft geworfen werden.
- Ich war im Zirkus. Dort hat der Clown mit drei Bällen gleichzeitig jongliert.
- Das wird kommen. Ich meine drei Stimmen gleichzeitig. Wir bleiben jetzt bei zwei „Bällen". Wir brauchen zu dem Vergleich zwei Do-Familien. Eine Do-Familie muss anfangen. Ist die erste Melodie da, wirft die zweite Do-Familie den Ball passend zur ersten Melodie. Die zwei Melodien sollen gut zusammenklingen. Man kann sie als zwei eigenständige Melodien betrachten, als die obere und die untere. Die Mönche haben darauf geachtet, dass beide Melodien für sich allein singbar und logisch erklingen und dass sie zusammen harmonisch klingen. Wenn zwei Stimmen (Melodien) geführt werden sollen, ist es besser, wenn sie einen größeren Abstand zueinander haben.
- Einen größeren als den Terz-Abstand also?

- Am Anfang fängt man meist mit einem Oktav- oder Quint Abstand
an. Nehmen wir an, die Hauptmelodie geht so: Do´ Ti Re´. Dazu brauchen wir eine tiefere zweite Stimme. Ich fange, weil ich eine Oktave
tiefer singen kann, mit dem Ton Do an. Die Hauptmelodie geht vom
Do´ hinunter zum Ti. Ich singe in der Gegenbewegung vom Do hinauf
zum Mi. Damit ist der Schöne Klang da, die Quinte.

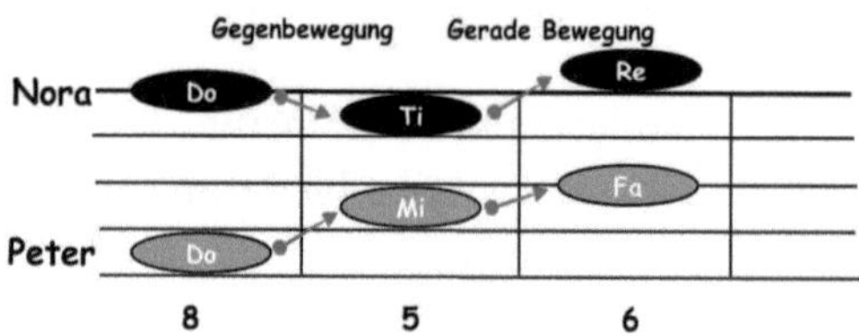

Danach geht es hinauf, vom Ti zum Re´. Ich singe unten, in der zweiten Stimme, vom Mi hinauf zum Fa. Diese Art der Bewegung heißt
„gerade", weil beide Stimmen sich in die gleiche Richtung, nach oben
bewegen: Ti ↗ Re´, und unten ist Mi auf dem Weg zu Fa (Mi ↗ Fa).

Du: Melodie: Do´ Ti Re´
   Stimme 2: Do Mi Fa
              8   5   6

- Es gibt noch die Seitenbewegung. Die Seitenbewegung entsteht,
wenn sich eine Stimme schritt- oder sprungweise bewegt, während die
andere sozusagen liegen bleibt. Ein einfaches Beispiel dafür: die obere
Stimme bewegt sich, die untere Stimme bleibt auf dem gleichen Ton.

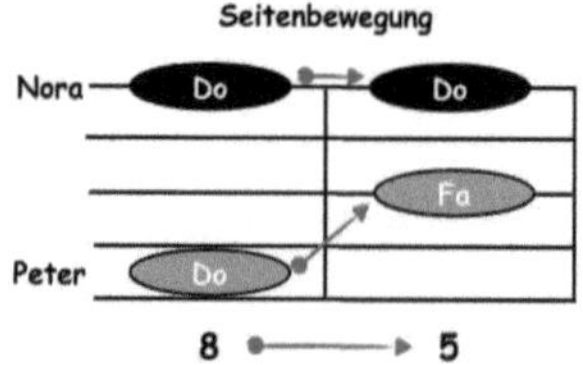

- Kannst du mir ein Beispiel geben, wie und wo ich diese Möglichkeiten verwenden kann?

- Erstellen wir jetzt eine zweistimmige Melodie. Es geht darum, dass ein angenehmer Zusammenklang der einzelnen Stimmen entsteht. Es klingt interessant, wenn zwei Töne gleichzeitig erklingen. Für den Anfang soll es keine Dissonanzen geben. Die kommen später. Damit du beginnen kannst, musst du die Spielregeln für das Zusammenspiel der Töne kennenlernen. Für unser Spiel brauchen wir bestimmte Notenlängen. Sie sollen gleich und möglichst lang sein, damit du genug Zeit hast, die Intervalle zu hören, die durch die zwei Stimmen entstehen. Ich schlage vor, wir benutzen lange Noten, die Ganze oder ganze Noten genannt werden.

- Wenn du ganze Note sagt, meinst du, dass die Note den ganzen Takt lang erklingt?

- Genau! Die 1. Regel: Von einer vollkommenen Konsonanz zur anderen muss man eine Gegen- oder Seitenbewegung vornehmen.

- Was heißt vollkommene Konsonanz?

- Die Tonabstände, die konsonant, also schön klingen, sind die Oktave, die Quinte, die Terz und die Sexte. Diejenigen, die am schönsten klingen, sind die Oktave und die Quinte. Anders gesagt, die Oktave und die Quinte sind vollkommene Konsonanzen.

- Die Oktave, zum Beispiel Do Do′, und die Quinte mit Do So.

- Es sind andere Oktaven und Quinten möglich, die Oktave zwischen Re und Re′ oder der Quintabstand zwischen Mi und Ti usw. Von einer Oktave zu einer Quinte dürfen die Töne in zwei Richtungen gehen, mit Gegen- oder Seitenbewegung.

- Das heißt, dass man sich nicht gerade bewegen darf?

- … weil das nicht gut klingt. Von der Oktave zur Quinte, vom Do-Do′ zu Mi-Ti zur Quinte sind wir durch Gegenbewegung gegangen.

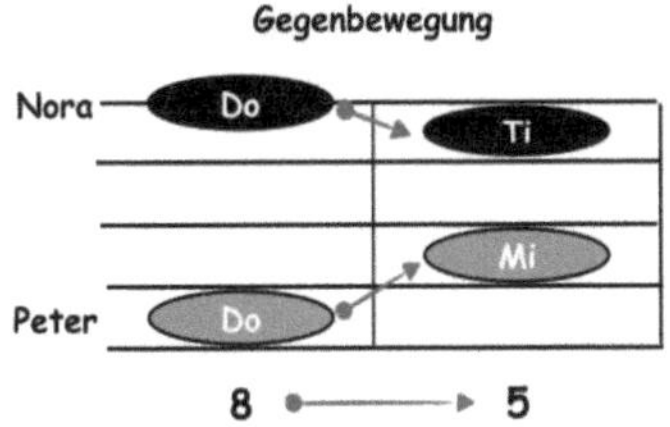

Du: Sing und spiel.
Stimme 1 | Do o o o´ | Ti i i i |
Stimme 2 | Do o o o | M i i i |
Intervall: 8   5

- Das obere Do´ geht nach unten zu Ti, und das untere Do geht hinauf zu Mi. Das ist eine Gegenbewegung. Deswegen hast du die Pfeile gezeichnet.

- Oder jetzt eine Seitenbewegung. Wenn du oben das Do´ singen würdest, also den Ton Do´ wiederholen würdest, könnte ich unten das Fa singen. Dann würde der Zusammenklang auch eine Quinte sein. Aber diesmal hat sich nur ein Ton bewegt.

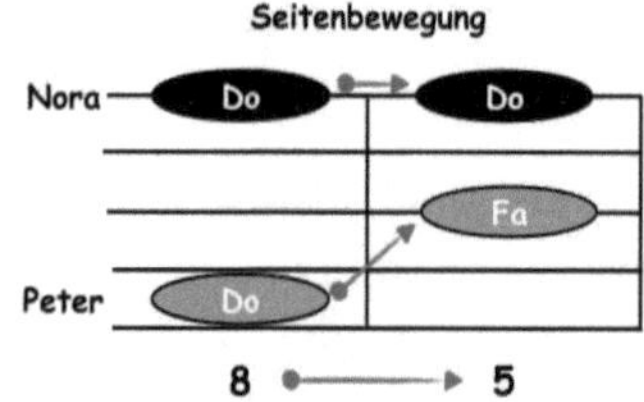

Ich fasse es nochmals zusammen. Regel Nr. 1 besagt: Von einem sehr schönen Klang (vollkommene Konsonanz, also Oktave oder Quinte) zu einem anderen sehr schönen Klang, muss man in Gegen- oder Seitenbewegung gehen. Ich zeige dir einige Beispiele dafür.

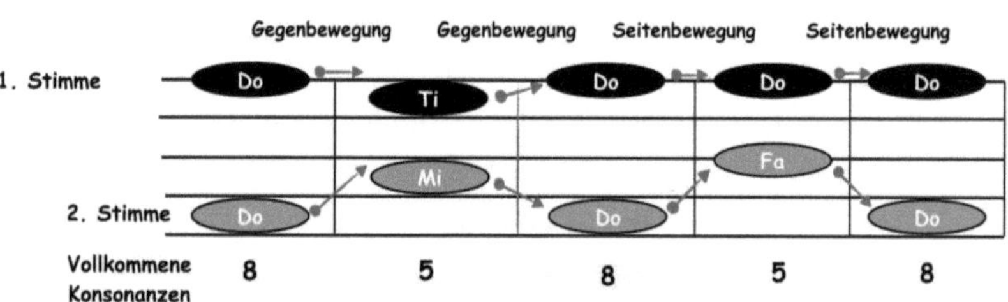

Jetzt kommt die nächste Regel, Nr. 2: Von einer vollkommenen Konsonanz zu einer unvollkommenen kann man auf alle drei Arten gehen.
- Das heißt, alles ist möglich.

- Unvollkommene Konsonanz bedeutet einen nicht so perfekt klingenden, aber doch schönen Zusammenklang.

- Wie die Oktave oder die Quinte, die sehr schön klingen.

- Eine Terz oder Sext sind zwar schöne Klänge, aber nicht vollkommen, wie die Oktave und die Quinte. Diesmal habe ich dir mehrere Möglichkeiten für die zweite Regel aufgezeichnet. Wir fangen mit dem Klang Do So an. Der ist eine vollkommene Konsonanz. Brauchen wir Abwechslung, einen anderen Klang, bewegen sich die Stimmen jeweils in eine andere Richtung.

- Oh je, wenn alle Richtungen, Gerade, Gegen- und Seitenbewegungen erlaubt sind, dann entstehen ja viele Möglichkeiten!

- Ja, aber das macht das Spiel erst abwechslungsreich. Ich zeige dir jetzt eine zweistimmige Melodie, wo die verschiedenen Möglichkeiten, Gerade, Gegen- und Seitenbewegungen vorkommen. Schau dir das Notenbild an.

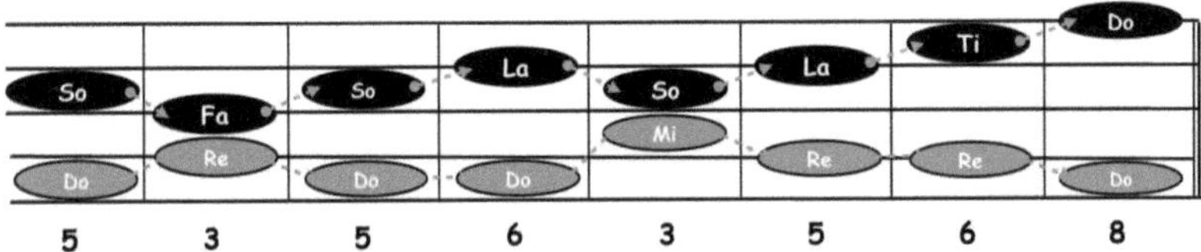

- Wir werden jetzt singen! Betrachte das Ganze wie zwei eigenständige Melodien. Ich singe die untere Melodie: | Doo Ree Doo Doo Mii Ree Ree Doo |. Du übernimmst die obere: | Soo Faa Soo Laa Soo Laa Tii Doo´ |.

Du: für zwei Stimmen oder mit einem Instrument

Stimme 1: | Soo | Faa | Soo | Laa | Soo | Laa | Tii |Doo´ ||
Instrument: | Doo | Ree | Doo | Doo | Mii | Ree | Ree | Doo ||
Intervall: 5   3   5   6   3   5   6   8

- Das klingt zusammen echt gut!

- Wenn zwei Leute gleichzeitig einen jeweils anderen Text sprechen würden, wüsste man nicht, wem man zuhören soll. In der Musik geht das ohne Probleme. Wir können verschiedene Noten singen und trotzdem klingt das zusammen gut. Regel Nr. 3 schreibt vor, von einer unvollkommenen Konsonanz zu einer vollkommenen Konsonanz in Gegen- oder Seitenbewegung zu gehen. Ich zeichne es auf, damit wir singen können.

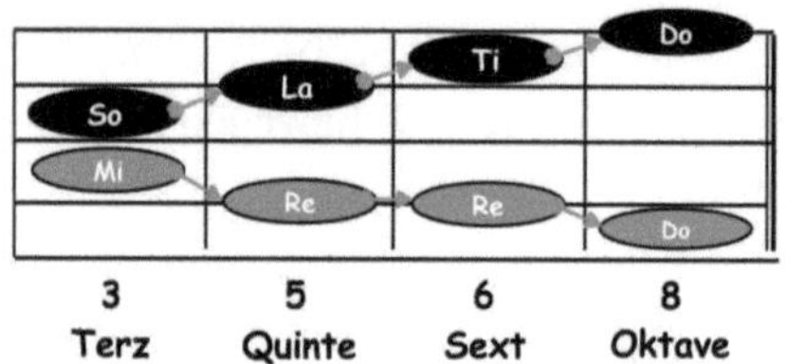

Du: Sing und spiel.

Melodie: | So | La | Ti | La | Do´||
Stimme 2: | Mi | Re | Re | Re | Do ||
Intervall: 3   5   6   5   8

Also von einem Terz-Klang zu einer Quinte, oder von einer Oktave zu einer Sext usw. soll man in Gegen- oder Seitenbewegung gehen. Das heißt, nicht in gerader Bewegung! Kommen wir zur letzten Spielregel, zur vierten Regel. Von einer unvollkommenen Konsonanz zur einer anderen unvollkommenen Konsonanz kann man auf alle drei Arten gehen. Alle Bewegungsarten sind erlaubt. Also von einer Terz zu einer anderen Terz oder von einer Sext zu einer Terz usw. Siehe das Bild.

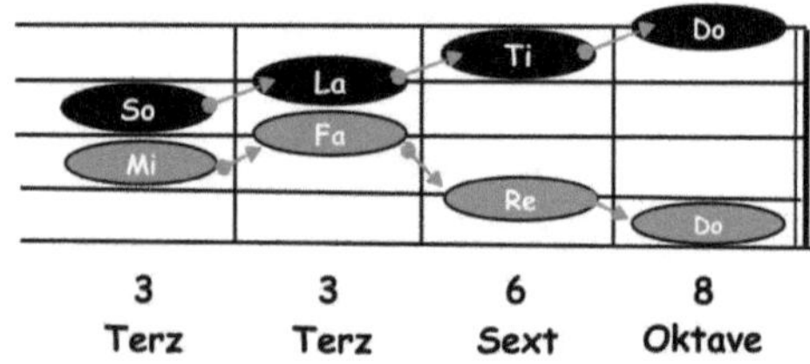

Sing- und Spielübung für dich.

Nachdem du die Regeln kennengelernt hast, gebe ich dir eine Aufgabe. Die vorgegebene Melodie, So La Ti Do´ ist jetzt unten. Erfinde diesmal über der Melodie die zweite Stimme. Noch einige Angaben zur Erleichterung der Aufgabe. Am Ende, im letzten Takt, soll ein Gleichklang stehen und vorher, also im vorletzten Takt, ein Terz-Klang. Also wenn der vorletzte Melodieton Ti ist, wie lautet die Terz darüber?

- Das obere Re´ ist die Terz von Ti.

- Plane vorausschauend, löse die Aufgabe von hinten nach vorne. Die letzten zwei Takte hast du schon.

- Ich versuche es.

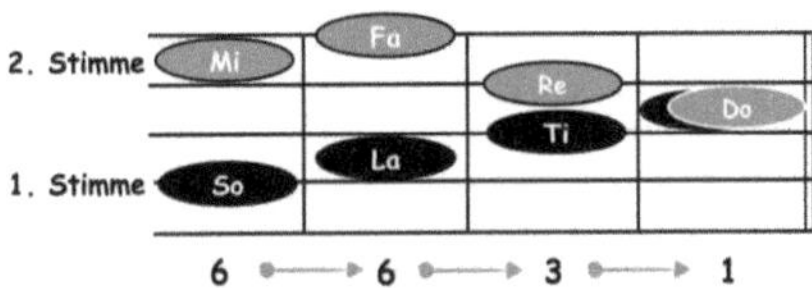

Du: Sing und spiel jetzt dieses Beispiel.

2 Stimme:| Mi´ | Fa´| Re´| Do´||
Melodie : | So | La | Ti | Do´||
          6   6   3   1

- Also ich habe oben zuerst das Mi gesetzt, weil So und Mi´ gut zusammen klingen, und dann Fa´ und Re´. Den letzten Zusammenklang, Gleichklang, hast du schon vorgegeben. Deshalb dachte ich, dass ich vorher mit der oberen Stimme näher kommen sollte, mit einer Gegenbewegung, die gut klingt. Am Ende kommen beide Stimmen zusammen.

- Du hast die Aufgabe gut gelöst. Jetzt siehst du, wozu die Regeln notwendig und gut sind. Am Anfang steht eine Sext, (So Mi´) also eine unvollkommene Konsonanz. Von diesem Klang (Sext) gehen die beiden Stimmen in gerader Bewegung nach oben, so entsteht eine andere Sext (La Fa´). Danach geht es von dieser Sext zu einer Terz (Ti Re´). Am Ende treffen sich die zwei Stimmen, beide gehen durch Gegenbewegung (Re´ ↘ Do´ | Ti ↗ Do´) in den Gleichklang Do´ Do´.

- Ich höre vier Klänge hintereinander. Zuerst zwei Sexten, eine Terz und einen Gleichklang.
- Spielen wir weiter. Unsere Melodie ist jetzt oben: So La Ti Do´. Schreibe diesmal eine zweite Stimme darunter.

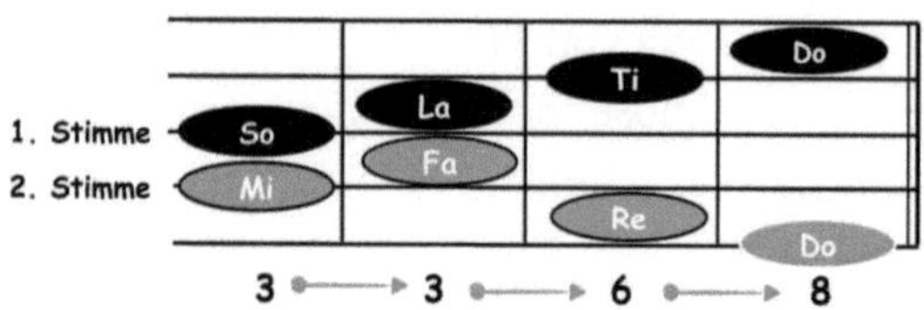

- Singen wir es vor.

Du:

Melodie: | So | La | Ti | Do´||
Begleitung: | Mi | Fa | Re | Do ||
              3   3   6   8

- Erkläre mir jetzt, wie du die zweite Stimme gestaltet hast.
- Zuerst habe ich Mi gewählt, Mi und So ergeben einen Terz-Klang. Dann habe ich Fa gewählt, so gehen beide Stimmen gerade nach oben. Dann habe ich Re gewählt, damit jetzt eine Gegenbewegung zustande- kommt (Re Ti). Im letzten Takt gibt es wieder eine Gegenbewegung, Ti geht zum oberen Do´ und das Re zum unteren Do. So hören wir am Ende eine Oktave.

Du: Es ist wichtig, dass du jeden Tonschritt genau mit den Augen auf dem Notenbild verfolgst und auch vorsingst. Singe beide Melodien, die vorgegebene und die zweite, alleine durch. Wenn du die Möglichkeit hast, singe eine Stimme und spiele die andere gleichzeitig dazu, damit du auch den Zusammenklang, also die Intervalle hörst. Die Abwechs- lung der Intervalle, wie sie nacheinander entstehen, ist das Ziel des Spiels mit den zwei Stimmen.

- Am Anfang habe ich gedacht, dass das Spiel mit zwei Stimmen kompliziert ist. Wo ich jetzt einige Regeln kenne und die zwei Stimmen höre, kann ich das verstehen.

- Die Musiker nennen diese Spielregeln Kontrapunkt. Früher schrieben die Mönche Noten mit Feder und Tinte. Diese Noten sahen wie Punkte aus. Zu jedem Punkt haben sie unten einen passenden Punkt, einen Kontrapunkt, gebildet, also eine Begleitstimme hinzugefügt.

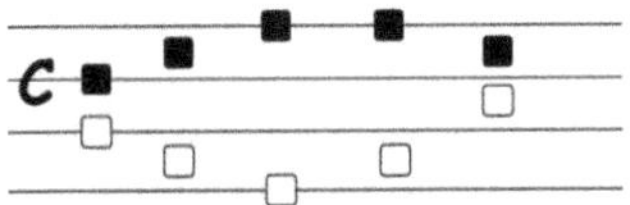

- Alles klar! Deswegen heißt das also Kontrapunkt.

- Die Regeln, die du kennengelernt hast, ermöglichen dir, dass du einen Kontrapunkt schreiben kannst. Das Ganze heißt „Strenger Satz"!

- Meinst du das jetzt ernst?

- Die Musiker nennen das so, weil alles nach vorgegebenen Regeln geschrieben werden muss.

Was hast du gelernt?

Die Regeln des „Strengen Satzes", einfacher gesagt: die Spielregeln des Kontrapunktes. Sie lauten: Note über Note oder Note gegen Note. Mit diesen Regeln kann man zweistimmige Musik erfinden. Meist gibt es eine Hauptstimme mit eigener Melodie. Dazu wird eine zweite Begleitstimme hinzugefügt. Dabei gibt es Intervalle, Abstände zwischen den unteren und den oberen Stimmen. Die Abwechslung der Intervalle, wie sie nacheinander entstehen, ist das Ziel des Spiels mit den Noten.

1. Regel: Von einem sehr schönen Klang (vollkommene Konsonanz) zu einem anderen sehr schönen Klang muss man mit Gegen- oder Seitenbewegung gehen, von der Quinte zur Oktave 8 → 5 oder von der Oktave zur Quinte 8 → 5.

2. Regel: Von einer vollkommenen Konsonanz zu einer unvollkommenen kann man auf alle drei Arten gehen. Von der Quinte zur Sext: 5 → 6 und von der Oktave zur Sext 8 → 6.

3.Regel: Von einer unvollkommenen Konsonanz zu einer vollkommenen muss man in Gegen- oder Seitenbewegung gehen, von der Terz
zur Quinte: 3 → 5, von der Sext zur Oktave: 6 → 8.

4.Regel: Von einer unvollkommenen Konsonanz zu einer anderen un-
vollkommenen Konsonanz kann man auf alle drei Arten gehen. Alle
Bewegungsarten sind erlaubt. Von der Terz zur Sext 3 → 6 oder von der
Sext zur Terz 6 → 3.

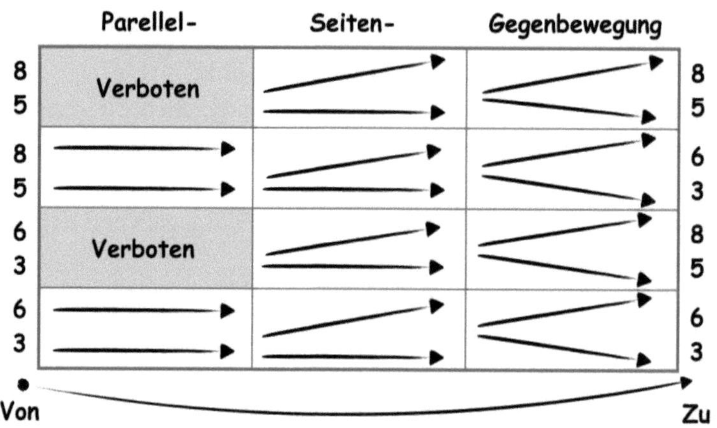

15. Versteckte Sachen

- Nachdem du die Erstellung des Kontrapunktes, also einer zweiten Stimme, kennengelernt hast, solltest du das verwenden. Es gibt dafür Regeln. Wir werden unser Spiel zweistimmig fortsetzen, nutzen Melodien und basteln Begleitungen. Erste Aufgabe: Wir bilden eine einfache Melodie. Denke an den Vergleich, dass die Do-Familie mit dem Ball spielt. Die Melodie hat einen Anfangs- und einen Endpunkt. Die Melodiewelle kann klein, groß oder lang sein. Am Ende kommt die Melodie beim Grundton Do zur Ruhe. Das ergibt eine einfache Melodie, wie ein Gerüst oder ein Skelett. Dieses einfache Gerüst besteht aus den musikalischen Zügen wie dem Terz-, Quart- Quint-, oder dem Oktavzug. Auf dieses Gerüst können wir die anderen Töne der Melodie hängen. Diese einfache Melodie wird unser Ausgangspunkt werden.

- Kannst du mir so eine einfache Melodie, die du als Gerüst bezeichnet hast, zeigen?

- Vorher möchte ich noch über einen Begriff, und zwar über den Hintergrund, mit dir reden. Bei den bekannten Melodien kann man oft das einfache melodische Gerüst nicht gleich erkennen. Wie denn auch, wenn man davon nichts weiß? Daher kann man gar nicht danach suchen. Zuerst muss ich dir erklären, was dieses melodische Gerüst ist, damit du nach ihm suchen kannst. Das einfache melodische Gerüst ist im Hintergrund versteckt. Wir hören vor allem die Melodie, die im Vordergrund ist.

- Wenn ich im Theater hinten Platz nehme und vor mir ein großer Mann sitzt, sehe ich kaum etwas.

- Ähnlich ist das in der Musik. Es gibt also eine Melodie. Wir hören den Vordergrund, die schöne verzierte Melodie, die auf einem im Hintergrund versteckten, einfachen Melodiegerüst hängt.

- Das verstehe ich, aber irgendwie kann ich mir nicht vorstellen, wie das in einem Lied ist. Wo ist dort der Hintergrund?

- Stell dir vor, du willst mit dem Zug von Wien nach Berlin fahren. Der Zug bleibt auf der Strecke aber auch in anderen Städten stehen. Das sind die Zwischenstationen. Wenn du dort kurz eine Pause machst, vergisst du trotzdem nicht dein Hauptziel. Nehmen wir nun das einfache Kinderlied „ Alle meine Entchen" als Beispiel. Der „melodische Zug" will dort vom Do zum So fahren. Aber auf der Strecke werden die anderen Tonstufen auch besucht. Der Hintergrund sind der Quint-Zug Do-So und die Zwischenstationen Re, Mi und Fa.

- Kapiert. Das melodische Gerüst ist Do-So und darauf werden die Zwischentöne aufgebaut.

- So ist das. Wenn du das jetzt noch singst, wird dir alles klar!

- (singt Do So > Do Re Mi Fa So) Das ist wie das Treppensteigen.

- So kann man das auch sehen. Wenn wir die Melodie weitersingen, La La La La So, dann merken wir, dass der Zug weiterfährt. Das Ziel ist etwas später beim So.

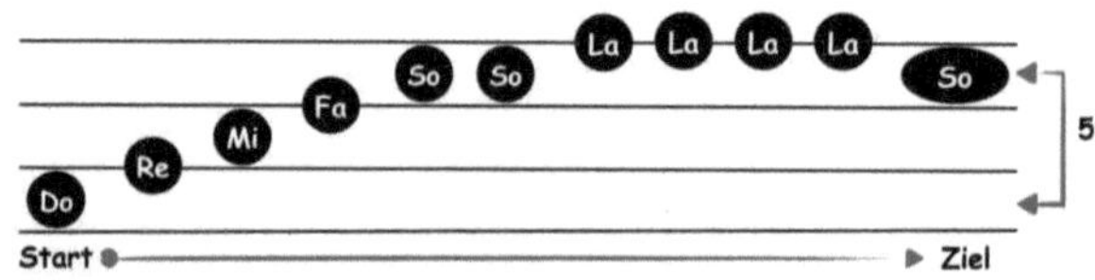

- Also das melodische Gerüst, der Quint-Zug dient als Hintergrund. Machen wir es jetzt umgekehrt. Wir gehen vom Hintergrund aus und bauen darauf die anderen Töne, so erstellen wir eine fertige Melodie. Wir nehmen ein Beispiel für den Hintergrund, eine melodische Bewegung, wie z.B. den Terz-Zug Mi-Do oder den Quint-Zug Do-So. Wir werden zuerst ein Tongerüst für den Hintergrund aus wenigen Tönen erstellen und mit einer zweiten Stimme verstärken. Damit wird unser Gerüst im Hintergrund stark und fest sein. Diesen Hintergrund können wir mit anderen Tönen ergänzen. Es entsteht eine längere Melodie, die ein Lied sein kann. Das melodische Gerüst für einen Hintergrund können die Bewegungen von einem Ton zum anderen sein. Der kleinste melodische Zug kann die Bewegung von Do zu Mi (Do → Mi) oder umgekehrt von Mi zu Do (Mi → Do) sein.

- Der Vater und die Mutter werfen sich den Ball zu.

- Der nächste mögliche Zug wäre der Quart-Zug Do → Fa oder Fa→Do.

- Manchmal wirft der Vater den Ball zu seinem kleinen Sohn, der den Ball zu ihm zurückwirft.

- Am häufigsten kommt die Variante für den Quart-Zug zwischen dem unteren So, und dem Do vor, wie im Lied „Im Märzen der Bauer": So, Do Do Mi usw.

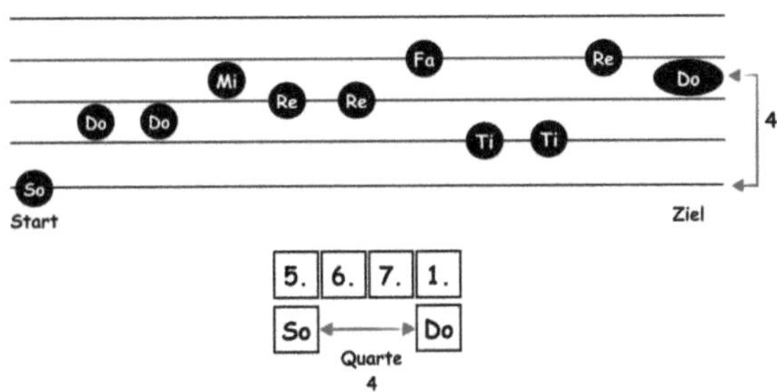

- Der älteste Sohn, der sich unten befindet, wirft den Ball nach oben zum Vater: So, Do.

- Dann folgt der bekannte melodische Zug vom Do zum So (Do→So), der Quintzug. Viele Kinder und Volkslieder bauen auf den Quintzug als Gerüst. Denk an „Alle meine Entchen".

Du: Sing jetzt die Züge!

Terz-Zug: Do → Mi (Do Re Mi) oder Mi → Do (Mi Re Do)
Quart-Zug: So, → Do (So, La, Ti, Do)
Quintzug: Do → So (Do Re Mi Fa So oder So → Do (So Fa Mi Re Do).
Oktav-Zug: Do → Do´ (Do Re Mi Fa So La Ti Do´) oder Do´→ Do)

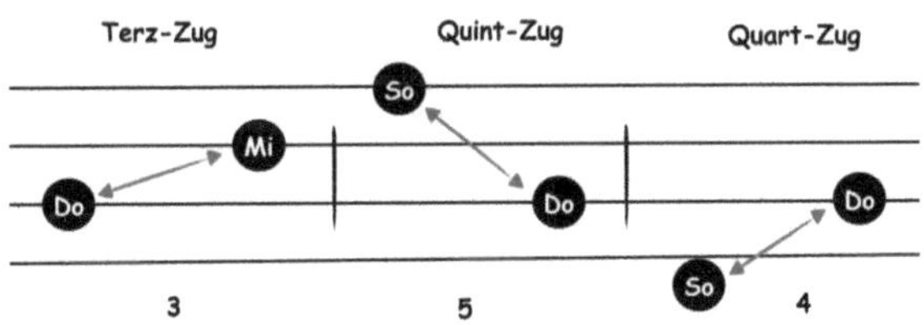

Im Rampenlicht stehen oder im Vordergrund der Musik

- Kommen wir zum Vordergrund, zur Hauptmelodie, die wir am leichtesten hören und erkennen können, wenn wir ein Lied zum ersten Mal hören. Jede Melodie beinhaltet die „Tricks", die wir besprochen haben, die sich auf die Nachbarnote, die Treppe, den Sprung oder das Muster beziehen.

- Die Melodie ist die Bewegung des Balls, wenn die Do-Familie spielt. Die Mitglieder können den Ball hin- und her werfen, die Mutter zum Vater, Mi → Do, oder der Vater zum Sohn, Do → So.

- Die Melodie kann durch Nebennoten, durch die Züge und durch Diminution gestaltet werden.

- Das Wort Diminution hast du noch nicht verwendet!

- Diminution ist nicht anders als das Treppensteigen. Statt Do → So verwenden wir stufenweise Do Re Mi Fa So.

- Die Melodie kann durch die Nachbarnoten und durch das Treppensteigen schöner gemacht werden. In der Melodie können Wiederholungen vorkommen.

- Basteln wir eine einfache Melodie. Ihr Tonumfang besteht aus sechs Tönen, vom So bis und zum unteren Ti, (So Fa Mi Re Do Ti,). Die erste Bewegung ist ein Terz-Zug (Do → Mi), die Zweite ist ein Quartzug (Mi → Ti,) und die Dritte ist ein Terz-Zug (Ti, → Re). Der nächste größere Abschnitt ist ein Quint-Zug (So → Do). Diese einfache Melodie ist der Hintergrund, die 12 Takte lang dauert. Diese Schablone werden wir für das spätere Spiel nutzen. Die Form des Liedes hat zwei große Teile. Am Ende des ersten Abschnitts soll die Melodie auf Re stehen bleiben, damit Spannung aufgebaut wird: Ich singe es dir vor.

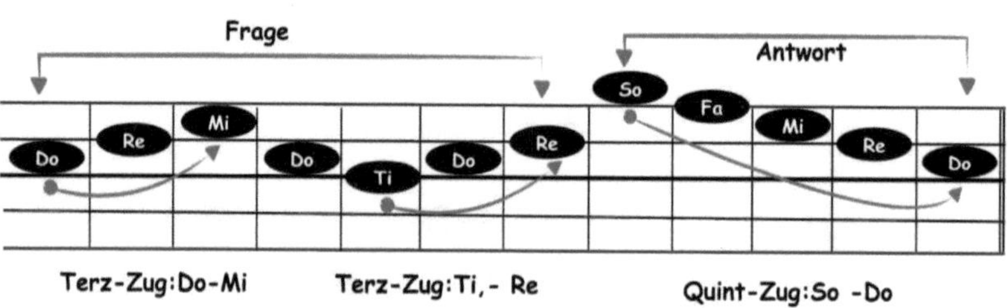

Du: Sing diese Melodie: 4| Doooo |Reeee | Miiii | Doooo | Tiiii,| Doooo | Reeee | Soooo |Faaaa | Miiii | Reeee | Doooo ||

- Der erste Teil ist wie eine Frage. Das höre ich durch das betonte Re am Ende. Do Re Mi Do Ti, Do Re? Es folgt die Antwort, die mit So beginnt und beim Do endet, So Fa Mi Re Do. Das heißt also, dass der Hintergrund zwei Teile hat?
- Ganz genau. Ich gebe zu, dass die Vorgaben, für dich nicht leicht zu verstehen waren, weil die Wörter, die die Musiker benutzen, dir noch fremd sind. Ich habe mit Absicht den Aufbau der Melodie so ausführlich besprochen, damit du verstehst, warum etwas gerade so verläuft. Bastle eine zweite Stimme als Begleitung unterhalb der Melodie.
- Nach den vier Regeln vom Kontrapunkt?
- Ja, Re in der Mitte ist etwas Besonderes, weil wir dort unsere Stimme erheben wie bei einer Frage.
- Du hast gesagt, Re und Do klängen nicht gut. Daher bekommt Re unten als Gegennote, ich meine als Kontrapunkt, das untere So, damit der schöne Quint-Klang erklingt.
- Hier kannst du gut sehen, dass der schöne Quint-Klang Spannung erzeugt. Wenn er länger in einer Melodie erklingt, haben wir das Gefühl, dass die Melodie andauert. Du musst bei der Suche nach der zweiten Stimme die Reihenfolge nicht vom Anfang bis zum Ende einhalten. Du kannst dir die Stellen aussuchen, bei denen du dich sicher fühlst. Du darfst meinen Computer und meine Notensoftware verwenden, damit du hörst, wie die zweite Stimme mit der Melodie klingt. Ich habe dir die vier Spielregeln, wie man von einem Klang bzw. einem Intervall, zu einem anderen geht, erklärt. Das musst du bei der Suche nach dem richtigen Ton, dem Intervall für die zweite Stimme, beachten. Mithilfe der Regeln kannst du die Aufgabe bewältigen. Ich habe eine Noten-Datei mit der Hauptmelodie erstellt. Du musst nur den Kontrapunkt Note für Note setzen. Du kannst das Notenprogramm benutzen. Wenn du die Töne mit der Maus bewegst, erscheinen die Namen der Tonsilben. Wir werden aber noch weiterhin die die Tonsilbenschrift benutzen.

- Gut, ich fange an. Am Ende befindet sich Do. Einen Takt früher sehe ich oben das Re. Das verlangt nach einem „Schönen Klang". Deshalb setze ich unten das So.

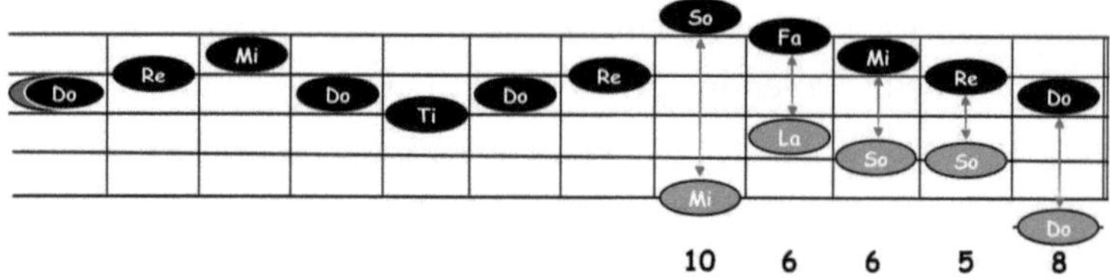

- Wenn du im vorletzten Takt des Quint-Klangs in die Oktave gehst, verletzt du die erste Regel.

- Stimmt, die Quinte und die Oktave sind beide vollkommene Konsonanzen. Da muss man in die Gegen- oder Seitenbewegung gehen.

- Mach aus der Quinte eine Sexte, also statt des So ein Fa.

- Vor Re befindet sich Mi. Da war ich nicht sicher, ob ich das untere So, lasse. Ich habe mich dann doch für So, entschieden, weil die zwei Töne zusammen gut klingen. Wo Fa´ oben ist, habe ich mich unten für La entschieden. Das ergab einen Sext-Abstand, der gut klingt. Beim Melodie-Ton So wusste ich nicht, was ich machen sollte. Das letzte Intervall ist eine Quinte, eine vollkommene Konsonanz. Die Melodie geht nach oben zu So. Deswegen wollte ich die untere Stimme in Gegenbewegung setzen und habe Mi gewählt. Dadurch ist der Abstand zwischen oberer und unterer Stimme größer geworden. Dieser große Abstand zwischen Mi und So´ kam bisher noch nicht vor.

- Es wird manchmal vorkommen, dass der Abstand der Töne sich über eine Oktave erstreckt. Unten haben wir den Ton Mi, eine Oktav höher liegt das höhere Mi´. In unserer Melodie haben wir oben einen höheren Ton So´. Der Abstand liegt zwischen Mi und So´ bei zehn Tonschritten: 1.= Mi, 2.= Fa, 3.= So, 4.= La, 5.= Ti, 6.= Do´, 7.= Re´, 8.= Mi´, 9.= Fa,´ 10.= So´. Die Zehn ist wie eine Oktave plus Terz. Dieses Intervall (10) wird noch als Dezime genannt.

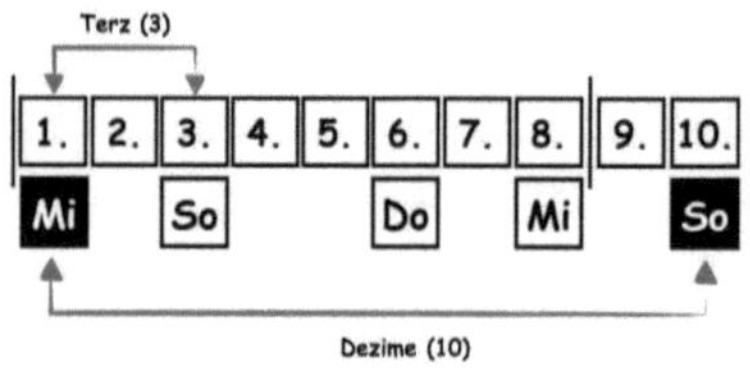

166

- Also die Dezime (10) ist gleich wie eine Oktave plus Terz. Dieses Intervall oder dieser Abstand zwischen den Tönen kommt vor, weil sich die zwei Stimmen oft weit voneinander entfernen. Mach jetzt weiter von vorne. Beginn mit dem Gleichklang am Anfang, also mit Do. Du kannst für die zweite Stimme unten als Abstand Terzen und Sexten verwenden. Die 4 Regeln kennst du. Ich habe erst kurz erwähnt, dass sich zwei Stimmen nicht zu lange parallel halten sollen, höchstens dreimal hintereinander. Nutze alle drei Arten der Bewegungen, Gerade-, Seiten- und Gegenbewegung.

- Ich fange mit dem Gleichklang an! Wenn die Melodie hinauf zum Re geht, gehe ich mit der zweiten Stimme hinunter zum Ti. Dann geht es zum So. Nach der Sext So,-Mi kommt wieder eine Sext: Ich setze ein Mi, zum Do. Danach kommen zwei Terzen: So,-Ti, und La-Do. Nachher entsteht eine Quinte (So, Re). Die vierte Regel besagt: Von einer unvollkommenen Konsonanz, z.B. einer Terz, zu einer anderen unvollkommenen Konsonanz kann man auf alle drei Arten gehen, also hier war die Gegenbewegung im Spiel.

- Gleich am Anfang hast du zwei Gegenbewegungen gemacht. Von Do geht die Melodie nach oben zu Re und die zweite Stimme nach unten zu Ti. Die Melodie zieht vom Re zum Mi weiter, die zweite Stimme vom Ti, nach unten. So passt es. Zum Schluss hast du gleich drei Mal parallele Sexten verwendet. Das geht gerade noch. Singen wir jetzt das Stück vor.

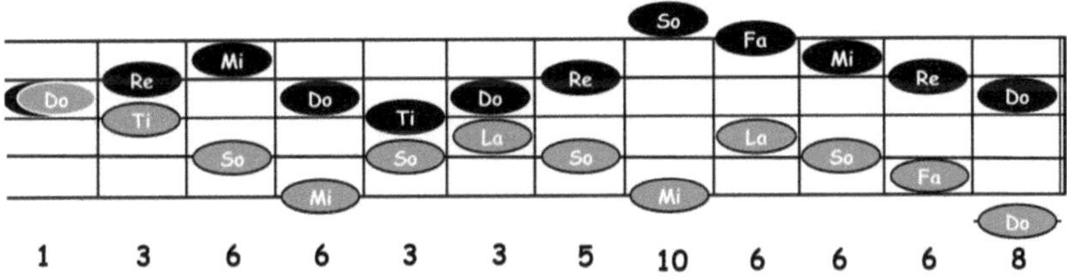

Du: Sing es nun zu zweit oder mit einem Instrument. (Ab jetzt wäre es ratsam, wenn du am PC ein Notenprogramm (Finale Notpad oder Muse Score) benutzen würdest. Wie du so ein Programm benutzen kannst, das heißt wie du die Noten setzten kannst, wird im Internet schnell erklärt. Das hat den Vorteil, dass du den zweistimmigen Klang sofort hören kannst. Die Noten werden wir bald besprechen.

Stimme 1: | Doooo´| Reeee´| Miiii´ | Doooo´| Tiiii, | Dooo´| Reee´ |
Stimme 2: | Doooo | Tiiii, | Soooo | Mi i i i | Soooo | Laaaa | Soooo |
          1   3   6   6   3   3   5

Stimme 1: | Soooo´| Faaaa´| Miii´ | Reeee´| Doooo´||
Stimme 2: | Miii | Laaaa | Soooo | Faaaa | Doooo ||
       10   6   6   6   8

- Wir spielen gleich weiter. Wir werden jedoch die Melodie ein wenig verändern, sodass sie sich spielerischer bewegt, indem wir die Notenwerte, die Länge der Töne, verkürzen. Damit können wir in einem Teil mehrere Töne unterbringen. Wir werden die lange Note | Doooo | in zwei Teile teilen. Statt eines langen | Doooo | können wir zwei kürzere Doo nehmen.

Das machen wir aber nicht immer. Manchmal ist Ruhe notwendig. Lass die ursprüngliche Melodie an bestimmten Stellen, wo das passt, unverändert. Verlass dich auf dein Gefühl. Die untere zweite Begleitstimme bleibt unverändert. Dazu kommt eine neue Spielregel. Weil oben statt einer langen Note zwei kürzere vorkommen, ändert sich einiges. Die erste Note bekommt eine Betonung, eine gewisse Wichtigkeit sozusagen. Die zweite Note ist nicht betont. Es ist, als würdest du ein Wort aussprechen und dabei die erste Silbe betonen. Beispiel: das Wort Tiger. Du betonst die erste Silbe: **Ti**-ger. Das bedeutet, dass der erste Klang, der zwischen den zwei Noten, der Melodie und der Begleitnote, der zweiten Stimme entsteht, ein wohlklingender Konsonant sein soll. Dann kommt Abwechslung ins Spiel. Die zweite unbetonte

Note mit der Begleitstimme darf sogar einen dissonanten Klang ergeben, wenn am Anfang des nächsten Taktes diese Spannung/Dissonanz aufgelöst wird.

- Der nicht-schöne Klang wird geheilt, weil ein schöner Klang folgen muss.

- Ich zeige dir ein Beispiel.

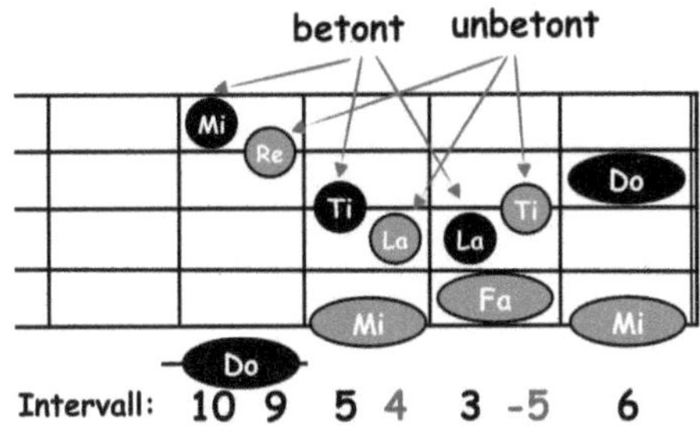

- Die ersten Töne im Takt sind betont (**Ti**-ger). Die zweiten Töne sind unbetont, daher darf dort ein dissonanter Klang sein. Zwischen Mi und La ist eine Quarte und zwischen Fa und Ti sogar ein Tritonus, den ich mit einem Minusstrich („-5") gekennzeichnet habe.

- Der Tritonus wird im nächsten Takt geheilt.

- Mit diesen Tricks spielen die Komponisten.

Du: Singübung für dich.

Stimme 1: | Mi´ Re´ | Ti La | La Ti | Doo´|
Stimme 2: | Doooo | Miiii | Faaaa | Miiii |
        10 9   5 4 3 - 5 6

- Also jetzt kennst du die neue Spielregel. Verändere jetzt die Melodie, die wir erstellt haben. Der Kontrapunkt bleibt gleich. Keine Angst! Versuche es langsam Schritt für Schritt! Verwende die Tricks, Nachbarnote, Treppe, Muster. Ich schlage vor, dass du den Rest zu Hause in aller Ruhe machen kannst.

Nora: Gut! Ich werd´s versuchen.

- Hallo Nora, wie ist es dir bei der Übung gegangen?
- Ich habe die ursprüngliche Notenlänge halbiert, aber nicht alle.
- Sing zuerst die entstandene ausgeschmückte Melodie vor.
- Der erste Teil: lautet | Doo Doo | Ree Ree | Mii Ree | Doo Doo | Tii, Ree Doo Mii | Reeee |, und die Antwort darauf ist | Soo Mii | Faa Ree | Mii Mii | Ree Tii, | Doooo || .

Du: Schau das Notenbild an und singe die Melodie.

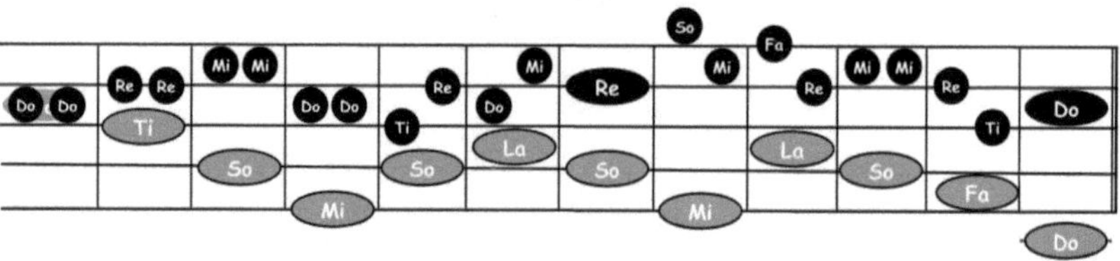

- Erkläre mir, wie du auf das Ergebnis gekommen bist.
- Zuerst habe ich mir die Spielregeln auf einen Zettel geschrieben. Manchmal haben sich trotz Spielregeln mehrere Möglichkeiten ergeben. Dann habe ich zwischen den möglichen Varianten nach Gehör und Gefühl entschieden.
- Dadurch übst du die Notenschrift ein und hörst, wie die Noten erklingen.
- Am Anfang habe ich die Töne wiederholt, Doo Doo Ree Ree usw. Dann bin ich wie auf der Treppe nach unten gegangen und danach ein wenig gesprungen, Tii, Ree Doo Mii, . Die Melodie sollte ruhig bleiben, beim Re lange ausklingen. Nach langem Probieren habe ich ein Muster entdeckt: mit einem Ton hinunter, einem Ton hinauf und dann langsam nach unten gehen.
- Am Ende hast du ein langes Do gelassen, damit Ruhe einkehrt und das Ankommen hörbar wird. Ich verwende im Computer ein Programm, um die Notenschrift zu erstellen. Du kannst dabei sehen, wie die Töne notiert werden und hören, wie die Melodie klingt. Ich zeige

dir jetzt, wie diese Melodie in der gewöhnlichen Notenschrift aussieht. Ich habe sie am Computer mit einem Noten-Programm erstellt.

Nachdem wir jetzt den Computer für die Notation verwenden, weißt du, wie ein Computer die Noten verarbeiten kann?

- Darüber habe ich noch nicht nachgedacht.

- Früher als es noch keinen elektrischen Strom gab, musste alles mechanisch, mit Kraftaufwand, bewegt werden. Es gab Geräte, die Musik automatisch abgespielt haben, wie z.B. eine Spieluhr, wo eine Figur sich gedreht hat.

- So etwas habe ich auch, ich höre die Melodie vom Nussknacker und eine Balletttänzerin dreht sich.

- Dass so ein Musikautomat überhaupt „weiß", wann und welche Note er spielen soll, dazu hat man eine eigene Notenschrift für die Maschine gebraucht. Das war auf einer gelochten Karte notiert, später hat man sogar Klaviere so umgebaut, dass die Tasten mechanisch betätigt werden konnten, und so das Lied erklang. Daher heißt die gelochte Karte: Pianoforte. Übrigens, noch heute trifft man manchmal jemanden auf der Straße, der eine Drehorgel oder Drehleier spielt. Sie benützen alle solche gelochten Karten.

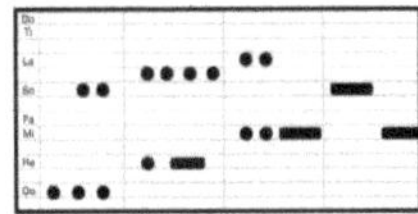

Das Prinzip, wie Töne notiert und vorgespielt werden, hat sich bis heute nicht wesentlich verändert. Der Computer arbeitet auch ähnlich, nur eben mit elektrischem Strom. Du siehst auf dem Bildschirm ein ähnliches Bild wie die gewöhnliche Notenschrift.

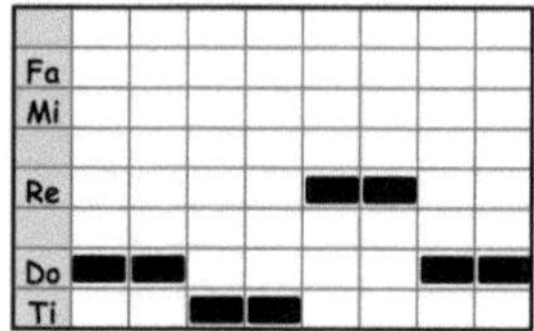

Von links nach rechts siehst du, in welcher Reihenfolge die Noten vorkommen, wie lange sie ausgehalten werden und in welcher Tonhöhe sie erklingen sollen.. Ich habe für die Töne die gleichen Farben verwendet, die wir auch sonst benutzen. Der Computer benutzt natürlich keine Farben, Tonsilben oder Buchstaben, sondern Zahlen und Frequenzen.

- Schaut gut aus, ähnlich wie die Notenschrift. Eigentlich hast du die ganze Zeit so eine „Lochkarte", für mich gezeichnet!

- Obwohl es ähnlich wie die Notenschrift aussieht, gibt es einen wesentlichen Unterschied, es gibt Platz für alle 12 Noten, ohne Vorzeichen verwenden zu müssen. Die Notenlängen werden nicht nur symbolisch angedeutet, sondern von Anfang bis Ende richtig dargestellt. Was länger dauert, wird auch länger gezeichnet. Diese Art von Aufzeichnung der Töne entspricht mehr dem, wie und was wir hören. Später, wenn du schon alles gut kennst und dich daran gewöhnt hast, werden wir die gewöhnliche Notenschrift verwenden, weil das alle Musiker tun. Singen wir jetzt das Lied zusammen. Du die obere und ich die untere Stimme.

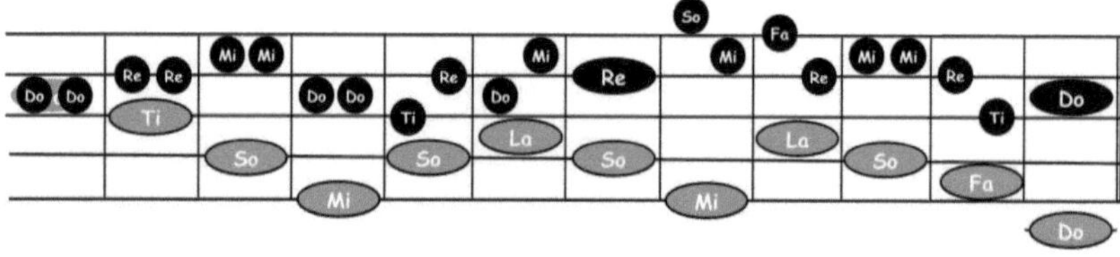

- Aber für heute ist es genug. Wenn du Lust hast, kannst du zuhause weiter an der Melodie arbeiten, ausprobieren, welche Möglichkeiten es noch geben könnte. Verwende gemischte Notenlängen: Ganze, Halbe und Viertel, damit du die Melodie abwechslungsreicher formen kannst. Eine kleine optische Hilfe dazu.

<table>
<tr><td colspan="4" align="center">Ganze 1</td></tr>
<tr><td colspan="2" align="center">Halbe 1/2</td><td colspan="2" align="center">Halbe 1/2</td></tr>
<tr><td align="center">Viertel 1/4</td><td align="center">Viertel 1/4</td><td align="center">Viertel 1/4</td><td align="center">Viertel 1/4</td></tr>
</table>

Schreibe das „Spielergebnis" auf, entweder mit der Notenschrift oder mit den Tonsilben.

Was hast du gelernt?

Die fertige Melodie, die wir hören, steht im Vordergrund. Daher wird sie Vordergrund genannt. Eine Melodie besteht aus mehreren Teilen. Im Hintergrund steht die einfache Melodie-Schablone. Dieses einfache melodische Gerüst kann ausgeschmückt und verziert werden. Die einfache Melodie kann durch verschiedene Möglichkeiten verändert und interessanter gemacht werden. Die bekannten Tricks sind die Nachbarnote, das Treppensteigen und die Tonwiederholung. Die Länge der Noten kann verändert werden. Als erste Möglichkeit bietet sich an, die Notenlänge zu verkürzen, z.B. zu halbieren. Eine zweite Stimme kann nach den vier Spielregeln Note für Note erstellt werden.

16. Film-Drehbuch

- Hallo Nora, ich bin schon neugierig, wie deine Variation klingt, sing sie mir mal vor.

Statt Nora kannst Du die Melodie vorsingen!

4| Do Do Mi Do | Ree Mi Re | Mii Ree | Doo Re Mi | Re Ti, Do Re |
| Doo Re Mi | Reeee | Soo Mii | Faa Mi Re | Mii Doo | Ree Do Ti,|
| Dooo ||

- Gute Arbeit! Zeige mir die Notenschrift.

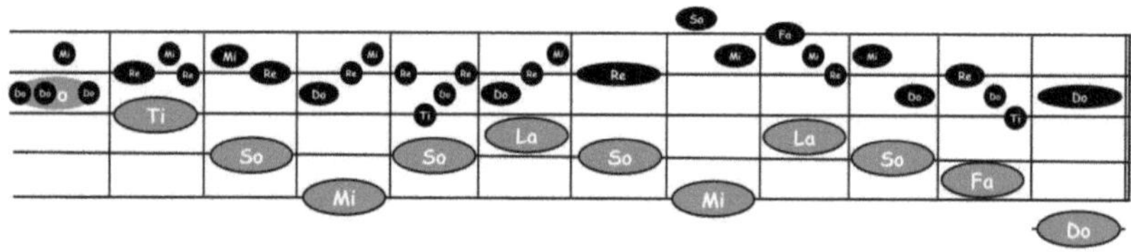

- Singen wir gemeinsam. Du singst deine Melodie und ich die untere zweite Stimme.

Sing die Spielübung für dich wie oben notiert.

- Das klingt wirklich schön, am Anfang war es noch so einfach, aber jetzt ist es interessanter geworden.
- Ja, die Melodie besteht aus einem einfachen Hintergrund, der sich später verändert, und so das Ganze erst interessant macht! Das sind die so genannten Variationen. So haben auch viele bekannte Komponisten gearbeitet. Sie haben zu einer einfachen Melodie mehrere Variationen erfunden.

Storyboard

- Ich will mit dir jetzt über den Aufbau einer Melodie reden. Ähnlich wie ein Film hat eine Melodie einen Ablauf. Dafür gibt es einen Plan. Für den Film hilft ein Zeichner, das so genannte Storyboard Bild für Bild zu zeichnen, damit sich die anderen Leute, die am Film beteiligt sind, vorstellen können, wie der Verlauf der Handlung aussieht. Hier zeige ich dir ein Beispiele einer gezeichneten Geschichte. Das ist ein Storyboard:

- Ich denke es geht um einen Urlaub am Campingplatz. Verstehe, eine Melodie hat auch einen Ablauf. Anfang, Mitte, das Weggehen und das Ende.
- Damit unsere Melodie schön wird, müssen wir darauf achten, dass sie eine richtige Form erhält. Sie soll nach den Regeln gestaltet werden und Wiederholungen und Variationen enthalten.
- Ich habe eine wichtige Tatsache erwähnt: Eine Melodie, die erklingt, bedarf einer bestimmten Zeit. Wenn wir singen, fangen wir mit dem ersten Ton an und singen bis zum letzten. Töne und Bilder können uns eine Geschichte erzählen. Manches wiederholt sich. Eine wichtige Regel in der Musik ist die Wiederholung. Wenn ich einen Teil der Melodie erfinde und sie gleich wiederhole, hört und versteht jeder, dass bestätigt wird, was wichtig ist. Wir haben über die Bewegung in der Musik gesprochen. Jede Bewegung hat einen Anfangspunkt und ein Ziel. Ich habe die verschiedenen Stationen der Bewegung der Töne als Ruhe, Weggehen und Ankommen bezeichnet. Schau, ich zeichne ein 4-teiliges Storyboard.

- Am Anfang herrscht Ruhe: Das Do wird wiederholt und geht zu Re. Das bedeutet Spannung, und zum Schluss kommt man zu Do.

- Nach diesem Muster sind viele Melodien, Lieder und Kompositionen aufgebaut. Das ist sozusagen ein Grundmuster: Das sind vier Teile mit einer Wiederholung, also mit Spannung, die aufgelöst wird und zur Ruhe kommt.

- Die großen Karten zeigen das Skelett der Musik. Die grüne Farbe steht für die Ruhe. Die dritte Karte ist rot. Die steht für die Spannung. Die Zahl 4 steht für die Symmetrie.

- Perfekt. Die vier Teile sind schnell vorbei. Deswegen haben die Komponisten zwar die vier Teile beibehalten, das Ganze aber verlängert. Die Verlängerung kann man durch Wiederholung oder Verdoppelung erreichen. Statt vier Takte haben sie acht Takte gemacht. Das ist typisch. Wir werden daher für deine Übungen diese Form der acht Takte wählen.

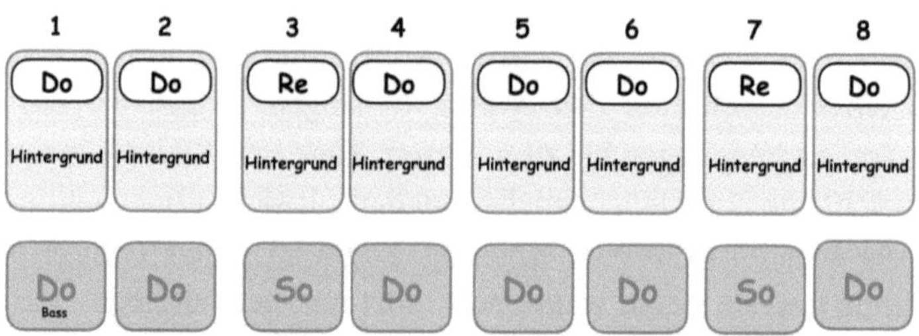

- Da sind zweimal vier Teile. Der zweite Teil ist aufgebaut wie der erste Teil. Da läuft eine einfache Melodie im Hintergrund ab. Wir brauchen dazu eine zweite Stimme, die untere Begleitstimme, die die Musiker als Bass-Stimme bezeichnen. Diese Begleitstimme ist jetzt anders als die Methode des Kontrapunkts, Note gegen Note. Die einfachste Möglichkeit zur Begleitung ist die mit dem Grundton, mit dem Orgelpunkt. Später kommt ein Ton dazu, die Quinte, die Tonstufe So.

- Wenn oben in der Melodie ein Re vorkommt.

- Richtig. Wir nutzen das Musik-Baukasten-Spiel. Mit diesem Spiel kann man spielerisch und kreativ die Regeln kennenlernen und ausprobieren. Wir haben hier Fertigteile, melodische, harmonische und musikalische Wörter. Schau dir die Bassstimme an. Dort haben wir zwei Töne, das tiefe Do und das So. Die melodische Bewegung in der Bassstimme hat einen Anfang, das Do, und eine Spitze, nämlich das So. Da ist eine Bewegung, ein Quint-Zug (Do → So). Es beginnt die Bassstimme unten auf dem Do und sie bewegt sich nach oben zum So. Nachher kehrt sie zum Do zurück. (Do ↗ So ↘ Do) Dieser Ablauf schaut wie ein Dreieck aus.

Du: Sing. Do So Do

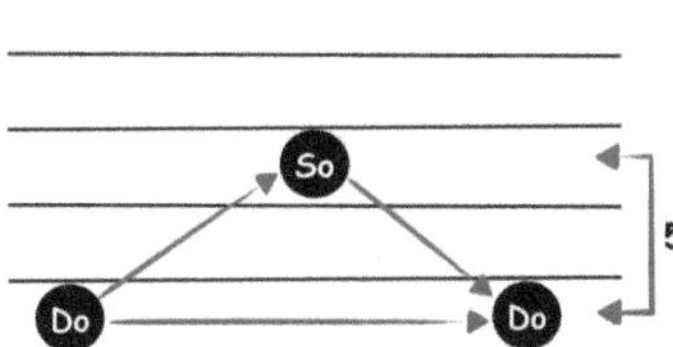

- Und warum ist das so?

- Denke nach, was ich schon oft erwähnt habe. Betrachte die Töne wie Lebewesen, wie eine Familie.

- Ach ja, die Vater-Sohn-Beziehung.

- Dieses Dreieck, so bezeichne ich das Bild, zeigt die Bewegung der Bassstimme. Es ist sehr wichtig, fast immer spielt sich das so im Hintergrund ab. Also, wenn du eine Melodie wie etwa ein Kinderlied genauer anschaust, dann kannst du entdecken, dass sich im Hintergrund des Liedes, in der Bassstimme also, Do und So abwechseln. Kommen wir jetzt zu den Stimmbahnen.

- An die Stimmbahnen kann ich mich noch erinnern, z.B. an die Terz-Stimmbahn.

- Die Terzen kann man über oder unter einen Ton legen. Am Anfang haben wir über Do ein Mi gelegt, dadurch bekamen wir eine Terz. Die andere Terz nach unten vom Do wäre das La (Do La,). Do und La klingen anders als Do und Mi. Höre zu.

Du: Spiel das auf einem Instrument oder benutze den Computer.

Oben: | Miii | Doooo |
Unten:| Dooo | Laaaa, |
      3   3

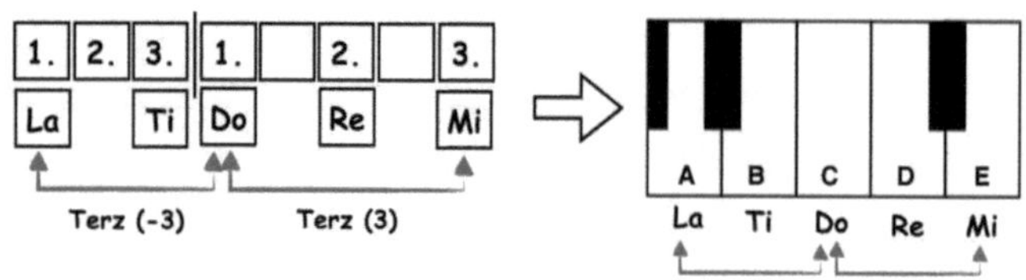

- Die zwei Terzen klingen verschieden, aber warum?
- Wirf einen Blick auf die Zeichnung, dann wirst du sehen, was dein Gehör schon bemerkt hat.
- Der Abstand zwischen Do und La ist kleiner als beim Do und Mi.
- Das ist die Erklärung dafür. Ich zeige dir einige Terzen, wie sie notiert werden. Auf dem Notenbild unterscheiden sich die verschiedenen Terz-Abstände, groß und klein, nicht.
- Daher brauchen wir eine andere Zeichnung.
- Der Unterschied zwischen großer und kleiner Terz ist ein Halbton. Beide Tonabstände heißen aber Terz. Der kleinere Abstand heißt „kleine Terz" und das größere Intervall heißt „große Terz". Die kleine Terz La-Do klingt nicht sicher. Bei Re können wir eine Terz darüber oder darunter bilden, so entsteht zwischen Re und Fa und Re und Ti jeweils eine kleine Terz.
Wenn wir über Re eine Terz bilden, dann gelangen wir zum Fa.

Stimme 1: | Mii | Faa |
Stimme 2: | Doo | Ree |
       3   3

- Dann haben wir zwei Terz-Pärchen. Do - Mi ist groß, Re - Fa klein (-).

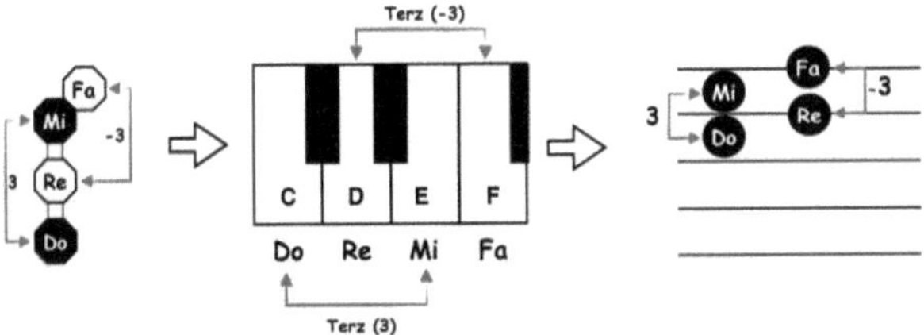

- Wenn wir unten den tiefen Basston So, dazu spielen, dann erklingen gleichzeitig drei Töne. Wir hören, dass Fa oben mit dem unteren So nicht so gut klingt. Der Abstand oder das Intervall zwischen unterem So und Fa ist dissonant. Das Intervall heißt Septime. Septime bedeutet sieben. (1=So, 2=La, 3=Ti, 4=Do 5=Re 6= Mi 7=Fa)

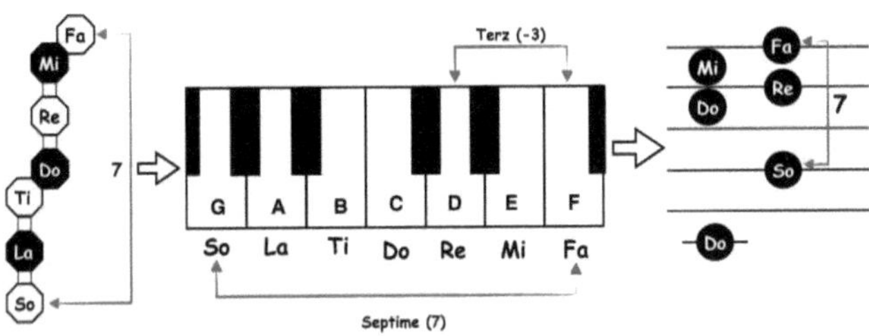

Du: Sing und spiel.

Stimme 1: | Mii | Faa |
Stimme 2: | Doo | Ree|
Bass : | Do, | So,|

Stattdessen könnten wir die untere Terz des Re suchen. Das ist der Ton Ti, so entsteht zwischen Re und unterem So der Abstand Quinte. Das ist gut sichtbar auf der Zeichnung. (1 = So,   2 = La,   3 = Ti,   4 = Do 5 = Re)

Du: Sing und spiel.

Stimme 1: | Mii | Ree |
Stimme 2: | Doo | Tii, |
Bass: | Do, | So, |

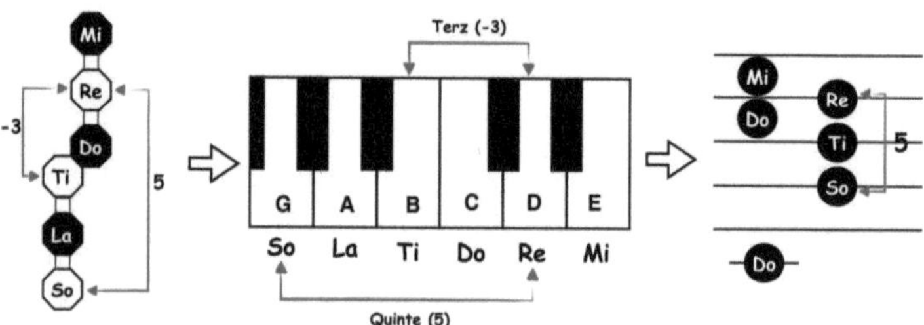

- Das klingt jetzt besser.
- Dadurch bekommen wir unten So und oben Re´. Eine Quinte, die klingt gut. Also zurück zu den Terzen. Wir können zu einer ganzen Melodie, also über und unter den Melodietönen Terzen bilden, das klingt gut. Wenn ich jetzt dazu die passende Bassbegleitung, mit Do und So spiele, dann erklingen immer drei Stimmen zusammen. Ich spiele diesmal auf dem Klavier alle drei Stimmen vor. Hör zu.

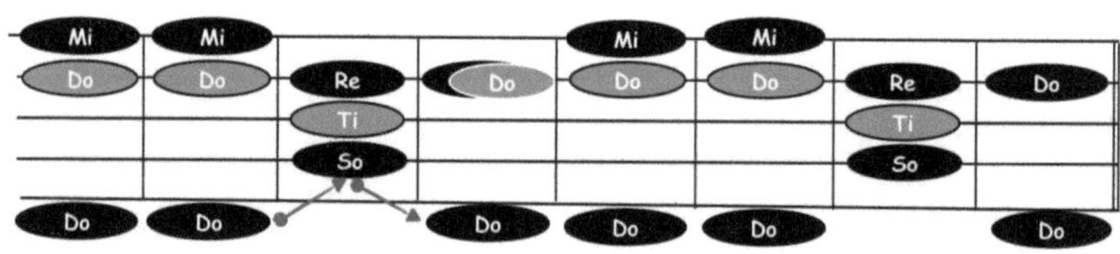

Du: Dazu brauchst du ein Instrument. Ich gebe dir eine optische Hilfe, damit du es spielen kannst. Versuche es!

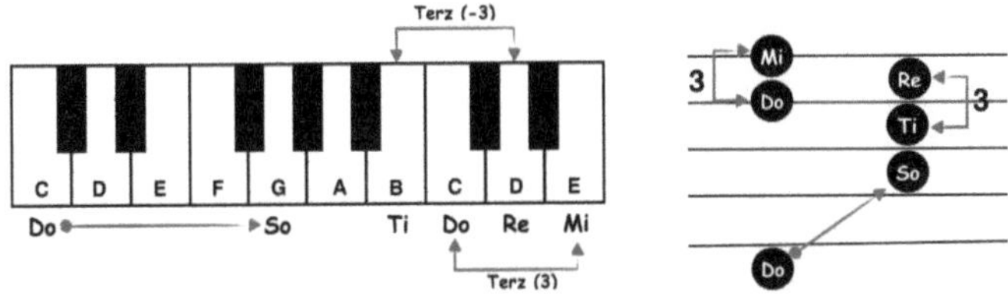

- Wir haben jetzt immer drei Stimmen gleichzeitig gehört. Sie entstehen auf natürliche Weise, wenn man die Terzen und die Bassbegleitung gleichzeitig spielt. Wenn drei Töne gleichzeitig erklingen, nennt man das einen Dreiklang. Einen Dreiklang kann man über einen x-beliebigen Ton bilden. Wir nehmen als Beispiel Do, seine Terz (Mi) und seine Quinte (So) und lassen diese erklingen.

So (5)

Mi (3)

Do (1)

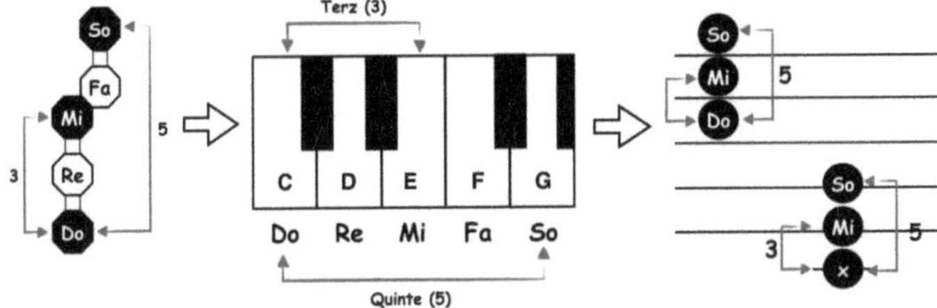

- Ist das eine Schablone für das Bilden eines Dreiklangs?

- Das ist eine Schablone, die du nutzen kannst. Der Ton „X" plus seiner Terz und seiner Quinte, und du hast den Dreiklang. Wir können einen Dreiklang auch „zerlegen", das heißt, die drei Töne hintereinander singen. Ich singe das vor: Do Mi So.

Du bist dran. Do Mi So bilden eine Einheit. Sie klingen sicher und kraftvoll. Bilde aus verschiedenen Tonhöhen die Terz und die Quinte. Sing die Melodie: Do Mi So einmal tiefer, einmal höher usw.

- In unserem Beispiel gibt es das untere So. So ist jetzt unser Ausgangston. Wir suchen die Terz und die Quinte zum unteren So. Seine Terz ist das Ti und seine Quinte ist das Re. So, Ti, Re ergeben einen schönen Dreiklang bzw. Akkord. Ich singe dir den Dreiklang vor: So, Ti, Re.
- Verstehe, diesmal wird vom unteren So ausgegangen. So, = 1, La = 2, Ti = 3, Do = 4, Re = 5,

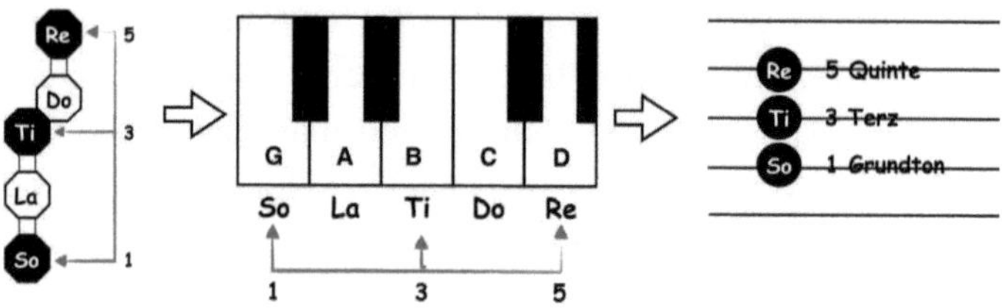

Du: Schau das Notenbild an und sing die beiden Dreiklänge |So, -Ti, -Re | und |Do - Mi - So |.

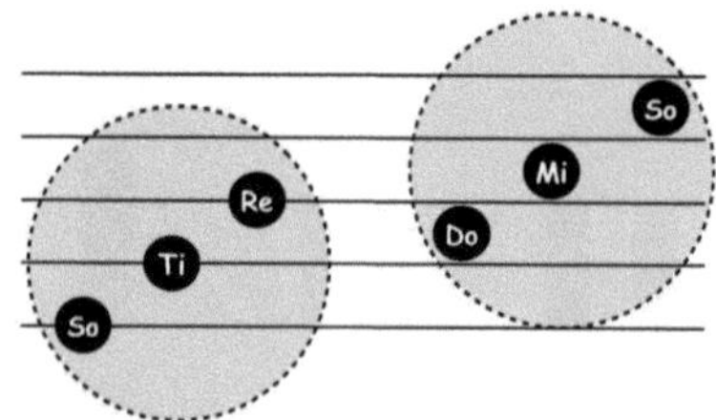

- Die zweite wichtige Einheit bzw. der zweite wichtige Dreierbund sind So Ti, Re, der große Sohn, die kleine Tochter und der Onkel.

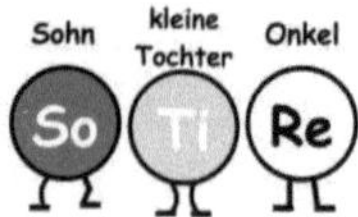

- Heißt das, dass der Onkel mit dem Vater nicht gut klingt und sich daher mit den anderen verbündet, um harmonisch zu klingen?
- Der Onkel bekommt für kurze Zeit eine andere Rolle, indem er sich mit dem Sohn verbündet. Somit wird er die Quinte („So") für den

Sohn So. Ich zähle dir vor: 1 = So, 2 = La, 3 = Ti, 4 = Do´, 5 = Re´, die Quinte des unteren So, ist Re.

- Vom So zum Re´ ist der Abstand eine Quinte (5), ein schöner Klang. Der große Sohn und der Onkel klingen zusammen schön und harmonisch. Wenn die Mutter, die Terz, dazu kommt, klingen sie besonders schön. Für einen Dreiklang braucht man unbedingt die Terz.

- Unbedingt!

- So = 1. La = 2. Ti = 3. So. Ti ist die 3., die Terz. Spielt die Tochter die Rolle der Mutter?

- Kurzzeitig! Ti bleibt für den Rest der Melodie trotzdem die kleine Tochter. Das ergibt eine Dreiergruppe mit drei Tönen, die schön klingen: Do-Mi-So und eine andere Dreiergruppe mit So-Ti-Re´. Wenn bei einem Dreiklang der Grundton, also der Ausgangston, die Terz und die Quinte vorhanden sind, bilden sie einen Dreiklang, Do-Mi-So und So,-Ti,-Re sind die wichtigsten Dur-Dreiklänge.

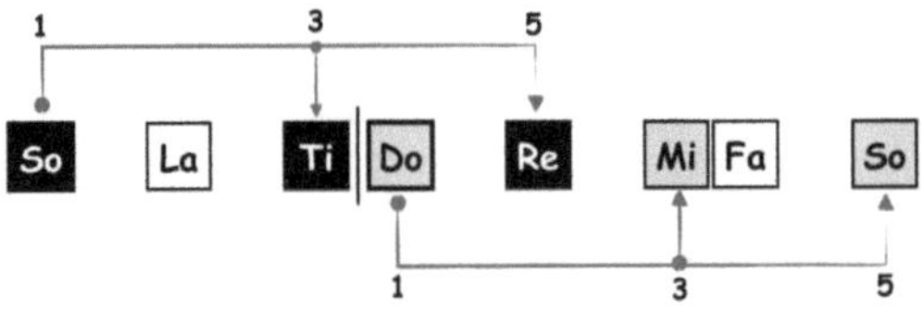

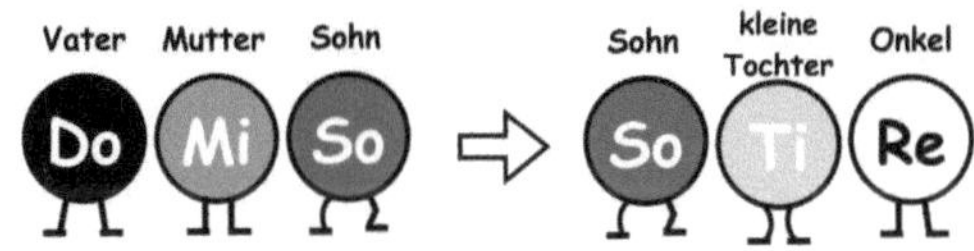

- Ich singe beide Dreiklänge zerlegt vor.
Do Mi So Doo > So Ti Re´ Ti Soo > Do Mi So Mi Doo.

Du: Sing die folgende Melodie mit: | Do Mi So Mi Doo | >| So Ti Re´ Ti Soo | > | Do Mi So Mi Doo |.

- Gibt es auch andere Dreiklänge?

- Die andere wichtige Gruppe ist die der Moll-Dreiklänge, aber darüber später. Die Musik spielt um diese zwei „Dreier-Freunde", um diese Dreiklänge, herum (Do-Mi-So und So-Ti-Re′). In diesem Bündnis stecken Kraft und Spannung, welche die Melodiewellen vorantreiben. Die Grundtöne der zwei Dreiklänge sind in einem Abstand von einer Quinte entfernt: Do → So. (5=Quinte). Das ist kein Zufall. Das Kräftemessen zwischen Vater und Sohn, also die Spannung, lässt erst nach, wenn die Melodiewelle zur Ruhe kommt, auf Do endet. Ich singe dir eine kleine Melodie vor, in der ich diese Dreiklänge Do Mi So und So,Ti, Re untergebracht habe, ich singe sie in einer anderen Reihenfolge: Do Mi So Mi Re Ti, So, Re Doo.

Du: Sing die Melodie, fang etwas höher an: |Do Mi So Mi Re Ti, So, Re Doo ||.

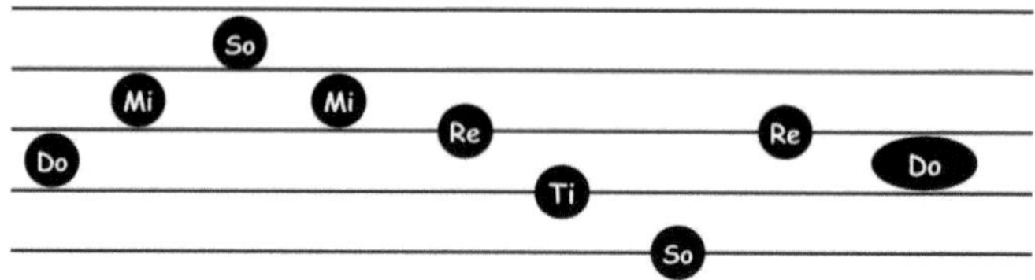

- Ich habe die zwei der Dreier-Gruppe herausgehört, und die Melodie endete auf Do.

- Diese kurze Melodie enthält viele Regeln. Die Reihenfolge der Töne habe ich gewählt, damit eine logische Ordnung, die Gruppenbildung, hörbar ist: Dreiklänge, Spannung auf der vorletzten Stelle und die Ruhe zum Schluss. Diese kleine Melodie besteht aus drei Teilen: Teil 1 = Anfang | Do Mi So Mi |, Teil 2 = Weggehen, Spannung | Re Ti, So, Re | und Teil 3 = Ankommen, Ruhe | Doo |. Somit wurde die Form eingehalten. Ich habe die Dreiklänge zeitversetzt gesungen. Wenn ich diese Töne nicht hintereinander, sondern gleichzeitig singen würde, was ich nicht kann, würden zwei Dreiklänge hörbar werden.

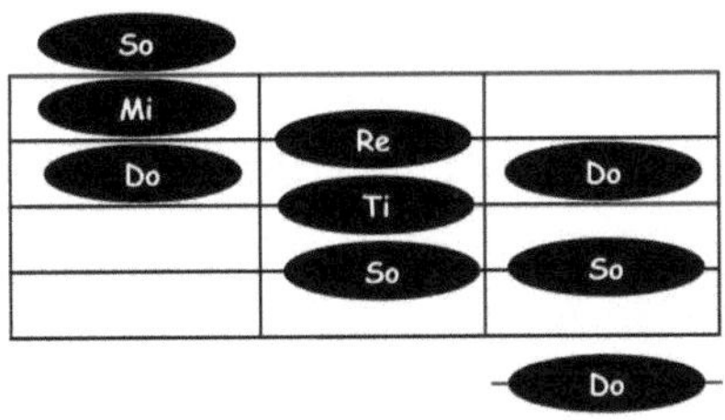

- Ich sehe am Ende zweimal Do, unten und oben, und dazwischen ein So.

- Die habe ich gezeichnet, damit zum Schluss drei Töne erklingen. Die anderen zwei Töne, Do und So, unterstützen das obere Do´.

Du: Sing die Dreiklänge zeitversetzt. Fang recht hoch an, weil das Ende, das untere Do, eine Oktave tiefer wird. ||: So Mi Do | Re Ti, So, | Do So, Do, :||

Jetzt gleichzeitig. Spiel das auf einem Instrument oder einer App oder am PC mit dem Notenprogramm.

Stimme 1: | Soo | Ree | Doo |
Stimme 2: | Mii | Tii, | Soo, |
Stimme 3: | Doo| Soo, | Doo, |

- Ein beliebiger Ton, ein Do zum Beispiel, kann der Anfang für den Bau eines Dreiklangs sein. Zuerst suche ich die Terz und die Quinte darüber. Bei unserem vorherigen Notenbeispiel sehe ich dort drei Töne übereinander, ein Mi´ oben und zweimal das Do. Die Quinte fehlt.

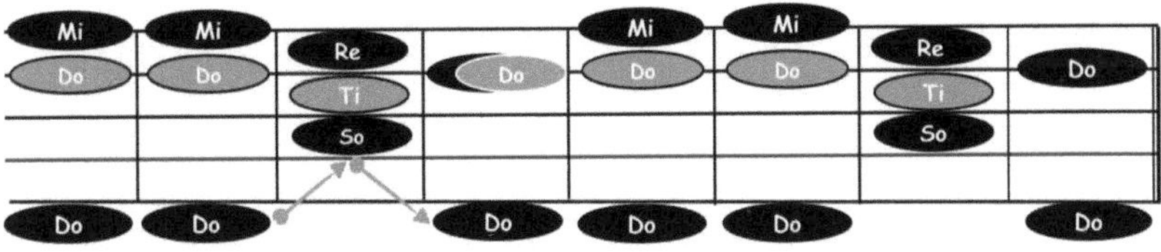

- Nachdem wir eine Terz-Stimmbahn gebildet haben, fehlt So.

- Am Schluss fehlt die Terz (Mi) oben.

- Die Melodie soll auf Do enden. Deshalb habe ich die Terz (Mi) weggelassen, damit wir das Gefühl haben, dass wirklich Schluss und Ruhe ist. Diese Freiheit haben wir innerhalb der Spielregeln. Musik ist ein hörbares Mandala, eins mit vielen bunten Farben.

- Bald wird das komplizierter, wenn im Vordergrund die Melodie dazukommt!

- Die kommt jetzt.

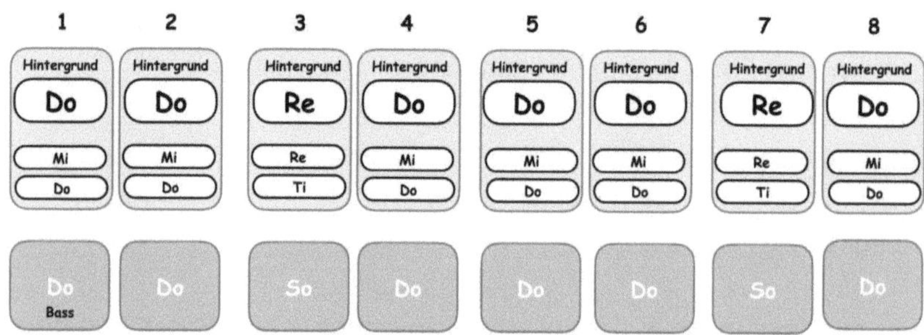

- Die Karten auf dem Bild ergeben die Terz-Stimmbahnen (Mi-Do und Re-Ti,) Benutze diese als Vorlage und mache daraus eine Melodie. Verwende Wiederholung, Treppe, Nachbarnote, Beschleunigung usw. Du kannst mit der Melodie einen größeren Sprung über die Stimmbahnen wagen und die fehlende Quinte in die Melodie einbauen, damit der Dreiklang vollständig ist.

- Was du nicht alles willst!

- Ich will noch mehr! Statt in vier Teile können wir einen Takt auch in drei Teile gliedern. Deshalb schreibe ich an den Anfang die Zahl drei: 3| Dooo | Do Do Do | Do-do Do-do Do-do Do-do |

- Ach so, den langen ganzen Ton in drei Teile teilen, klar, und diese Teile dann auch noch halbieren.

Du: Klatsch den Takt und sprich die Tonsilben aus, wie auf dem Bild.

3| Do o o | Do Do Do | Do-do Do-do Do-do ||

- Ja genau, sonst bleibt alles wie gehabt, gestalte also die Melodie abwechslungsreich im Dreiertakt. Zu Hause kannst du den Computer zu Hilfe nehmen! Dann bis zur nächsten Stunde!

Was hast du gelernt?

Der Ablauf einer Melodie, die Schablone, nach welchen Regeln sie gestaltet wird, ist ähnlich wie ein Storyboard bei einem Film. Jede Melodie hat eine Form. Wir haben die 4- und 8-taktige Form besprochen. Zur gegebenen Melodie kann man im Terzabstand eine zweite Melodie bilden. Wenn zur zweistimmigen Melodie, die durch die Terzen entstanden ist, die Bassstimme gespielt wird, ergeben sich Dreiklänge. Ein vollkommener Dreiklang ist dann da, wenn ein Ton, seine Terz und seine Quinte vorhanden sind. Für die Entstehung und Bildung der Dreiklänge und ihre Beziehungen zueinander haben wir den Vergleich mit der Familie verwendet, mit dem Vater, der Mutter und dem Sohn. (Do-Mi-So) Der Sohn, die kleine Tochter und der Onkel, Ti Re´, (So Ti Re) bilden eine starke Gemeinschaft, die gut klingt. Lange Töne kann man halbieren, also durch 2 teilen, oder auch durch 3.

17. Alter Bauplan

- Hallo Nora, bin neugierig auf deine Melodie im Walzerschritt!
- Was meinst du damit? Der Walzer ist der Tanz, den die Leute auf Bällen tanzen.
- Tanz, Musik und Rhythmus gehören eng zusammen. Das Typische am Walzer ist, dass die rhythmische Ordnung in drei Gruppen zusammengefasst wird. Die Zahl 3 war immer bedeutend, auch im Märchen bei den drei Wünschen zum Beispiel. Die Dreiteiligkeit erzeugt eine tänzerische Bewegung, die man hören kann Ich singe jetzt deine Melodie vor.

Du: Sing die Melodie anstatt Peter vor. 3 | So Mi Do | So Mi Do | Ti,-re Ti,-re Do-ti,| Doo Do | Do Mi So | Do Mi So | Fa-re Do-ti, Do-re | Dooo ||

- Jetzt zeichne ich die Spur, die die Melodie in unserem Tongedächtnis hinterlassen hat, schnell auf. Die vorgegebene Terz-Stimmbahn lasse ich im Hintergrund blass, damit du die Melodie im Vordergrund leichter unterscheiden kannst. Erkläre mir, wie du deine Melodie gestaltet hast

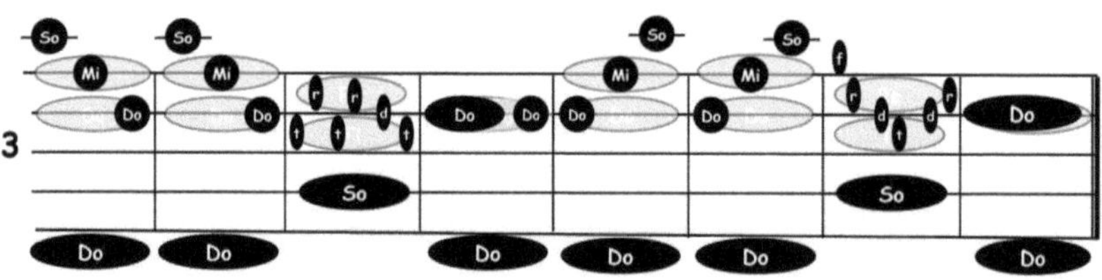

- Zuerst habe ich mit So angefangen, weil du gesagt hast, dass die Quinte fehlt. Dann habe ich die Wiederholungen verwendet. Danach habe ich die Melodie schneller gemacht, an dieser Stelle habe ich kleine Sprünge und die Nachbarnote verwendet. Im zweiten Teil habe ich So Mi Do verkehrt herum verwendet. Dann habe ich Ti umspielt und die

Melodiewelle auf Do ruhen lassen. Du hast eine graue Linie eingezeichnet. Die beginnt im Hintergrund bei Mi, geht über Re und endet
bei Do.
- Wir haben über die Melodiewelle, über die Bewegung zwischen den
Tönen, geredet. Diese Bewegung hat ein Ziel, einen Anfang und ein
Ende. Die melodische Bewegung wird durch die Züge, Sprünge wie
durch die Terz- Quint- und Oktav-Züge durchgeführt. Die Melodie
bildet sich im Vordergrund, ist aber gestützt auf dem Hintergrund.
- Das können Terz-Stimm-Bahnen sein, von Do oder von Mi zu Do,
oder vom Re zu Fa und von Mi zu So.
- Jetzt möchte ich etwas Wichtiges erklären. Do ist der stärkste und
wichtigste Ton. Es gibt nicht viele Möglichkeiten, wie das Ende einer
Melodie gestaltet werden kann. Sehr oft kommt eine fallende melodische Linie, Mi - Re - Do, vor.

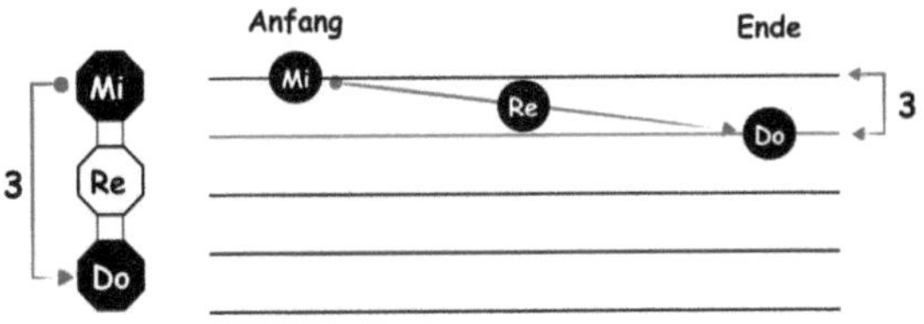

- Das ist ein Terz-Zug, vom Mi zu Do.
- Musiker nennen diese fallende Melodie die Urlinie. Das ist wörtlich
gemeint. Die ist sehr alt, kommt seit Hunderten von Jahren in verschiedenen Musikstücken vor. Das ist wie eine Schablone. Diese Urlinie Mi Re Do kann kurz, innerhalb eines Taktes, aber auch versteckt
im Hintergrund, durch mehrere Takte hindurch vorkommen. Ein Beispiel, wo die Urlinie im Vordergrund vorkommt, ist das Kinderlied
„Knusperbrot". Weil sie von oben nach unten kommt, heißt sie fallende
Urlinie. Betrachten wir jetzt die Bassstimme. In der Bassstimme gibt es
einen Sprung vom Do zum So und zurück zum Do, das Bass-Dreieck.
Die fallende Mi-Re-Do-Linie und das Bass-Dreieck passen gut zusammen, wenn sie gesungen oder gespielt werden.

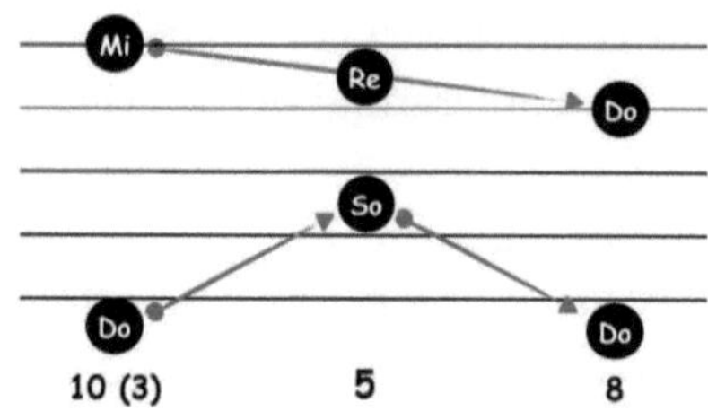

- Du hast zwischen den Tönen den Abstand hingeschrieben. Die Zahl 10 heißt Dezime, die Zahl 5 heißt Quinte, und die Zahl 8 heißt Oktave. Der Vater mit der Mutter, Do Mi´, und der Sohn So mit dem Onkel Re´, klingen gut.

- Die einfache alte Urmelodie Mi-Re-Do und das Bass-Dreieck Do-So-Do zusammengespielt wird als Ursatz bezeichnet. Der Ursatz ist eine zweistimmige Schablone in der Musik. Wir können ihn auch als Bauplan bezeichnen.

- Komische Benennung, aber ich denke, ich habe es verstanden. Der Ursatz ist wie ein Bauplan, ein Musikstück zu erfinden.

- Dieser Bauplan ist oft in einer Melodie versteckt, meist im Hintergrund, manchmal vor dem Schluss. Der melodische und harmonische Bauplan kann ausgeschmückt, verlängert oder wie ein Kaugummi auseinandergezogen werden. Singen wir den Ursatz gemeinsam! Du singst die Urlinie Mi´ Re´ Do´, und ich singe die Bassstimme eine Oktave tiefer. Diesmal schreibe ich keine Zahlen für den Takt vor, weil die Urlinie mehrere Teile lang sein kann. Wichtig ist, dass zwischen unseren Stimmen ein großer Abstand ist, damit schöne Klänge, Intervalle, entstehen können.

Du: Sing und spiel auch das Beispiel.

Stimme 1: Miiii´ Reee´ Doooo´
Stimme 2: Dooo Soooo Doooo
         10   5   8

- Wir können die Urlinie verzieren, wenn ich seine Töne, Mi Re Do, umspiele. Ich schmücke mit diesem Trick die „Nachbarnote" aus, dann hört sich die Melodie, im Vordergrund so an:

Vordergrund: 4| Mi Re Fa Mi | Re Do Mi Re | Do Ti, Doo ||
Hintergrund: | Mi, → | Re, → | D,o → ||

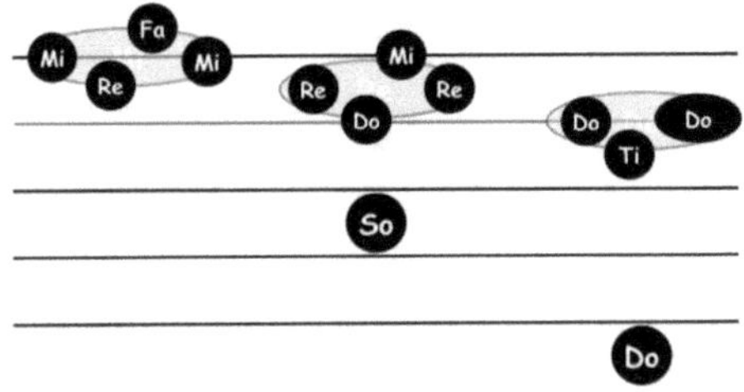

Im Hintergrund blass die Urlinie: | Miii | Reeee | Doooo |.
Im Vordergrund die Umspielung, die Ausschmückung: | Mi Re Fa Mi |
Re Do Mi Re | Do Ti, Doo |.

Du: Singe die Umspielungen.

Stimme 1: | Mi´ Re´ Fa´ Mi´| Re´ Do´ Mi´ Re´ | Do´ Ti Doo´ ||
Stimme 2: | Do o   o   o | So o   o   o | Do o oo ||

- Aus dem Ursatz wachsen also die Musikstücke, oder?
- Das ist wie mit einem großen Baum, der auch aus einem kleinen Keimling entsteht. Alles das, was den Baumriesen ausmacht, ist schon im kleinen Keim enthalten, sein ganzer Bauplan. Faszinierend, oder?

Was hast du gelernt?

Du hast die Teilung der Notenlänge vorgenommen, die Teilung in drei Teile, den 3/4 Takt. Du hast den Bauplan der Musik, die einfache Schablone, die Urlinie und den Ursatz kennengelernt. Du weißt, dass diese einfache zweistimmige Schablone im Hintergrund in vielen Liedern versteckt existiert. Es dient als Gerüst und Bauplan, und das kann sich über ein ganzes Lied erstrecken.

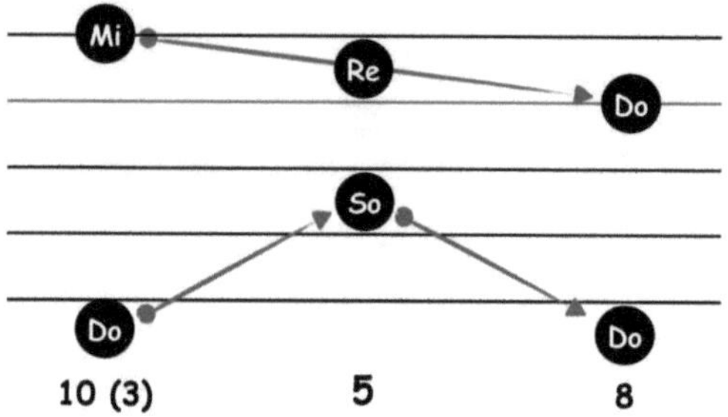

18. Fröhlich und traurig

- In einem Film gibt es manchmal traurige Stellen. Genauso ist das in der Musik. Mit traurigen und fröhlichen Abschnitten kann man spielen und sie abwechselnd verwenden. Du kennst die musikalische Familie Do. Die sieben Mitglieder sind dir bekannt, ihre Namen und ihre Rollen. Jede Familie hat weitere Verwandte, die manchmal zu Besuch kommen. Diesmal kommt eine Tante, die Schwester der Mutter zu Besuch. Sie ist besorgt und etwas traurig.
- Vielleicht hat sie mit ihrem Mann gestritten…?
- Schon möglich, aber momentan ist etwas anderes zu beachten. Die Mutter heißt Mi. Ihre Schwester ist nah. Die Tante heißt Me. Sie hat einen anderen Platz in der Rangordnung der Familie. Me steht zwischen Re und Mi. Schau die Zeichnung an.

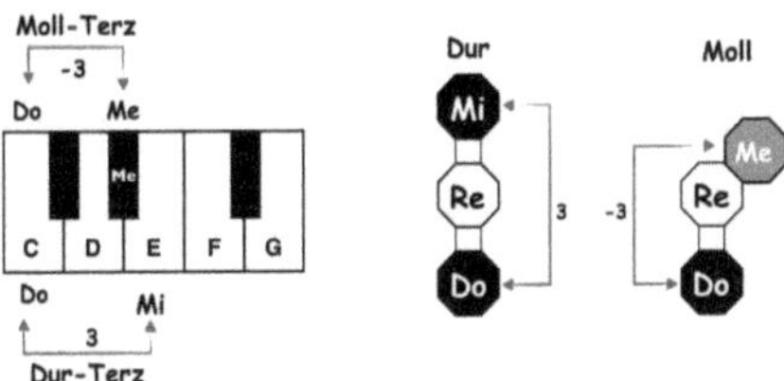

- Der neue Ton heißt Me. Außerdem hat er die Farbe grau und einen Platz zwischen Mi und Re.
- Und was du siehst, klingt folgendermaßen. Me befindet sich zwischen Re und Mi (Re-<u>Me</u>-Mi), auf dem Klavier kann Me eine schwarze Taste sein, z.B. wenn Do C ist, ist es zwischen D und E. (D → Me ← E)
- Ich spiele zuerst die Taste C3 und dann E3, dann C3 und die schwarze Taste (Me). Hör zu.
- Der neue Ton Me ist wirklich anders.

Du: Nimm ein Instrument/eine App zu Hilfe und spiele die Tasten, wie es oben Peter beschrieben hat. Summe oft mit, damit du dir den Unterschied merken kannst. Singe jetzt ohne Instrument: Do Re Mi Re Do und dann Do Re Me Re Do. Lies erst dann weiter.

- Der neue Ton Me hat auch eine wichtige Rolle, auch er ist der Dritte in der Reihenfolge.

- Du hast gesagt, Mi ist die Terz, weil Mi der Dritte in der Reihenfolge ist.

- Wenn wir von Do zu zählen anfangen, bekommen wir: 1. = Do, 2. = Re, 3. = Me ist auch der dritte Ton. Daher ist Me auch eine Terz.

- Dann ist Me eine kleine Terz, oder?

- Weil der Ton tiefer ist, einen Halbton tiefer als Mi, wird daraus ein Me. Diese Schrittfolge heißt Moll-Terz oder kleine Terz, weil der Abstand zwischen Do und Me kleiner ist als zwischen Do und Mi, und zwar um einen Halbton. Die große Dur-Terz ist Do-Mi, die kleine Moll Terz besteht aus Do und Me. Daher bekommt Me eine andere Farbe zur Unterscheidung. Die Farbe Grau wird oft als Symbol für die Traurigkeit verwendet. Der Ton Me, bezogen auf Do, weckt in uns das Gefühl der Traurigkeit. Der Unterschied wird auch deutlich, wenn Do Mi und Do Me gleichzeitig erklingen. Ich spiele die zwei Töne gleichzeitig auf dem Klavier vor. Betrachte dabei das Bild, achte darauf, dass die Töne miteinander verschmelzen. Lenke deine Aufmerksamkeit auf die verschiedenen Klänge (Intervalle), die erklingen.

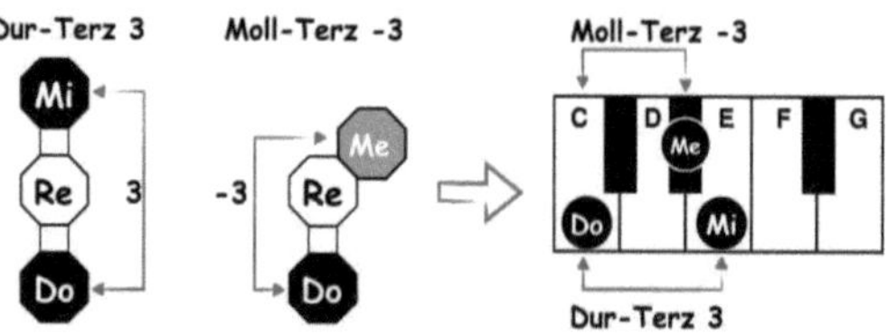

- Ja, das klingt wirklich ganz anders, wenn ich zwei Töne gleichzeitig höre, dann ist der Unterschied zwischen den Intervallen sehr groß!

Du: Spiele unbedingt die zwei Intervalle, Do-Mi und Do-Me gleichzeitig vor. Entweder auf einem Instrument, einer App oder mit dem PC-Notenprogramm. Achte auf den unterschiedlichen Klang.

- Der Abstand (das Intervall) der kleinen Terz Do-Me wird auch Moll-Terz, der Abstand der großen Terz auch Dur-Terz genannt. Spielen wir den Unterschied von Mi und Me. Wir verwandeln die Dur-Melodie vom „Knusperbrot" | Mi Re | Do x | Mi Re Do x | Do Do | Re Re | Mi Re | Do x || in eine traurige Moll-Melodie.

Du: ||: Me Re | Do x | Me Re | Do x | Do Do | Re Re | Me Re | Do x: ||

- Und jetzt zeichnen wir das Ganze in Notenschrift auf. Der Ton Me befindet sich zwischen Re und Mi. Er ist ein Zwischenton.
- Wo wird Me einen Platz finden?
- Die normalen Notenlinien können nicht alle zwölf Töne darstellen, nur diejenigen, die zur Do-Familie gehören.
- Do Re Mi Fa So La Ti.
- Weil wir einen neuen Ton haben, müssen wir zusätzlich andere Zeichen benutzen, damit man erkennen kann, dass nicht Mi, sondern Me gemeint ist. Schau hin, ich zeichne die drei Töne Do Re Mi und die drei Töne Do Re Me auf. Weil ich keinen Platz für den Zwischenton Me habe, muss ich mir etwas einfallen lassen. Ich gebe Me eine andere Farbe. Es sitzt zwar auf dem gleichen Platz wie Mi. Die andere Farbe signalisiert: Hier ist etwas verändert worden.

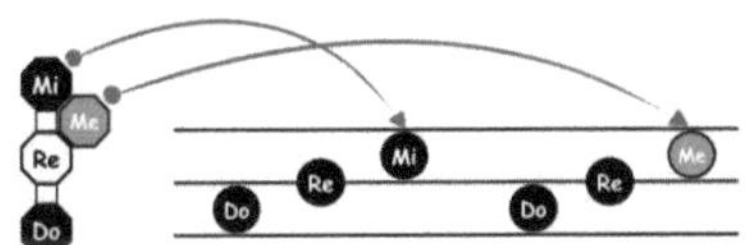
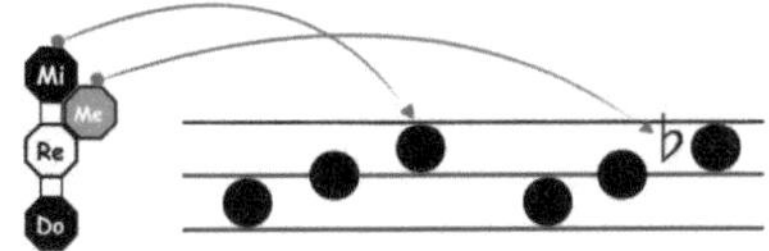

Mi ist schwarz, Me ist grau. Beide Töne liegen oberhalb der Linie. Sie teilen sich einen Platz.
- Wenn du für Mi schwarz und für Me grau verwendest, kann ich den Unterschied erkennen.
- Das ist nicht gleich klar, dass Me einen Halbton tiefer liegt als Mi. Betrachte die Zeichnung mit den Waben.
- Me liegt zwischen Mi und Re.

- In der gewöhnlichen Notenschrift gibt es keine Farben. Es gibt keinen Platz für Me. Wir haben nicht mehr Notenlinien. Die Musiker haben eine Lösung dafür gefunden und vor den Ton Mi ein Zeichen gesetzt, ein kleines b (♭).

- Me liegt also einen Halbton tiefer als Mi.

Du: Notenleseübung für Dich. Schau das Notenbild an und lies zuerst die Tonsilben. Singe dann die Melodie (Knusperbrot in Moll) mit den Tonsilben. Der leere weiße Kreis ist eine Pause.

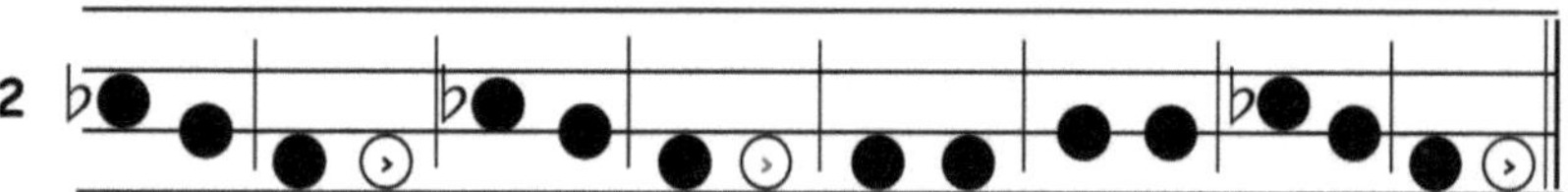

- Kann ich das Zeichen b vor jeden Ton setzen?

- Das gilt für alle Töne. Wenn ein b vor einem Ton steht, wird daraus ein Zwischenton, der gewöhnlich nicht in der Do-Familie vorkommt. Der neue Zwischenton wird ähnlich, wie sein Nachbarton, benannt. Aus Mi wird ein Me. Me klingt dunkler als Mi. Wenn wir La dunkler machen, wird Le daraus (bMi = Me   bLa = Le)

- Wenn Ti dunkler sein soll, wird daraus ein Te? Ist Te die traurige Cousine der Tochter Ti?

- Möglich, jetzt aber eine Fangfrage, wie heißt das tiefere dunkle Fa?

- Wenn Fa dunkel wird, bekommt es den Buchstaben „e". Daraus wird

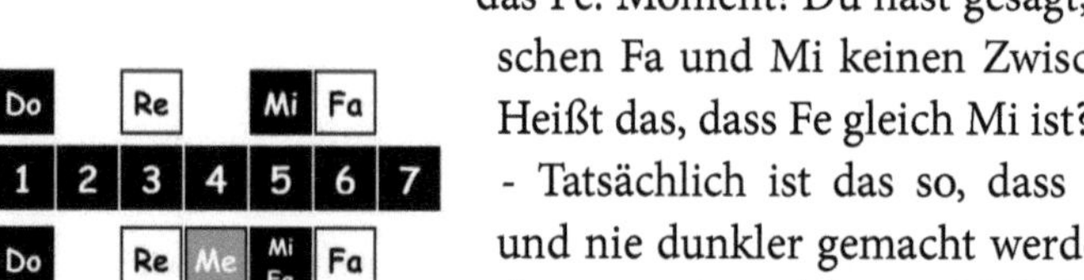

das Fe. Moment! Du hast gesagt, dass es zwischen Fa und Mi keinen Zwischenton gibt. Heißt das, dass Fe gleich Mi ist?

- Tatsächlich ist das so, dass Fa Fa bleibt und nie dunkler gemacht werden kann. Bei dem traurigen blauen Moll-Zustand wird aus Mi Me, oft aus La Le und aus Ti Te. Das ist der traurige Zustand der Do-Familie. Do Re Me Fa So Le Te Do′.

Singen wir jetzt eine Moll-Tonleiter. Aber wie klingt sie? Zuerst spiele ich dir eine Moll-Tonleiter auf dem Klavier vor. Hör zu.

- Sie klingt ganz anders als die Tonleiter, die wir bisher gesungen haben.

- Ganz anders. Aber warum? Die Halbtöne liegen anders als bei der Dur-Tonleiter. Am besten zeige ich dir den Unterschied auf einem Bild. Die Moll-Tonleiter: Do - Re Me - Fa - So Le - Te - Do´.

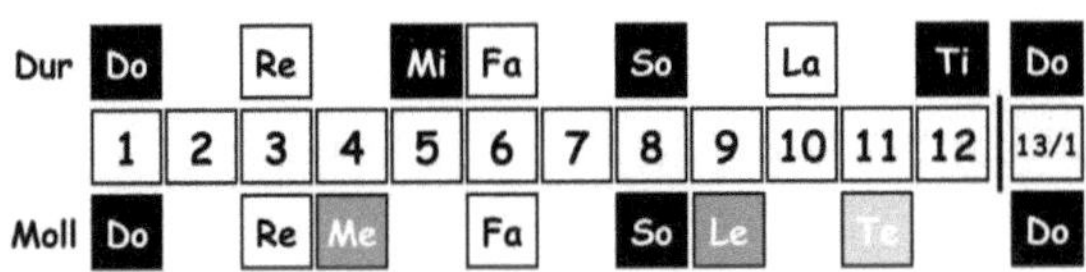

Du: Jetzt musst du unbedingt hören, wie die Moll-Tonleiter klingt. Dazu brauchst du ein Instrument oder eine App. Wir nehmen wieder die Klaviertasten zur Hilfe. Spiele die Tasten in der folgende Reihenfolge auf und ab und summe die Melodie mit. Zeige dann mit dem Finger auf die bunten Tonsilben und singe die Melodie, die du vorher gehört hast, mit den Tonsilben: | Do Re Me Fa So Le Te Doo´| > | Do´Te Le So Fa Me Re Doo |

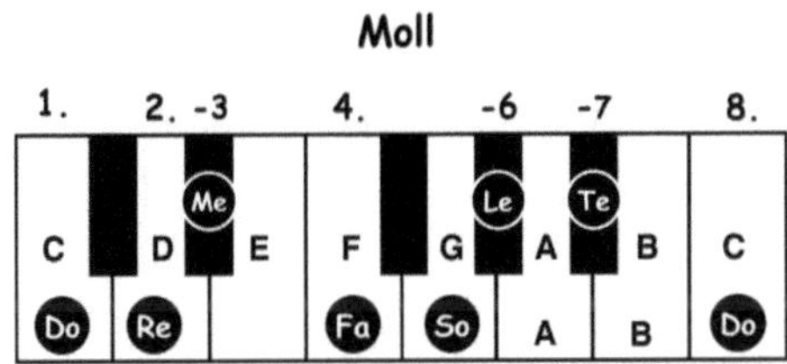

- Jetzt zeichne ich dir eine Moll-Tonleiter auf die Notenlinien. Als Hilfe noch die Tonsilben.

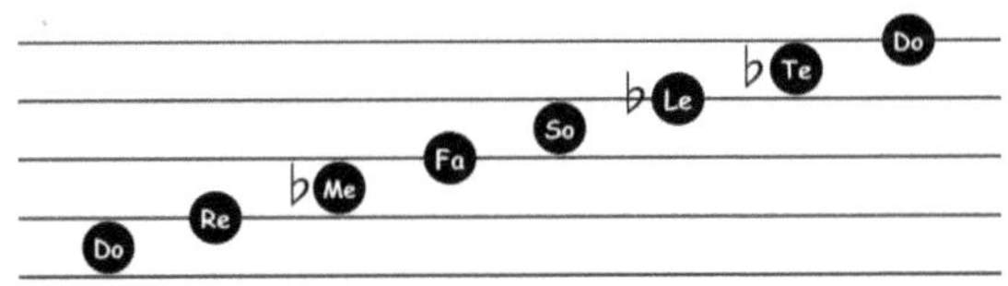

- Die drei neuen Töne heißen Me Le und Te. Sie stehen auf den Linien, auf denen sonst Ti La und Mi stehen.
- Noch schwieriger wird es, wenn ich die folgende Moll-Tonleiter mit der gewöhnlichen Notenschrift zeige.

- Ist das wirklich eine Moll-Tonleiter? Ich sehe nur ein b Zeichen.
- Hier ist nicht klar, dass eine Moll-Tonleiter dargestellt ist. Du musst noch einige Dinge wissen, damit du verstehst, warum hier eine D-Moll-Tonleiter notiert worden ist. Die Einzelheiten und die gewöhnliche Notenschrift werden wir aber bald besprechen. Ich singe dir jetzt die Moll-Tonleiter nochmals vor. | Do Re Me Fa So Le Te Do´|

Du: Sing auch nochmals die Moll-Tonleiter: | Do Re Me Fa So Le Te Do´|

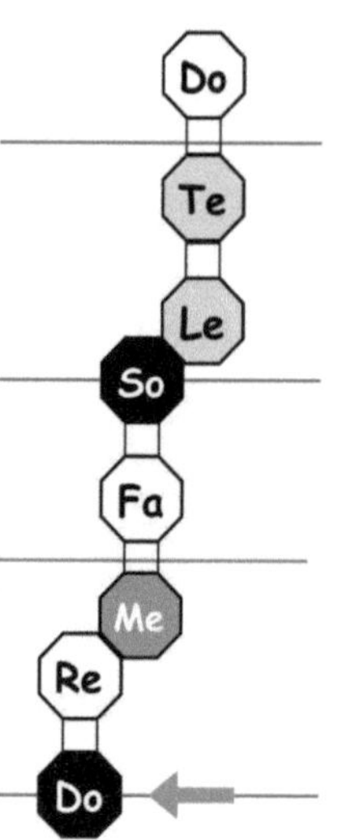

- Was fällt dir auf, wenn du diese Tonleiter hörst?
- Die kleine freche Tochter, die Tonsilbe Ti, fehlt. Das klingt anders, als ich vom Ti Do´ gewohnt bin. Ich erwarte ein Ti. Kommt aber nicht.
- Te liegt einen Halbton tiefer als Ti. Wo befinden sich die Halbtöne einer Dur-Tonleiter?
- Zwischen Mi und Fa und Ti und Do´.
- Also anderswo als bei der Moll-Tonleiter. Der Unterschied bei den Halbtönen wirkt sich so aus, dass die Tonleitern, die erklingen, verschiedene Stimmungen verbreiten. Für die singenden Mönche war die Wirkung, die sie mit den verschiedenen Tonleitern erzielen konnten, wichtig. Daher war es für sie sehr entscheidend, die Stellen der Halb-

töne auf den Notenlinien zu markieren bzw. zu erkennen. Am Anfang hat ein Mönch namens Guido von Arezzo zwei Farben für die Stellen von Mi und Fa sowie Do und Ti auf den Notenlinien verwendet. Eine Notenlinie zeichnete er rot und die andere gelb. Außerdem wurde der Notenschlüssel eingeführt. Wenn man die genauen Namen der Töne kennt, braucht man nicht unbedingt die farbigen Linien.

- Du hast schon öfters über einen Schlüssel geredet, wann zeigst du mir so einen Schlüssel?

- Habe Geduld, bald. Aber wir wollen jetzt weiter über die Positionen der Halbtöne reden. Wo liegen die Halbtöne einer Moll-Tonleiter?

- .. zwischen Re und Me und zwischen und So und Le.

- Dadurch werden die Kräfteverhältnisse zwischen den Familienmitgliedern anders, es entstehen andere Kräfte, die entweder anziehend oder abstoßend wirken. Weil aus Ti Te geworden ist, ist der Tritonus zwischen Fa und Ti verschwunden. Zwischen Fa und Ti liegt der Abstand, ein Tritonus, der nicht harmonisch klingt.

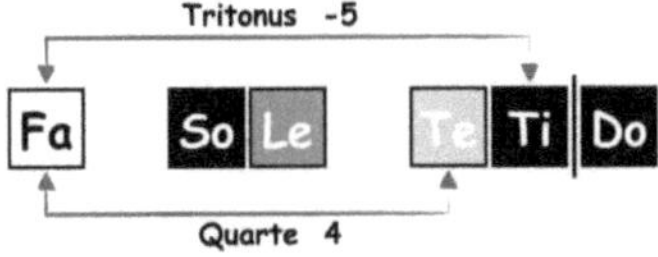

Zwischen Fa und Te ist der Abstand kleiner, also kein Tritonus, sondern eine Quarte, und die klingt gut. Dadurch fehlt aber die Spannung zwischen Do und Ti, weil es satt Ti jetzt Te gibt. Das ist wichtig, weil der Vater Do alles zu sich ziehen will. Zwischen Do und Te ist der Abstand größer geworden. Aus dem Halbton zwischen Ti und Do´ ist ein Ganzton geworden. Es fehlt die Spannung. Auf dem Bild unten habe ich dir die Unterschiede gezeichnet.

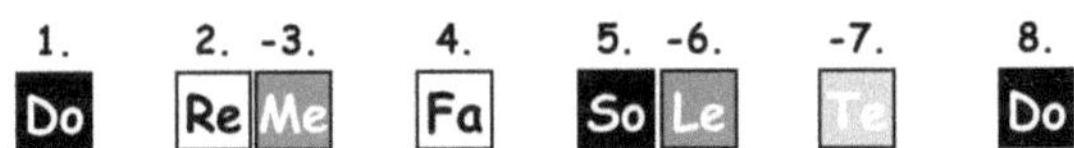

- Drei neue Tonsilben sind dazu gekommen, Me Le und Te,. Der Abstand Tritonus ist nicht mehr da.

- Die Bedeutung zwischen Ti und Te wird wichtig. Die fehlende Spannung, die der Tritonus geliefert hat, fehlt. Deswegen wird in Melodien, die in Moll sind, das Te zum Ti erhöht, damit die Melodie einen hörbaren Schluss hat: Do Re Me Fa So Le Ti Do´.

Du: Spiele auf den Klaviertasten die Moll-Tonleiter mit Ti statt Te.

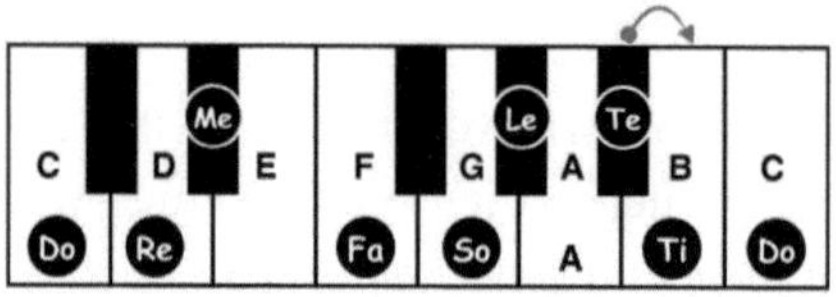

Singe jetzt diese Tonleiter: |Do - Re - Me Fa - So Le —Ti Do´|.

- Wenn ich das singe, ist der vorletzte Sprung zwischen Le und Ti groß und klingt wie eine Melodie aus Indien.
- Das ist so, weil der Abstand zwischen Le und Ti größer ist, als wir das von einer Tonleiter gewöhnt sind. Wir haben nicht einen Ganzton-Abstand, sondern einen größeren Abstand, eine kleine Terz (Moll Terz), die ein 3-Halbton-Abstand ist.

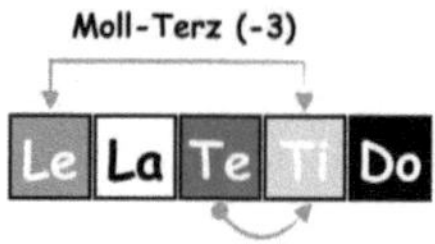

- Kannst du mir ein Lied zeigen, wo das vorkommt?
- Das kommt zum Beispiel im norwegischen Volkslied „Schlittenfahrt"vor. Der erste Teil der Melodie lautet: 2| So-so So-me | Fa Fa-re | Me-me Me-do | Re x |.

Du: Sing 2| So-so So-me | Fa Fa-re | Me-me Me-do | Re x |

- Wie du gehört hast, kommen in der Melodie alle Töne der Moll-Tonleiter bis zum So vor. Und noch etwas: Wie endet der erste Teil des Liedes?
- Auf Re. Das bedeutet Spannung, kein Ende, es wird sicher etwas folgen.
- Alles läuft nach Plan, so geht die Melodie dann weiter; natürlich kommt eine Wiederholung, aber am Ende gibt es eine Veränderung.

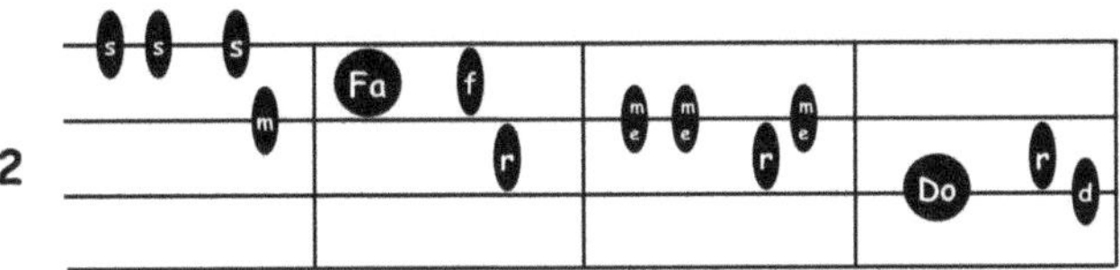

Du: | So-so So-me | Fa Fa-re | Me-me Re-me | Do Re-do | Stopp!

- Am Ende ist der Ton Do kurz. Do ist hier ein Durchgang, ein Schritt zu einem anderen Ton, der das Ziel der Bewegung hat. Da spüren wir, die Melodiewelle wird weitergehen: | Do Ti, | So, x | Do Do | So Me-fa |.

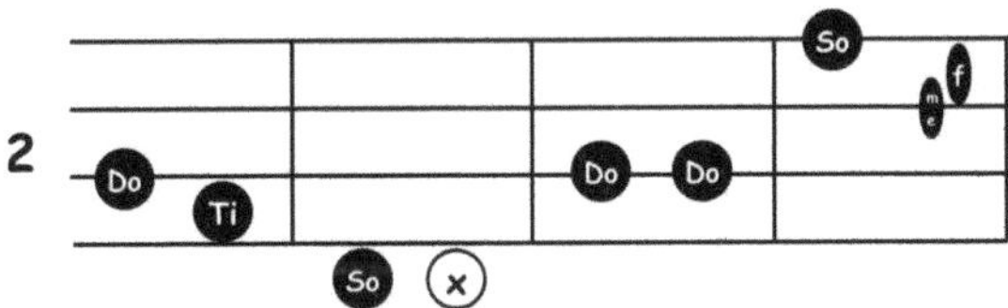

Am Ende kommt | Re= ti, | Doo |.
- Was bedeutet das Zeichen (=) nach Re?
- Re wird verlängert, um die Hälfte seines Wertes.

Du: Sing | Re=ti, | Doo |.

- Am Ende der Melodie befindet sich statt Te wie in der Moll-Tonleiter der Ton Ti: | Re= ti, | Doo |. Singe jetzt | Re= ti, | Doo |.

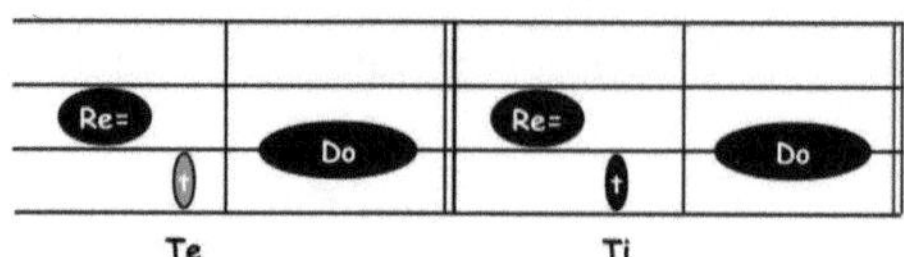

- Am Ende der Melodie befindet sich statt Te wie in der Moll-Tonleiter der Ton Ti: | Re= ti, | Doo ||.

Du: Und sing jetzt | Re= te, | Doo |. Wenn Du Probleme hast, Te zu singen dann nimm ein Instrument zu Hilfe.

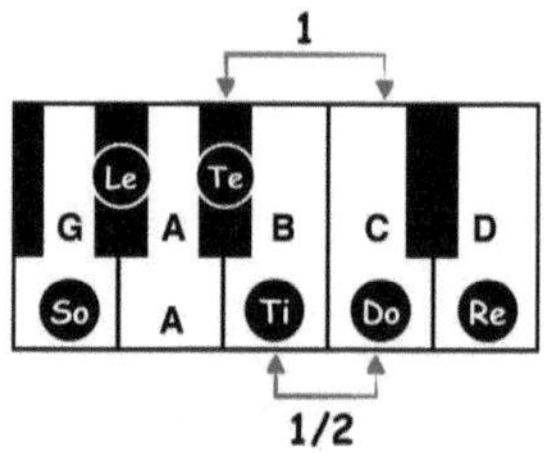

- Das klingt nicht nach einem Schluss.
- Jetzt hast du es verstanden und wirst nicht so leicht vergessen, warum am Schluss immer Ti benutzt wird, egal ob die Melodie in Moll oder in Dur steht.

Du: Sing die ganze Melodie mit den Tonsilben.

2| So-so So-me | Fa Fa-re | Me-me Me-do | Re x |
| So-so So-me | Fa Fa-re | Me-me Re-me | Do Re-do |
| Do Ti, | So, x| Do Do | So Me-fa | Re= ti, | Doo ||

- Wenn Du eine traurige Melodie hören willst, dann gibt es eine sehr bekannte Melodie von Beethoven: „Für Elise".
- Heißt der Titel „Für Elise"? Also für eine Frau, die Elisabeth geheißen hat, oder?

- Ja, das Musikstück hat Beethoven ihr gewidmet. „Für Elise" ist ein Klavierstück.

- Hat die Elisabeth ihm so gut gefallen?

- Wahrscheinlich.

- Hat Beethoven dabei Liebeskummer gehabt?

- Du fragst ziemlich viel, aber es könnte so gewesen sein, die Musikhistoriker nehmen es jedenfalls an. Fast jeder kennt die Melodie „Für Elise". Ich zeige dir das Notenbild. Das ist eine stark vereinfachte Version vom ersten Teil und auch nicht so notiert, wie das Original, damit wir es singen können. Was fällt dir auf?

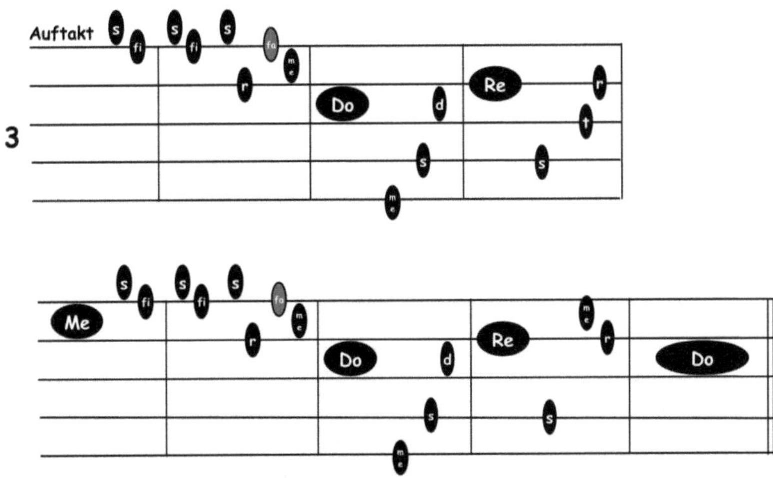

Für dich: Am besten ist es, wenn du das Stück „Für Elise" in Ruhe anhörst. Auf YouTube kannst du sogar die Noten sehen, während die Melodie vorgespielt wird. Lass dich vom Notenbild nicht erschrecken, es ist wichtig, dass du ein Gefühl für das Stück bekommst.

- Da gibt es eine neue Tonsilbe Fi. Am Anfang steht das Wort „Auftakt".

- Oft beginnt eine Melodie nicht mit einem ganzen Takt, sondern mit einem Teil davon. Dieser Teil wird Auftakt genannt. Das fehlende passende Gegenstück des Auftaktes findet man am Schluss der Melodie.

Damit wird vom Anfang an Spannung erzeugt. Als Beispiel nehme ich nun das Kinderlied „Ein Männlein steht im Walde". Der Auftakt ist der kurze Ton So. Ich singe die Melodie vor: -so, | Do-re Mi-fa |So La-fa | Mi Re | Do x -so | usw.

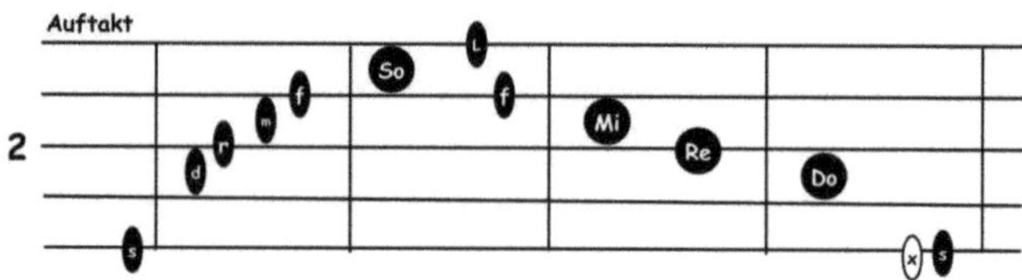

Du: Sing den Anfang der Melodie:
2 -so, | Do-re Mi-fa | So La-fa | Mi Re | Do x so, |

- Der Auftakt hat die gleiche Aufgabe wie bei „Für Elise", Spannung und Interesse zu wecken. In der Melodie „Für Elise" kommt ein neuer Ton vor, der nicht zur engen Do-Familie gehört: Fi. Fi befindet sich zwischen Fa und So (Fa → **Fi** ← So). Ich schreibe Fi, weil Fa um einen Halbton „erhöht" wird. Aus Fa wird Fi.

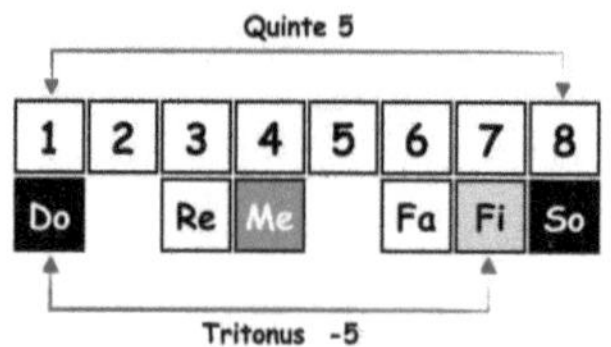

Die Melodie von „Für Elise" beginnt so: So Fi. Die zwei Töne So und Fi sind einen Halbton voneinander entfernt. Fi ist der siebte Halbton unter den zwölf möglichen Tönen, die wir nutzen. Fi hat einen besonderen Stellenwert bei den Tönen. Fi hat die Nummer 7 in der Tonreihe. Seine Beziehung zum Grundton, zum Vater Do ist eigenartig. Der Abstand zwischen Do und Fi ist ein Tritonus. Das bedeutet große Spannung.
- Einen Tritonus hast du mir schon gezeigt, Fa-Ti.
- Es freut mich, dass du dir das gemerkt hast. Du hast den Schönen Klang, die Quinte Do-So kennengelernt. Licht und Schatten liegen eng

beieinander und gehören unzertrennlich zusammen. In der Musik ist das ähnlich. Das Licht symbolisiert hier das Intervall, die Quinte Do-So. Das klingt schön und strahlend. Der Schatten wird durch das Intervall Do Fi angedeutet. Do und Fi gleichzeitig gespielt, klingt überhaupt nicht harmonisch, ganz dissonant. Der Klang von Do Fi muss bald aufgelöst werden, nur so hat er seine Berechtigung! Beethoven verwendet abwechselnd und nur kurz die Tonstufe Fi. So-fi So-fi usw. Singen wir gemeinsam. Du die obere und ich die untere Stimme.

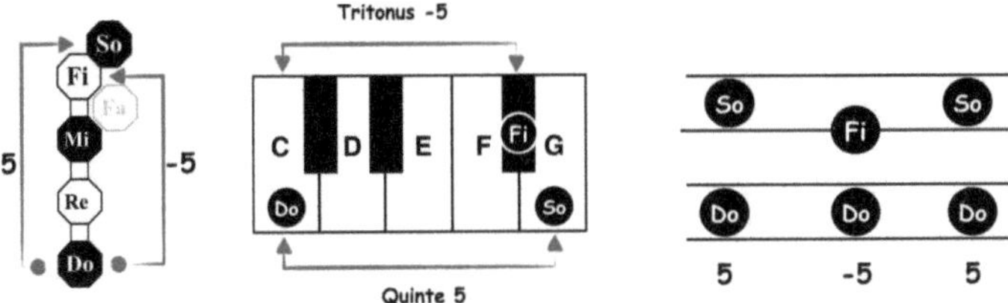

Du: Sing die obere Stimme und spiel die untere Stimme. (Oder spiel beide Stimmen auf einem Tasteninstrument.)

Stimme 1: | Soo | Fii | Soo |
Stimme 2: | Doo| Doo | Doo |
         5   -5   5

- Die Tonstufe Fi macht nicht allein den Unterschied aus, sondern dessen Beziehung zum Vater Do. Der siebte Halbton Fi steht mit dem ersten Ton Do in einer Beziehung, die nicht harmonisch klingt. 1. = Do ... 7. = Fi. Das klingt instabil und voller Spannung. Das Intervall Do - Fi heißt Tritonus. Das Wort Tonus bedeutet Spannung. Der Name Tritonus bedeutet daher die große Spannung. Tritonus = große Spannung. (Tri kommt aus dem Griechischen und bedeutet 3. Das Intervall heißt Tritonus, weil es ein Abstand von 3 ganzen Tönen ist.) Betrachte den Ton Fi als Stiefsohn.

- Das kann ich mir vorstellen. Vielleicht kommt der Stiefsohn vom Vater auf Besuch und beide wollen auch immer besser als der andere sein, und es herrscht Spannung. Wenn ich den Tritonus-Abstand höre, werde ich daran denken.

- Das Intervall, das dissonant, ist der Tritonus. Trotzdem hat sie Beethoven aus einer bestimmten Absicht heraus in der Melodie verwendet.

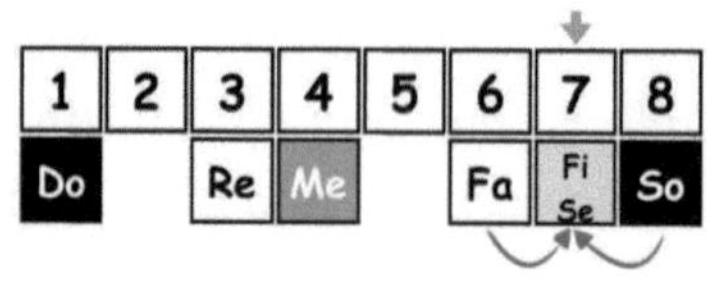

- Mir ist auf dem Bild aufgefallen, dass du in der oberen Reihe neben Fi das Se geschrieben hast.

- Die Zahl meint den gleichen Ton. Das bedeutet, dass der gleiche Ton gemeint ist. Nur die Benennung ist anders. Von Do gezählt ist der siebte Halbton gemeint. Einmal wird er als Fi und einmal als Se benannt. (Fa → Fi/Se ← So) Das ist einfach, wenn wir vom Fa ausgehen und einen Halbtonschritt nach rechts gehen. Dann wird Fa zu Fi erhöht.

- Und wenn wir einen Schritt nach links machen?

- Damit ist der gleiche Ton, der siebte Halbton, gemeint. Beethoven wollte nach der Quinte Do-So den Tritonus Do-Fi nutzen, damit der Klang-Unterschied groß und deutlich wird.

- Beethoven wollte auf diese Art seine Zweifel zeigen: Liebt sie ihn oder liebt sie ihn nicht?

- Kannst du dich an den Tritonus erinnern, der auf natürlichem Weg zwischen Fa und Ti entsteht?

- Ja, das habe ich doch schon vorher gesagt.

- Beethoven hat bewusst nicht diesen Tritonus zwischen Fa und Ti verwendet, sondern den zwischen Do und Fi, weil der als Gegensatz zur Quinte Do-So deutlich hörbarer ist.

- Hat dieser Tritonus die gleiche Kraft und Spannung wie der andere?

- Ja, der Abstand zwischen den Tönen ist gleich. Beethoven hat am Anfang einen Auftakt verwendet, damit die Spannung größer wird. Ich singe den ersten Teil vor. Die Melodie beginnt mit So-fi | So-fi So-re Fa-me | Do =. Mit Absicht habe ich nicht bis zum Taktende gesungen sondern bis zum Ende des musikalischen Zuges. Der „Ball" bewegt

206

sich vom So zu Do (So- > Do). Es werden unterwegs die anderen Töne Fi Me und Re benutzt.

- Das sind die Töne der Moll-Tonleiter.

- Die Melodie geht weiter: -me, So, -do | Re =.

- Warum hast du vor dem me einen Strich gemacht und dazu klein geschrieben?

- Weil me ein auftaktiger Ton ist. Er steht vor dem Pärchen, das ein Achtel lang erklingt.

Du: Singe das jetzt!   -me, So,-do | Re=. Wenn das noch nicht geht, nimm einfach ein Instrument zur Hilfe.

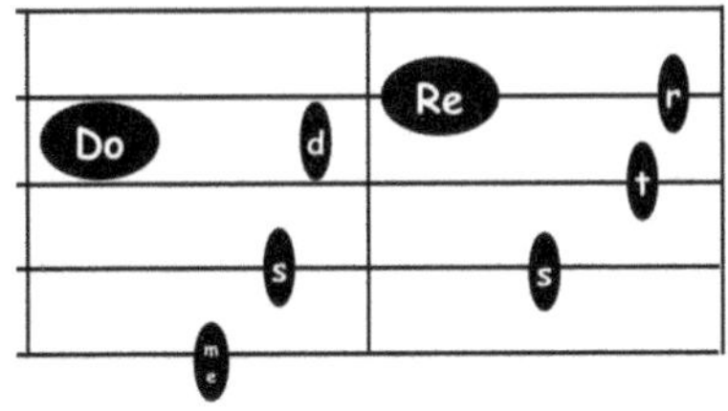

- Die Melodie geht vom unteren Me zum oberen Re hinauf, unterwegs streift sie die Töne So, und Do. Gehen wir weiter zu -so, Ti,-re | Me=.|

Du: Singe -so, Ti,-re | Me =.

- Aus Te ist Ti geworden.

- Hier hat Beethoven statt Te Ti gewählt. Es kommt eine Wiederholung. -so, So-fi |So-fi So-re Fa-me | Do= -me, So,-do | Ree=, Stopp, bis daher, weil jetzt etwas anderes kommt, nicht; -so, Ti,-Re | Me=, sondern; -so, Me-re | Dooo |.

- Die Melodie bleibt auf Do stehen.

- Ende des ersten Abschnitts. Es ist alles vereinfacht und gekürzt, damit wir es singen können.

Du: Sing langsam und aufmerksam. Fang recht hoch an, weil die Melodie tief nach unten geht.

3 So-fi | So-fi So-re Fa-me | Do=. -me, So,-do | Re=. -so, Ti,-re | Me=. -so, So-fi | So-fi So-re Fa-me | Do=. -me, So,-do | Re=. -so, Me-re | Dooo ||.

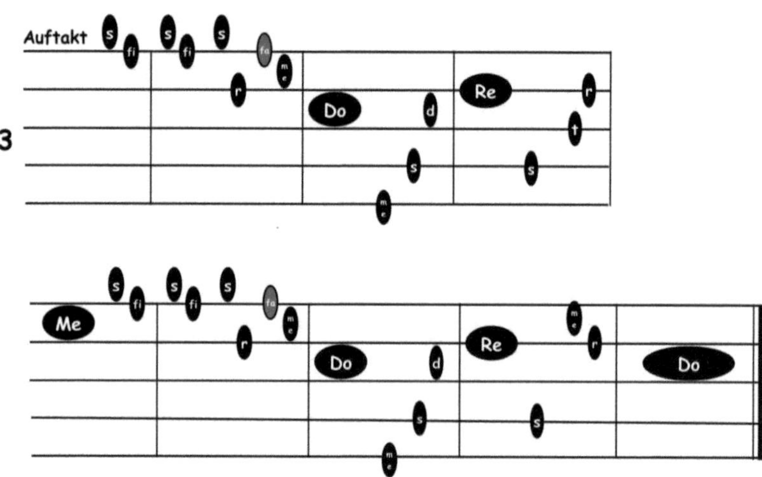

- Das Klavierstück ist lang. Es hat insgesamt drei Teile. Im mittleren Teil wechselt Beethoven von Moll zu Dur. Damit erreicht er eine andere Stimmung, Hoffnung sozusagen. Die Komponisten spielen mit Moll und Dur wie mit Schwarz und Weiß, dem Kontrast.
- Das ist wirklich ein Spiel.
- Zu Hause kannst du auf YouTube das Klavierstück anhören. Da gibt es die Möglichkeit, gleichzeitig die Noten zu sehen und zu hören. Gib die Suchbegriffe „Für Elise" und „Score" ein. Score steht für die Noten.

Was hast du gelernt?

Der Unterschied zwischen Moll und Dur ist wichtig. Du hast gelernt, wie Moll aufgebaut ist und wie du von jedem Grundton eine Moll-Terz bilden kannst. Um eine Dur-Tonleiter in eine Moll-Tonleiter zu verwandeln, muss man drei Töne verändern. Du weißt, dass die Moll-Tonleiter außer der Moll-Terz Me andere Töne hat, die von Dur abweichen: Statt La kommt Le und statt Ti Te. Die anderen Töne wie Re Fa und So bleiben gleich. Damit verändern sich die Halbton-Abstände und die Beziehungen der Töne zueinander. Die Moll-Tonleiter besteht aus den folgenden Tonstufen, in der Schreibform werden die Abstände zwischen den Tönen berücksichtigt: Do ReMe Fa SoLe Te Do. Weil die Tonstufe Te keine richtige Schlusswirkung, kein Ende, bringen kann, haben die Komponisten die Tonstufe Ti von der Dur-Tonleiter ausgeborgt.

Du hast den Auftakt und seine Rolle kennengelernt. Der Auftakt erzeugt Spannung. Ein weiterer neuer Ton, Fi, wurde vorgestellt. Eine seine Aufgabe besteht darin, Spannung zu erzeugen. Das wird deutlich, wenn Fi gemeinsam mit dem Do erklingt. Der entstandene Abstand wird Tritonus genannt. Tritonus bedeutet große Spannung. Der Tritonus-Abstand kann auf zwei Weisen entstehen, zwischen Fa und Ti natürlich und zwischen Do und Fi. Beethovens Hauptmelodie aus dem Klavierstück „Für Elise" ist ein gutes Beispiel dafür, wo du dieses selten vorkommende Intervall, den Tritonus Do-Fi hören kannst.

19. Namen

- Hast du Beethovens Klavierstück gefunden und gehört?

- Das Notenbild war zu kompliziert. Ich konnte nicht lange folgen.

- Lesen und gleichzeitig zuhören ist eine gute Übung. Du hast die Noten von „Für Elise“. Reden wir jetzt also über die Noten. Es geht dabei um die Darstellung der Tonhöhen auf den Notenlinien, um Schlüssel, Tonarten, weitere Namen von Tönen usw. Man kann den Tönen mehrere Namen geben. Wir verwenden die Tonsilben Do Re Mi usw. In Indien heißen sie Sa Ri Ga Ma Pa Da Ni Sa. Wie können wir sie anders benennen als mit Tonsilben?

- Mit Zahlen?

- 1 2 3 4 5 6 7. Die Griechen haben die Töne nach Zahlen benannt. Wir können für die Unterscheidung der Töne auch Buchstaben verwenden. Sag mir schnell das Alphabet auf!

- A B C D E F G

- Stopp!

- Ich bin erst am Anfang.

- Mehr brauchen wir nicht. Wir haben sieben Töne zum Spielen.

- Das ist komisch, dass man mit sieben Buchstaben viele Töne, die tief und hoch sind, benennen kann.

- Das ist möglich, weil sich die Reihenfolge nach sieben Tönen wiederholt, so wie die Namen der Wochentage. Auf den Sonntag folgt der Montag. Wir kommen mit sieben Namen für die Wochentage aus. In der Musik ist das ähnlich. Es gibt viele Töne. Wir kommen trotzdem mit sieben Namen aus. Das können wir dem Oktave-Prinzip verdanken.

- Die Namen werden nach sieben Tönen wiederholt. A B C D E F G | A B C D F G usw.

- Die meisten Musiker verwenden Buchstaben für die Bezeichnung der Töne. Weil sie viele Töne brauchen, müssen sie unterscheiden, welches A, B oder C usw. gemeint ist.

- Deswegen gibt es noch eine Zahl zusätzlich zu den Buchstaben. Der Ton C3 klingt tiefer als C4.

- Es gibt aber noch andere Töne, die als C2, C5 usw. bezeichnet werden. Wir haben die Melodien, die wir bis jetzt besprochen haben, gesungen. Den Anfangston der Melodie haben wir frei wählen können. Ich habe einen tieferen, du einen höheren Ton gewählt. Deswegen haben wir die Tonsilben benutzt, weil sie die Tonstufen angeben und nicht die genaue Tonhöhe. Wenn Musiker aber diese Melodien auf ihren Instrumenten spielen, brauchen sie genaue Angaben, welche Töne sie spielen sollen.

- Die Töne mit den Buchstaben und Zahlen, wie C3 oder G4. Dann wissen sie, welche Tonhöhe gemeint ist.

- Das stimmt, aber wie hoch ist der Ton C3 ganz genau? Wie könnten wir die Tonhöhe messen oder feststellen?

- Die Töne, die wir hören, sind Schwingungen in der Luft. Daher bewegen sie sich in der Luft auf und ab wie Wellen. Die Anzahl der Schwingungen könnte man messen. Aber wie?

- Denk an den Vogel Kolibri. Wenn er mit seinen Flügeln schnelle Bewegungen macht, ungefähr 50-mal in einer Sekunde, entsteht ein tiefer Ton, der sich wie Brummen anhört.

- Der Kolibri kann einen Ton von sich geben, ohne seinen Schnabel zu öffnen?

- Ja, weil seine Flügel die Luft hin- und herbewegen und dadurch ein hörbarer Ton entsteht. Das kann jeder hören, der im Zoo aus der Nähe einen Kolibri gesehen und gehört hat.

- Du meinst also, wir könnten die Luftbewegungen eines Tons messen?

- Genau, die Töne sind in der Wirklichkeit weder hoch noch tief, sondern langsam oder schnell, was die Anzahl der Bewegungen in der Luft betrifft. Wenn ein Ton langsam schwingt, empfinden wir ihn als tiefen Ton.

- Also der tiefe Brummton vom Kolibri hat die Zahl 50, oder?

- Diese Zahl 50 ist die Anzahl der Schwingungen in einer Sekunde. Diese kann man mit einem Messgerät messen. Wenn sich etwas noch schneller bewegt, klingt es höher. Die Stimmgabel bewegt sich in der

Sekunde 440-mal hin und her, und dadurch bewegt sie die umgebende Luft. Diese schnelle Schwingung empfinden wir als einen hohen Ton, den die Musiker als „a´" bezeichnen. Ein a mit einem Strich oben rechts, nennt man a`. Die Musiker in Amerika bezeichnen a`als A4. Dieser Ton a` hat die Schwingung 440 Hz. Diese dient als Ausgangspunkt und kann auf vielen Instrumenten erzeugt werden. Auf dem Klavier finden wir ihn, wenn wir die Taste A4 spielen.

- Was heisst „Hz"?

- Die Anzahl der Schwingungen werden mit „Hertz" (abgekürzt Hz) nach dem Physiker Heinrich Hertz, benannt. Nachdem du jetzt weißt, wie man die Tonhöhe misst und die Töne benennt, müssen wir diese Angaben auf die Notenlinien übertragen.

- Du hast gesagt, dass die Notenlinien nicht die genaue Tonhöhe angeben, sondern die Beziehungen der Töne untereinander. Wir können Do nach Belieben verschieben.

- Das stimmt, aber mit einem Trick geht das. Die Lösung für dieses Problem haben schon vor mehr als 1000 Jahren die Mönche gefunden. Solange sie nur gesungen haben, gab es kein Problem, was die genauen Tonhöhen anbelangte. Die Notenlinien haben die relative Beziehung der Töne angegeben, die Melodie klang immer gleich, egal ob sie tiefer oder höher gesungen wurde. Zuerst hat es gar keine Notenaufzeichnung gegeben. Die Tonhöhen wurden mit Handzeichen ☞, sogenannten Neumen angedeutet. Diese Handzeichen wurden dann auf einem Stück Papier über den Text zur Melodie gezeichnet. Die waren aber nicht besonders genau. Die Mönche mussten irgendwie den Ablauf der Melodie genauer aufschreiben. Bruder Guido entdeckte, dass Linien zur Darstellung der Tonhöhen nützlich sein könnten. Zuerst zeichnete er nur 3 Notenlinien. Die tiefe Linie färbte er rot, die hohe Linie gelb und die Mitte blieb schwarz. Das war zur besseren Unterscheidung für die Halbtonabstände.

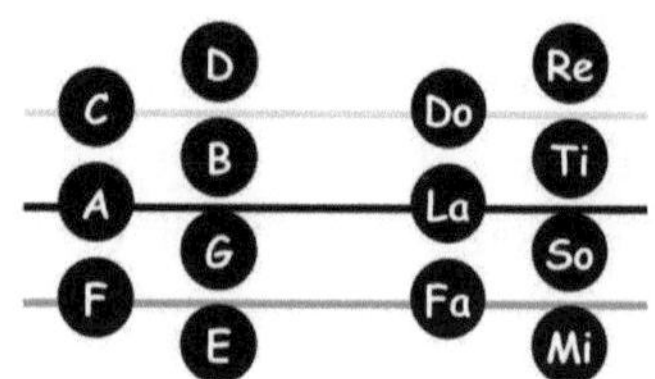

- Du meinst auf der roten Linie sind Mi und Fa und auf der gelben Linie Ti und Do?

- Die Mönche haben die Töne mit Buchstaben benannt: A B C D E F G. Man muss wissen, dass sich die Halbtonabstände zwischen B und C sowie E und F befinden.

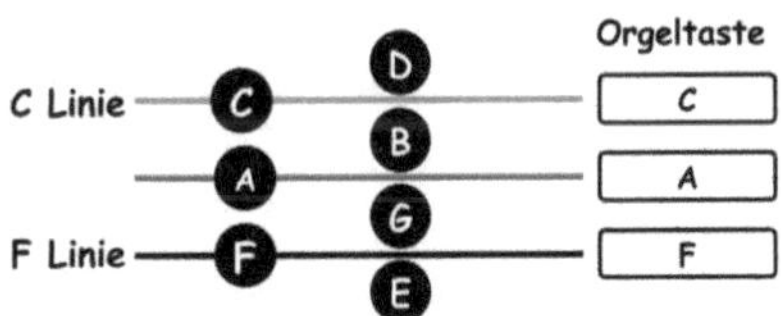

Zunächst war der Ausgangston das A, später war es das C. Die rote und die gelbe Linie zeigen uns, dass dort ein Halbton-Abstand ist. Mit drei Linien konnten sie sieben Töne darstellen.

In den Kirchen wurden die ersten kleinen Orgeln verwendet. Sie haben Pfeifen gehabt, deren Tonhöhen man nicht verändern konnte. Wenn die Mönche zur Orgelmusik singen wollten, mussten sie sich an die Tonhöhe der Orgelpfeifen halten, die mit den Buchstaben gekennzeichnet waren. Der Anfangston war aber nicht mehr das A, sondern das C. Der Mönch Guido musste eine Lösung finden, wie er die Tonhöhe der Orgeltaste C auf die Notenlinie zeichnen konnte. Er benannte die gelbe Linie als C-Linie und die rote als F-Linie. Nachher platzierte er die anderen Töne der Reihenfolge nach zwischen die Linien. Er wusste, dass es unter den Tönen eine bestimmte Reihenfolge gibt. Es gibt zwei Stellen, wo der Abstand zwischen den Tönen kleiner ist und nur aus einem Halbton- Abstand besteht.

- Das ist logisch, so sind jetzt die Tasten der Orgel mit den Notenlinien verbunden. Der Mönch war ganz schön schlau.

- Wenn wir wissen, wo das C oder das F ist, können wir ausrechnen, wo die anderen Töne liegen. So kann man eine Melodie, die mit der Notenschrift aufgeschrieben worden ist, auf der Orgel spielen. Wenn die bunten Notenlinien geblieben wären, wäre die Sache klar. Aber die Farben sind verschwunden, weil sie zu teuer waren. Es gab dann nur noch schwarze Linien. Schließlich kam noch eine Linie hinzu.. Wenn die Töne ohne farbige Linien dargestellt werden, muss man unterscheiden können, wo die Halbton-Abstände sind.

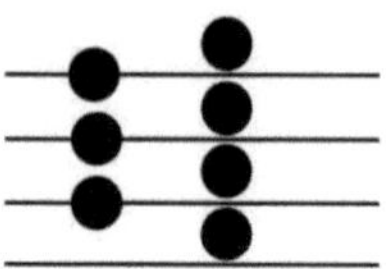

- Schade, farbig war es schöner. Außerdem ist es noch komplizierter geworden. Jetzt gibt es vier Notenlinien.
- Ja, die vier Linien waren notwendig, damit sie mehrere Töne darstellen konnten.
- Woher soll ich jetzt wissen, welcher Ton auf welcher Linie ist?
- Diese Frage hatte sich der Mönch Guido auch gestellt und suchte nach einer Lösung. Zuerst erfand er den Schlüssel. Er bezeichnete eine Linie statt mit Farben mit Buchstaben: C.

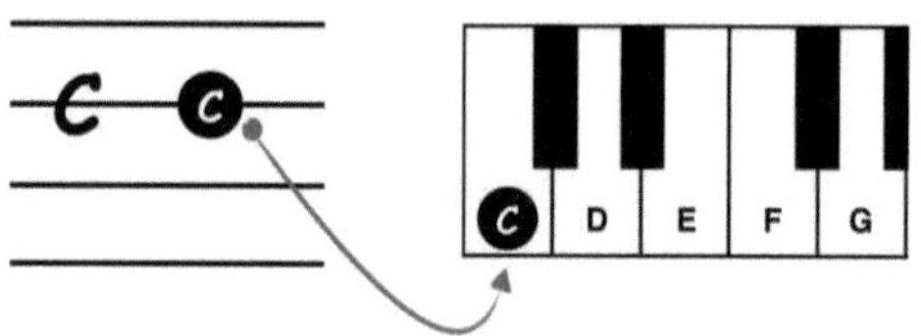

Da wussten die Mönche, dass die Taste C auf der Orgel dieser Tonhöhe entspricht. Somit hat er den Notenschlüssel erfunden. Auf der dritten Notenlinie befindet sich der Ton C. Wenn ich diese Note auf der dritten Linie sehe, drücke ich auf der Orgel die C-Taste. Der Buchstabe am Anfang einer Notenlinie ist der Schlüssel zu einer bestimmten Tonhöhe. Weil diese Aufgabe sehr wichtig ist, wurde sie Notenschlüssel benannt.
- … als der Schlüssel zum Knacken des Codes wie bei einem Computerspiel. Wenn ich weiß, dass die dritte die C-Linie ist, habe ich den Schlüssel in der Hand.

- Die Notenlinien geben die Beziehungen der Töne in der Familie an. Erst der Noten-Schlüssel gibt die genaue Tonhöhe an. Der Notenschlüssel kann aber die Töne höher oder tiefer darstellen. Wenn ich den Notenschlüssel C statt auf der dritten Linie um eine Linie nach unten verschiebe, ist der fixe Ton C auf der Orgel mit der zweiten Linie verbunden. Alle anderen Töne verschieben sich dementsprechend nach unten. Das Notenbild verändert sich. Die Verbindung mit der gleichen Orgeltaste C bleibt aber erhalten.

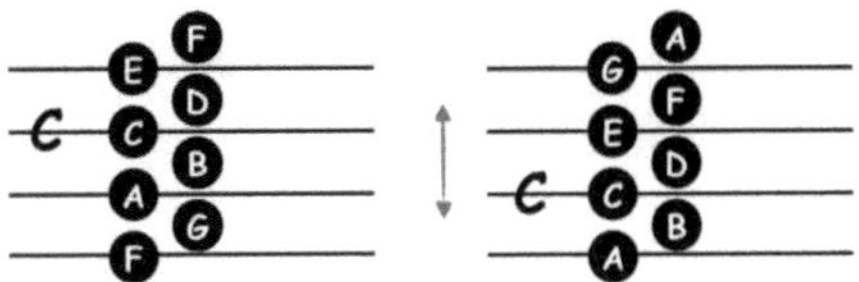

- Warum wird der Platz eines Tons auf der Linie verschoben?
- Die Mönche haben vor allem gesungen, die meisten tief und manche hoch. Die Melodien waren verschieden, tief oder hoch, haben weniger oder mehr Tonhöhen gehabt. Die Mönche wollten mit Papier und Tinte sparen. Sie wollten keine zusätzlichen Linien zeichnen. Sie haben die Notierung dem Verlauf der Melodie und dem Anfangston angepasst. Nehmen wir als Beispiel das Lied „Im Märzen der Bauer": So, Do Do Mi Re Re Fa Ti, Ti Re Doo. Sagen wir, der Ton C ist unser Do. (C=Do) Jetzt stellen wir die Melodie mit den Tonbuchstaben dar: G, C C E D D F B, B, D C. Wenn ich diese Töne auf die Notenlinien übertragen will, muss ich überlegen, wie ich das am besten mache. Die erste Tonsilbe ist So, also ein G. Alle anderen Töne sind höher. Damals haben sie vier Notenlinien genutzt. Ich notiere die Tonhöhen ohne die Notenlängen, damit du dich auf die Darstellung der Tonhöhen konzentrieren kannst. Ich habe den C-Notenschlüssel auf die dritte Linie gelegt, damit der Tonumfang der Melodie ohne zusätzliche Linie aufgeschrieben werden kann.

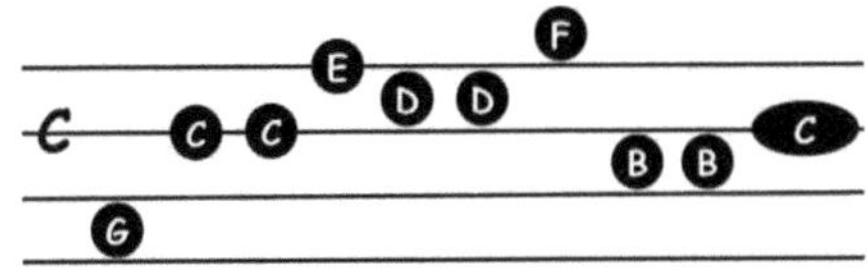

- Verstehe, alle Tonhöhen konnten mit vier Notenlinien aufgeschrieben werden.

- Vergiss nicht, dass am Anfang die Melodien vor allem gesungen wurden. Die menschliche Stimme kann nicht so tief und so hoch wie eine Orgel erklingen. Die Anordnung der Töne auf den Notenlinien wurde dem Gesang angepasst. Deswegen sind die Notation und der Notenschlüssel auf das Singen ausgelegt, und zwar auf das Singen von Mönchen, von Männern! Am Anfang wurde der C-Notenschlüssel oft gebraucht. Es gab aber Männer, die nicht so hoch singen konnten. Für sie wurden tiefere Tonhöhen gewählt. Deswegen erfand man den Bassschlüssel, der auch F-Schlüssel genannt wird.

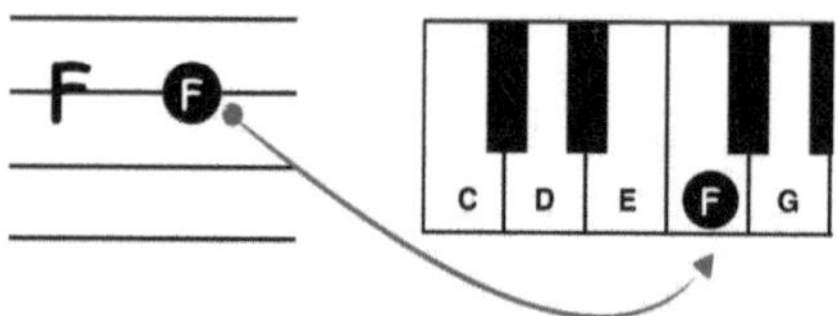

- Weil er den Platz für den tiefen Ton F angibt?

- Männer, die tief singen können, brauchen den F-Schlüssel (F3), weil dort die tiefen Töne dargestellt werden können. Ich zeige dir, wie das Zeichen für den Bassschlüssel aus dem Buchstaben F entstanden ist.

F 𝄢 𝄢:

- Schauen wir die Töne im Bassschlüssel (F) an. Unsere fünf Linien bleiben unverändert. Die Plätze der Töne werden verändert. Damit du den Unterschied besser sehen kannst, habe ich zwei Darstellungen von C-Schlüssel und F-Schlüssel (oder Bassschlüssel) nebeneinander gestellt.

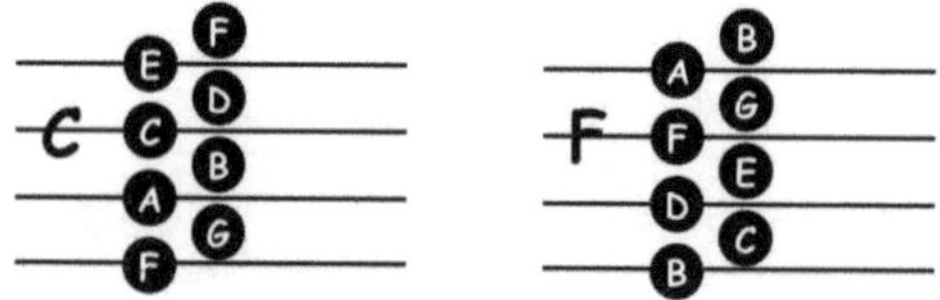

- Ich sehe, wo vorher der Ton C war. Auf der vierten Linie ist der Ton F.

- Die Reihenfolge der Töne bleibt gleich, A B C D E F G, egal, mit welchem Buchstaben du anfängst. Fang mit dem Buchstaben G an.

- G A B C D E F und G.

- Wenn du G sagst, bleiben wir beim G. Das ist der bekannteste aller Schlüssel.

- Und warum heißt er G-Schlüssel?

- Die Violine hat ihren Tonumfang im Bereich des G-Schlüssels, daher der Name Violinschlüssel.

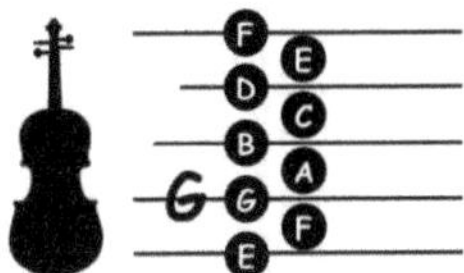

- Da sehe ich das Zeichen für den Violinschlüssel nicht.

- Zuerst betrachten wir, wie er entstanden ist: durchs Schreiben mit Tinte und Feder. Der Buchstabe G wurde verändert und verziert. Wenn jemand den G-Schlüssel sieht und den Ton G4 (g′) auf seinem Instrument spielt, erklingt die gleiche Tonhöhe. Meine Stimmlippen schaffen es, die Tonhöhe G4 in einer Sekunde 391-mal schwingen zu lassen. Kommen wir zur Stimmgabel und zu unserem Stimmton a′ (A4) zurück. Weil wir wissen, wo sich der Ton G4 (g′) befindet, können wir den Platz für den Ton a′, der nicht weit vom Ton g′ entfernt ist, finden. Die Instrumente werden jetzt auf diesen Ton a′(A4=440 Hz) gestimmt.

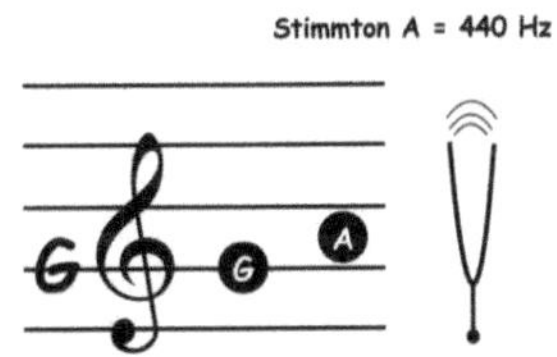

- Der Stimmton a′ (A4) ist also der Ausgangspunkt für jeden Musiker.

- So ist es. Der Notenschlüssel wurde mit dem Ziel entwickelt, dass eine genaue Tonhöhe markiert wird und man möglichst wenige Hilfslinien zeichnen muss. Sie wurden an den Tonumfang der Singstimme und der Instrumente angepasst. Ich habe die zwei Schüssel, Violin- und Bassschüssel, untereinander dargestellt, damit du den Übergang zwischen den zwei Systemen besser siehst. Es geht darum, dass man mit wenig Notenlinien und Hilfslinien auskommt.

Die genauen Tonhöhen auf den Klaviertasten, die mit den genauen Schwingungen pro Sekunde angegeben sind, sind mit einer Notenlinie verbunden. Die fetten markieren die Ausschnitte auf dem Bild.

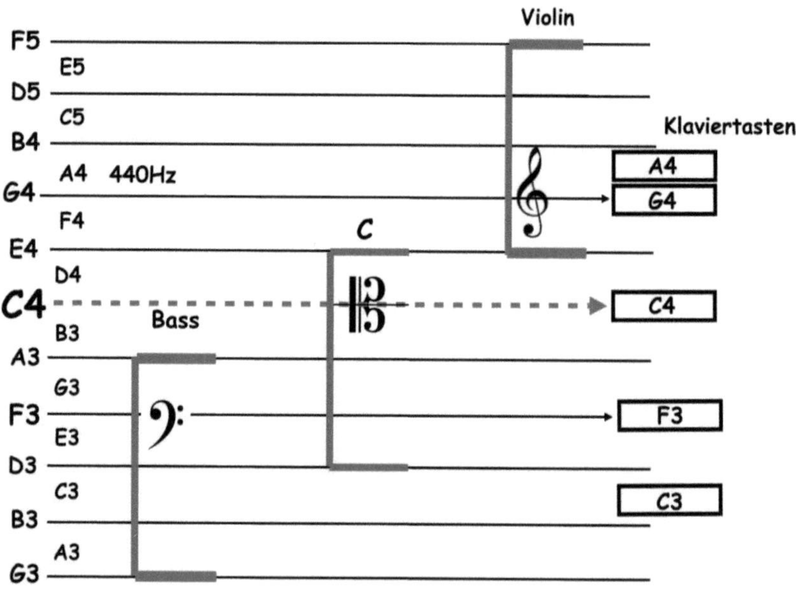

- Die Notenschlüssel G, F oder C mit ihren fünf Linien zeigen einen Ausschnitt aus den vielen möglichen Tonhöhen. Das hat mit dem Stimmumfang zu tun. Du kannst die Tonhöhen, die im Violinschlüssel notiert sind, leicht singen, ich kann die Töne, die im C-Schlüssel notiert sind, leicht singen. Daher sagt man zum C-Schlüssel Tenor-Schlüssel, weil vor allem Männer diese Tonhöhen singen. So, jetzt kommen wir zu etwas, das du schon gut kennst.
- Was denn?
- Nachdem der Mönch Guido die Notenlinien und den Notenschlüssel entdeckt hat, bekam er eine wichtige Aufgabe: jungen Menschen das Singen beizubringen. Die Melodien wurden auf vier Linien notiert, ohne Buchstabennamen, nur schwarze Quadrate.

- Quadrate?
- Weil es mit der Feder, die schräg an der Spitze abgeschnitten war, und mit der Tinte einfacher war, quadratähnliche Zeichen zu setzen. Wenn man singen will, ist es wichtig zu wissen, wo ein Halbtonabstand und wo ein Ganztonabstand vorhanden ist. Er überlegte, wie sich das seine Schüler schnell und leicht merken konnten. Wir nutzen die Tonsilben. Guido hat sie erfunden. Er nahm vom Johanneshymnus, einer damals bekannten Melodie, die ersten Wortsilben des Textes. Dadurch entstanden die Tonsilben. Die Melodie beinhaltet den Halbtonschritt zwischen Mi und Fa. Die Schüler haben die Wortsilben Ut Re Mi Fa So La mit der stufenweise aufsteigenden Melodie verbunden und so in ihr Gedächtnis eingeprägt. Das war für sie eine Eselsbrücke. Mit Hilfe der Tonsilben kann man das Notenbild leichter entziffern und die Melodie singen. Wenn jemand die folgende Melodie auf dem Klavier spielen will, kann er auch die genauen Tonhöhen ablesen: G c c e d d f B B d c usw.

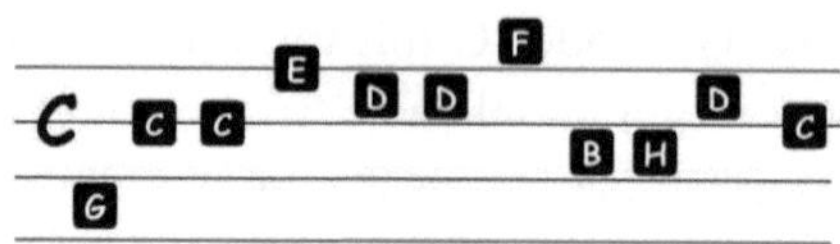

- Die Tonsilben, die er verwendet hat, sind zu einem großen Teil mit denen vergleichbar, die wir nutzen. Unser jetziges Do hieß damals Ut. Ti fehlte noch.
- Warum hieß Do damals Ut?
- Weil der Text das vorgegeben hat. Ich habe dir gesagt, dass Guido die erste Silbe jedes Verses genommen hat und damit die Tonhöhen bezeichnete. Der erste Vers begann mit Ut. Mit der Zeit wurde das System weiter entwickelt. Schau die Zeichnung unten an.

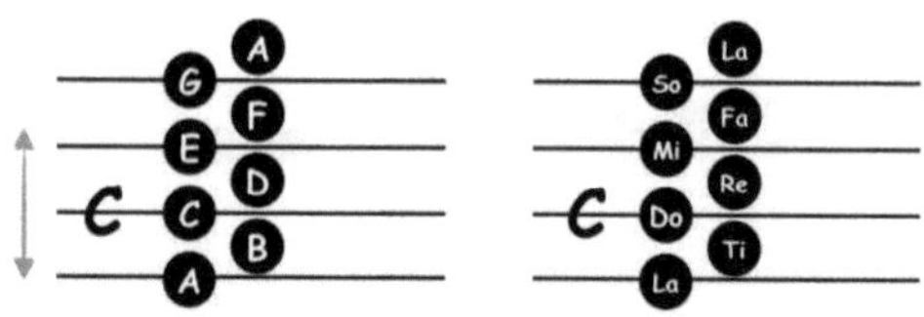

- Der Pfeil zeigt, dass das Ganze nach oben oder nach unten verschiebbar ist.
- Erst mit dem Notenschlüssel wird die genaue Tonhöhe angegeben. Wichtig ist zu wissen, dass das Do verschiebbar ist, weil es eine Eigenschaft hat und keine genaue Tonhöhe. Do kann jeder Ton, A B oder C usw. sein. Das hängt davon ab, in welcher Tonart gespielt oder gesungen wird. Do muss der Grundton sein!
- Die Bezeichnung C4 steht für die genaue Tonhöhe. Die entspricht dem Familiennamen, den man nicht aussuchen kann. Die Bezeichnung Do bezieht sich auf eine Eigenschaft.
- Kann ein Ton, der die Rolle von Do hat, A oder G heißen?
- Natürlich. Die Töne G oder A können Do sein.
- Das klingt kompliziert!
- Da hast du Recht. Kommen wir zu den Tonarten. Wir wissen schon, wo die Halbtöne in der Dur-Tonleiter liegen.
- Zwischen E und F und zwischen B und C.

- Wir können jeden Ton als Ausgangspunkt für eine Tonleiter wählen. A, B, C usw. Entscheidend ist, ob das Stück zum Singen oder für ein Instrument gemacht worden ist. Das kann die Auswahl der Töne einschränken. Ein Mann kann nicht so hoch singen wie eine Frau. Für den Komponisten heißt das: Suche nach der richtigen Tonhöhe. Der Aufbau der Dur-Tonleiter ist einfach: Nimm einen beliebigen Ton und bilde dann in einem Ganztonabstand einen zweiten, beim dritten pass aber auf, nimm seine Nachbarn, weil es nur einen Halbton zwischen dritten und vierten Ton gibt. Den Aufbau kennst du ja schon. Hier eine sichtbare Hilfe dazu.

C		D		E	F		G		A		B/H	C'
	G.T.		G.T.			G.T.		G.T.		G.T.		

Die Abstände zwischen den einzelnen Tönen müssen in der Ton-Familie immer die gleiche sein, egal von welcher Tonhöhe wir ausgehen. Eine Schablone kennen wir schon, die Schablone der Do-Familie und ihre Beziehungen. Es gibt sieben fixe Rollen, Do Re Mi Fa So La Ti. Diese sind zu vergeben. Die Töne, die wir jetzt mit Buchstaben bezeichnen, bewerben sich dafür.
- Ist das wie ein Casting bei einer Talenteshow?
- In der Musik wählt der Komponist bestimmte Töne aus. Ich vergebe die Hauptrolle Do dem Ton C. Die anderen Rollen bekommen automatisch die anderen Töne der Reihenfolge nach: Re = D, Mi = E, Fa = F, So = G usw. Das ist die C-Dur-Besetzung. In der unteren Reihe bekommt der Ton G die Hauptrolle des Do. Deswegen heißt diese Tonreihe G-Dur. Die anderen Rollen bekommen jetzt andere Töne.

C		D		E	F		G		A		B/H	C'
Do		Re		Mi	Fa		So		La		Ti	Do'
1		2		3	4		5		6		7	8
G		A		B	C		D		E		Fis	G'

- Die Rolle von Do kann der Ton C oder der Ton G spielen. Die Rolle von Mi kann der Ton E in C-Dur oder der Ton B in G-Dur spielen. Und noch etwas: Es gibt da einen Ton mit dem Namen Fis.

- Ich bin dir aber noch eine Erklärung schuldig, was den Ton Fis betrifft. Kurz gesagt, wenn der Ton G die Rolle des Vaters Do übernimmt, dann muss ein Ton die Rolle der Tochter Ti übernehmen.

- Verstehe, und der vorletzte Ton Ti muss einen Halbton vom Grundton entfernt sein.

- Genau! Es gibt insgesamt zwölf Töne. Wir haben meist sieben genutzt. Es gibt aber weitere Töne, die du bei der Moll-Tonleiter kennengelernt hast.

- Me, Le und Te und Fi.

- Das sind Tonsilben. Wir brauchen aber jetzt die Bezeichnung mit den Tonbuchstaben. Wir nehmen jetzt C-Dur.

Do		Re		Mi	Fa		So		La		Ti	Do´
C	Cis	D	Dis	E	F	Fis	G	Gis	A	Ais	B/be	C´

Jetzt kannst du die anderen fünf Töne, die Zwischentöne, auch sehen. Die heißen: Cis Dis Fis Gis und Ais. Wie sie zu ihren Namen kommen, ist einfach zu erklären: Wenn ein Hauptton um einen Halbton erhöht wird (#), die Raute # ist ein Symbol für die Erhöhung um einen Halbton, dann bekommt der Name die Endung „is". Der erste Teil des Namens kommt von dem Ton, von dem er abstammt. Ich fange mit dem C an. C ↗ Cis, D ↗ Dis, F ↗ Fis, G ↗ Gis und A ↗ Ais

- Deswegen gibt es in G-Dur einen Ton, der Fis heißt!

- Also die Töne der G-Dur Tonleiter sind: G A B C D E Fis G´.

- Jetzt verstehe ich, eigentlich ist es einfach.

- Wir können einen Ton auch um einen Halbton erniedrigen. (Das Zeichen dafür ist ein b.) Er bekommt dann die Endung „es".

D ↘ Des, E ↘ Es, G ↘ Ges, A ↘ As und B ↘ B-flat bzw. H ↘ Be

- Sind das dann noch weitere fünf Töne?

- Nein, die Zwischentöne haben doppelte Namen.

Do		Re		Mi	Fa		So		La		Ti	Do´
C	Cis / Des	D	Dis / Es	E	F	Fis / Ges	G	Gis / As	A	Ais / Be	B/be	C´

- Verwirrend! Brauchen wir diese neuen Töne für unser Spiel?

- Bisher haben wir sie nicht verwendet. Wir werden sie bald brauchen, wenn Du die Tonleiter-Schablone leicht verschiebst und andere Dur-Tonarten bilden möchtest. Hier ist die Schablone der Do-Familie, die du beliebig nach rechts oder nach links verschieben kannst. Je nachdem, wohin du die Schablone verschiebst, werden die Töne, die mit Buchstaben benannt worden sind, die Rolle übernehmen, die ihnen die Schablone zuweist. Jetzt verschiebe ich den Anfang der Schablone zu F.

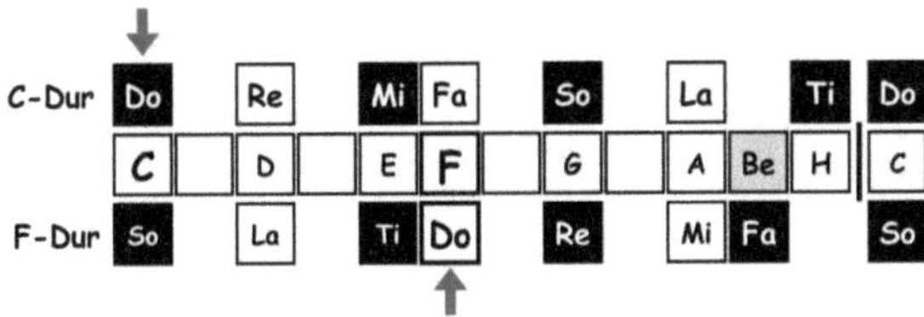

- Fast alle Töne bleiben gleich. Das B darf nicht mitspielen. Der Ton links vom B (be ← B) wird neben ihm die Rolle von Fa übernehmen.

- Es gibt zwei Arten, wie dieser Ton B benannt wird. Hier bei uns wird er als H bezeichnet. In anderen Ländern, z.B. in England oder Amerika nennt man den Ton H B. Wenn der erniedrigt wird, nennen wir ihn bei uns den Ton Be (H ↘ Be) und in anderen Ländern, z.B. im Englischen B-flat (B ↘ be-flat).

- Wozu brauche ich diese verschieden Tonarten, F-Dur, G-Dur usw.?

- Stell dir vor, du singst ein Lied in D-Dur. Das ist zu hoch für dich. Du singst das Lied also einen Halbton tiefer. Für dich ist es kein Problem, aber für den Klavierspieler, der dich begleiten will, ändert sich fast alles, er muss jetzt andere Tasten bzw. andere Töne spielen. Die schwarzen Tasten haben doppelte Namen, z. B. Cis/Des. Wenn du vom Ton C nach rechts einen Halbton höher gehst, heißt dieser Ton Cis. Wenn du vom Ton D nach links einen Halbton tiefer gehst, heißt der Ton Des.

(C → Cis/Des ← D) Cis und Des ist der gleicher Ton, nur die Bezeichnung ist anders.

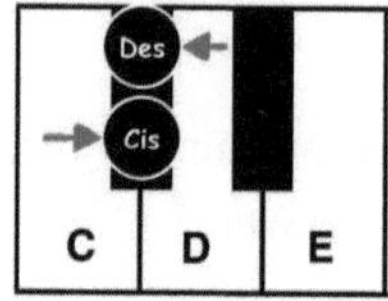

Verschieben wir die Schablone vom Ton C zum Ton Cis, können wir sehen, was sich verändert....

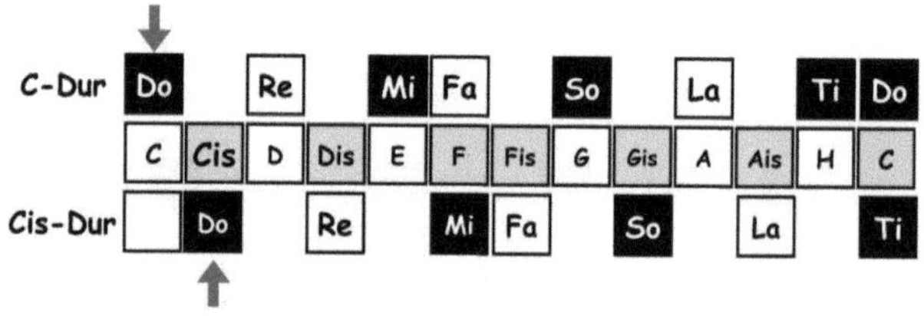

- Alles außer F und C.

- Wir sollten jetzt besprechen, wie die Zwischentöne „is" und „es" mit der Notenschrift sichtbar gemacht werden können. Ich habe dir schon einmal eine Zeichnung gezeigt, wo die nicht sichtbaren zusätzlichen Töne dargestellt sind. Die versteckten Noten können nicht ohne Vorzeichen wie # und b im Notenliniensystem dargestellt werden.

Schauen wir uns jetzt an, wie die schwarzen Tasten, also die Zwischentöne, im Notensystem dargestellt werden.

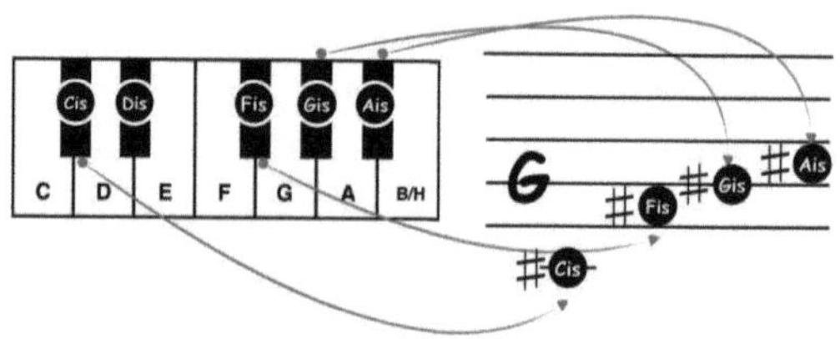

Das Zeichen „Kreuz" (#) signalisiert, dass im Notensystem ein Zwischenton gemeint ist. Wenn vor einer Note ein Kreuz (#) steht, wird sie um einen Halbton erhöht. Wenn das Zeichen „B" (b) vor einer Note steht, wird sie um einen Halbton erniedrigt.

- Das ist wirklich logisch.

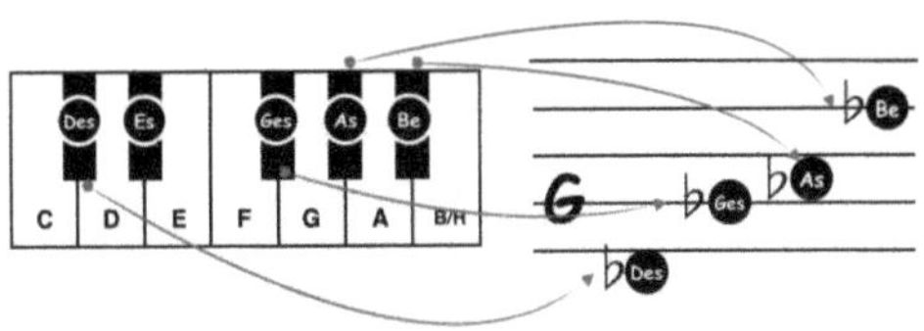

- Kommen wir jetzt zu den Tonarten und zu ihrer Darstellung im Notensystem. Zuerst zu C-Dur, wo keine veränderten Töne vorkommen, sondern die sogenannten Stammtöne C D E F G A B C. t. In der nächsten Zeile siehst du das Zeichen # auf der obersten Notenlinie. Es zeigt an, dass jeder Ton, der sich auf dieser Linie befindet, um einen Halbton erhöht wird. Das Zeichen # am Anfang dieser Notenzeile bedeutet, dass jedes F zum Fis wird. Fis hat die Rolle des Ti in G- Dur, G A B C D E Fis G. In den Notenköpfen sind die Namen der Töne sichtbar, darunter die Tonsilben.

In der nächsten Zeile haben wir das Vorzeichen b auf der dritten Linie. Der Ton B (ursprüngliches B, entspricht dem deutschen H) wird um einen Halbton tiefer (Bb oder B-flat im Englischen, B im Deutschen). In F-Dur übernimmt der Ton B-flat (oder Be im Deutschen) die Rolle von Fa: F G A Be C D E F. Dann gibt es noch als Beispiel eine Tonart, die drei b als Vorzeichen hat: Es Dur. Es F G As Be C D Es.

- Ziemlich kompliziert, aber gut, dass du in jeder Tonart die Tonsilben auch hingeschrieben hast. So ist es leichter für mich, mit den Augen die Stellen zu erkennen. Also ein # bedeutet G-Dur, weil ein Ton, das F, auf das Fis erhöht werden muss. Ein b als Vorzeichen bedeutet, dass der Ton B erniedrigt wird, und das bedeutet F-Dur. Drei Be's (b b b) bedeuten, dass drei Töne erniedrigt werden, der Ton Es ist der Grundton Do, also Es-Dur.

- Mehr brauchst du jetzt nicht auswendig lernen. Sieh dir das Lied „Knusperbrot" an, diesmal in G-Dur notiert und in den Notenköpfen sind die Tonsilben. Das Vorzeichen # am Anfang der Zeile zeigt an, dass alle Fis'e erhöht werden. Statt F haben wir Fis. Der Grundton Do ist das G.

- Der Grundton Do ist der Ton „G", und er ist auf der zweiten Linie. Die Melodie beginnt mit dem Ton B oder H. Dann kommen A und G.
- Kannst du dir vorstellen, dass wir die Melodien so notieren?
- Ja, aber langsam...
- Ich werde dir helfen. Schau das Notenbild an. Diesmal sind die Notenköpfe schwarz! Jetzt musst du lernen, die Positionen der Töne auf den Notenlinien mit deinem Auge zu erkennen. Wir haben schon einige Regeln besprochen.
- Ja, bei den Terzen! Die sind immer huckepack gezeichnet.
- Die Quinten befinden sich über den Terzen. Da ist es egal, ob sie auf einer Linie oder zwischen den Linien sind. Die Tonsilben werden jetzt

226

eine große Hilfe sein. Jetzt brauchst du nur zu wissen, wo der Grundton liegt, und du kannst schon die anderen Tonstufen ablesen.

- Du hast die Stellen des Do eingezeichnet, einmal, wo der Ton F ist,
und einmal, wo der Ton E ist, auf der ersten Linie.
- Es geht darum, dass die nächste Linie oder der Zwischenraum eine
Terz zeigt. Die Terz ist der dritte Ton, also der übernächste Ton: Do Mi
So Ti Re´ usw. Oder vom Re angefangen sind das die Terzen Re Fa La
Do. Ich habe eine Melodie in F-Dur notiert, ohne Tonsilben oder Namen. Zur Orientierung habe ich die Stellen des Do am Anfang gezeichnet: Versuche zuerst nur die Tonsilben der Melodie abzulesen,
also nur zu sprechen. Das ist sehr wichtig, damit du vom Noten-Blatt
lesen kannst, so, wie wenn du einen Text liest. |Do Re | Mi So | Mi Do
| Ti, La, | Do Mi | So La | Ti Do | So Do´||

Du: Mach es wie Nora! Lies zuerst die Tonsilben laut vor. Es ist eine
sehr wichtige Übung, damit du lernst, wie man nach dem Notenbild
die Tonsilben zuerst mit den Augen erkennt und ausspricht. Dann solltest Du natürlich die Melodie vorsingen können.

- Jetzt eine andere Melodie, erkennst du sie?

No ||: Do Do So So | La La Soo | Fa Fa Mi Mi | Ree Do x :||: So So Fa Fa | Mi Mi Ree :|| Do Do So So | La La So So | Fa Fa Mi Mi | Ree Doo ||. Das ist die Melodie von „Morgen kommt der Weihnachtsmann“.
- Die Melodie ist in F-Dur notiert. Die Namen der Töne mit den Buchstaben: | F F C C | D D C | Be Be A A | G F | usw. Jetzt zeige ich dir die gleiche Melodie in A-Dur.

Der Anfangston wird nach oben bis zum Ton A verschoben. Daher werden andere Töne in der Melodie vorkommen. Dadurch haben wir im Notenbild große Veränderungen. Zunächst sehen wir am Anfang der Zeilen 3 Kreuze: # # #. Alle Töne der Melodie heißen anders, nicht wie vorher in F-Dur. Statt F F C′C′ usw. verwenden wir die Töne A A E E Fis Fis E D D Cis Cis B A usw. Diese Namen, A E usw., geben die genaue Tonhöhe an. Die Tonsilben helfen uns, den Aufbau zu verstehen. Mit den Tonsilben können wir uns die Melodie vorstellen. Als Stütze habe ich die Noten mit den Tonsilben gezeichnet. Versuch, das Lied in A-Dur zu singen.

228

- Ich muss mir die Tonsilben einmal merken, egal, ob die Melodie in F-Dur oder in A-Dur ist. Die Tonsilben und die Melodie bleiben gleich. Die Tonhöhe ändert sich.

- Wenn du eine unbekannte Melodie singen willst, kannst du vom Notenblatt mit Hilfe der Tonsilben und der Vorstellung dazugehöriger Tonhöhen die Intervalle richtig singen.

Du: Hier ist eine „Leseübung" für dich! Prüfe selbst, ob du erkennst, wo die Plätze der Tonsilben sind. Wenn Du ein Instrument oder eine App hast, versuche die Melodie in der richtigen Tonhöhe zu spielen. Der Anfangston ist A4.

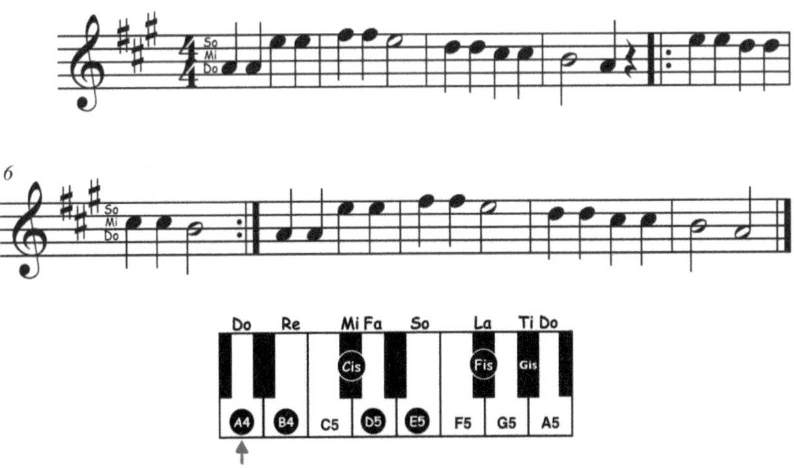

- Und jetzt zum Schluss eine Zusammenfassung, wie die Tonhöhen bezeichnet werden. Es gibt leider keine einheitliche Benennung. Manche schreiben die tiefen Töne mit Großbuchstaben wie C, D, G usw. und die mittleren mit Kleinbuchstaben wie c d e usw. Eine Oktav höher machen sie einen Strich rechts oben: c´, d´, e´ usw. sind damit Töne der eingestrichenen Oktave. Eine Oktave höher schreiben sie zwei Striche neben den Buchstaben, also c´´, d´´ usw. Das ist die zweigestrichene Oktave. Andere nehmen die Klaviertastatur zur Hilfe und fangen links an. Die erste C-Taste nennen sie C1, die zweite C-Taste C2 usw.. In der Mitte der Tastatur ist das C4. Es dient zur Orientierung. Weiter geht´s mit der Tonhöhe C5, C6 usw. Der Ton C4 hat die Tonhöhe von 261 Hz, also 261 Schwingungen in der Sekunde.

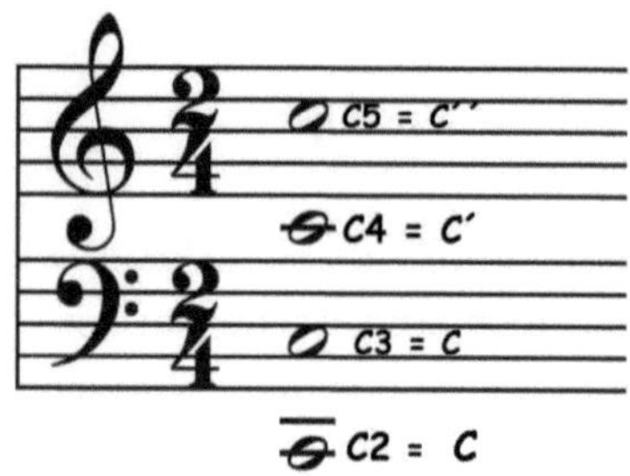

- Ein Ton, der sich 261-mal in der Sekunde bewegt, kann als C4 oder c´ (eingestrichenes C) benannt werden. Mich würde interessieren, wie hoch oder tief ich singen kann.

- Es ist wichtig zu wissen, welche Tonhöhen jemand singen kann. Ein Mädchen kann meistens zwischen G3=195 Hz bis G5=783Hz singen. Das sind zwei Oktaven Tonumfang. Ich mache dir eine Zeichnung, damit Du Dich auf einem Notenblatt orientieren kannst.

- Das ist eine gute Idee, ich bin neugierig.

- Dazu reichen aber die 5 Notenlinien nicht aus, ich muss noch zwei Hilfslinien ziehen.

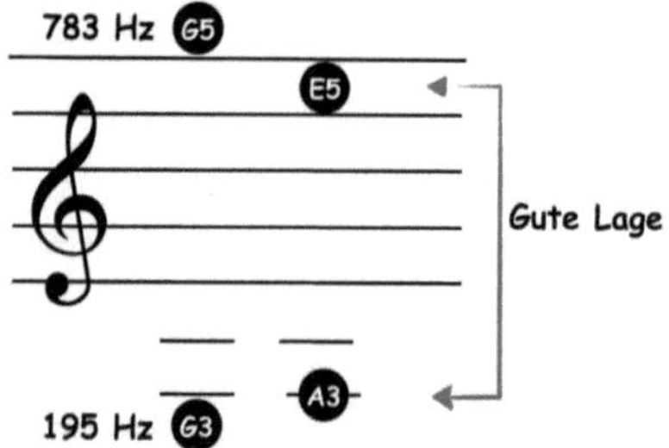

- Verstehe, was heißt „Gute Lage"?

- Das heißt, dass du diese Töne sicher, also mit wenig Anstrengung, singen kannst, die anderen, die ganz tiefen und die hohen, nur mit

Mühe. Daher klingen sie einfach nicht so gut. Wie du aber gemerkt hast, kann ich nicht so hoch singen wie du. Und du kannst nicht so tief singen wie ich.

- Also am besten suche ich mir Lieder aus, wo die Tonhöhen sich in der guten Lage befinden.

- Musiker haben den menschlichen Stimmumfang in vier Gruppen geteilt. Männer, die tief singen können, gehören zur Bass-Gruppe. Männer, die höhere Töne singen können, gehören zur Tenor-Gruppe.

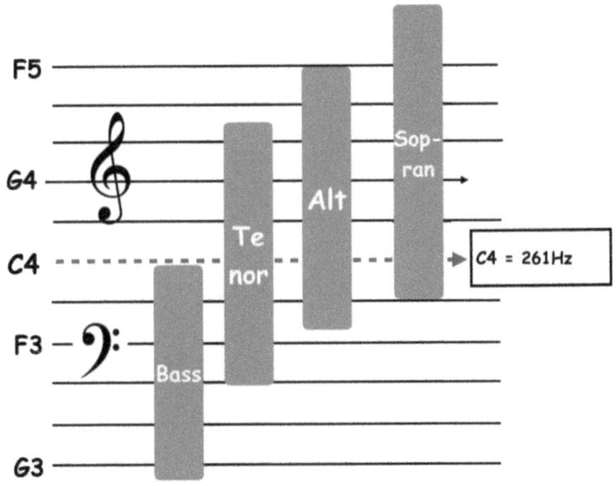

Frauen, die nicht hoch singen, werden Alt genannt, und Frauen, die sehr hoch singen können, Sopran. Die Balken und die Zahlen zeigen den Bereich an, welche Tonhöhen sie singen können. Das berücksichtigen Komponisten, wenn sie für Sänger und Sängerinnen Lieder schreiben.

Das war jetzt wirklich viel Theorie! Das Wichtigste aber sind die Beziehungen der Töne untereinander und nicht ihre Tonhöhe und ihre Benennung. Wir werden weiter über die Spielregeln in der Musik reden und die Namen der Tonsilben, die Eselsbrücken und den Vergleich mit der Do-Familie, die Ball spielt, beibehalten. Damit besprechen wir das Wichtigste in der Musik, wie sie aufgebaut ist und welche

Regeln und Muster es gibt und welche Kräfte zwischen den Tönen wirken.

Was hast du gelernt?

Die Töne können mit Tonsilben, Zahlen oder mit Buchstaben benannt
werden. Die Anzahl der Schwingungen in einer Sekunde geben die
genaue Tonhöhe an (A4=440 Hz). Mit dieser Zahl können wir normalerweise nichts anfangen. Daher werden Töne mit den Tonbuchstaben
bezeichnet. Für die Darstellung der Tonhöhe werden die Notenlinien
genutzt. Sie allein geben nicht die genaue Tonhöhe an, nur die relative.
Erst mit dem Notenschlüssel werden die genauen Tonhöhen angezeigt.
Mit den verschiedenen Notenschlüsseln können wir die Tonhöhen
eines Tasteninstruments auf das Notenlinien-System übertragen. Der
Schlüssel gibt auf einer bestimmten Linie einen Tonbuchstaben an, C,
F oder G. Der Violinschlüssel gibt den Platz für den Ton G4 (g´)
(391Hz) auf der 2. Linie an. Der Bassschlüssel, oder auch F-Schlüssel
genannt, gibt den Platz für den Ton F3 an, der C-Schlüssel für den Ton
C. Merke dir: Der Noten-Schlüssel mit den Notenlinien gibt erst die
genaue Tonhöhe an. Neben den sieben Haupttönen A B (H) C D E F
G gibt es fünf andere Töne, die sich zwischen ihnen befinden. Es gibt
Vorzeichen, das Kreuz (#) und das Be (b). Ihre Aufgaben sind die, die
anderen restlichen fünf Töne im Notenlinien-System sichtbar zu machen. Die restlichen Mitglieder der Tonfamilie sind: Cis/Des, Dis/Es
Fis/Ges, Gis/As und Ais/Be (B-flat) Die Melodien stehen meist in einer
bestimmten Tonart, oft in einer Dur-Tonart. Tonart und Tonleiter sind
eng miteinander verbunden. Für die Bildung einer Tonleiter gibt es
eine Schablone, die aus Ganztönen und Halbtönen besteht. Diese Anordnung kennzeichnet das Verhältnis der Töne untereinander. Diese
wird dann als Tonart bezeichnet. Jeder Ton kann als Ausgangspunkt
für die Bildung einer Tonleiter dienen. Nach dem Anfangston der Tonleiter wird die Tonart benannt. Wenn eine Dur-Tonleiter mit C beginnt, dann ist das die C-Dur-Tonleiter. Wenn du eine Dur-Tonleiter
mit G beginnst, spielst du die G-Dur-Tonleiter, usw.. Am meisten

kommen die Tonarten C-, G-, A-, F- und Es-Dur vor. Die Vorzeichen
geben dir Auskunft über die Tonart.

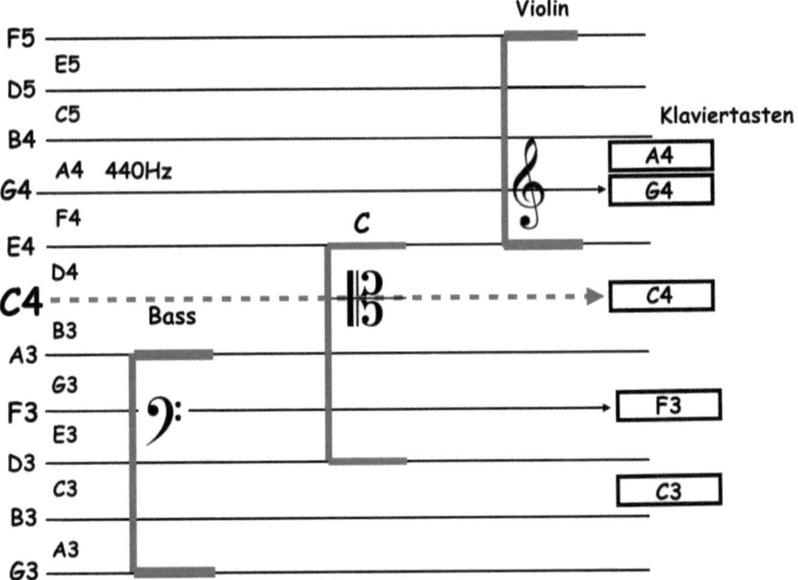

20. Musik und Mathematik

- Es ist verwirrend, dass die Töne einmal mit C3 oder C4 oder c′ und mit dem Großbuchstaben C bezeichnet werden.

- Wäre es nicht besser, wenn wir die Tonhöhen mit den Zahlen bezeichnen würden?

- Die meisten Musiker benutzen die herkömmliche Notenbenennung für die Tonhöhen. Daran halten wir uns. Weil du die Zahlen erwähnt hast, können wir über die Ähnlichkeit zwischen Musik und Zahlen reden. Dieser Zusammenhang ist sehr wichtig und erklärt viele Regeln und Zusammenhänge in der Musik. Wir haben nicht besprochen, warum die Intervalle so zusammenklingen, wie wir sie empfinden, konsonant oder dissonant. Nachdem wir jetzt über die Tonhöhen in Zahlen reden, passt es gut, die Intervalle auch durch Zahlen näher zu untersuchen. Du hast oft gefragt, warum ein Lied in einer bestimmten Tonart ist. Ich habe dir geantwortet, dass das davon abhängt, ob das Lied eine Frau oder ein Mann singt oder auf einem Instrument gespielt werden soll und in welchem Tonhöhenbereich sich die Melodie befindet.

- Ich habe gehört, dass eine Melodie tiefer oder höher gesungen beziehungsweise gespielt werden kann. Trotzdem bleibt die Melodie gleich.

- Wollen wir genauer untersuchen, warum Quinte und Terz so sind, wie sie klingen. Jede Melodie ist eine Bewegung von Ton zu Ton. Dadurch entsteht ein Abstand zwischen den Tönen. Der Tonabstand heißt Intervall. Unter den Tönen herrscht eine strenge Ordnung. Wie ist diese Ordnung?

- Do Re Mi Fa So La Ti Do′, wobei wir einen Halbton-Abstand zwischen Mi und Fa und zwischen Ti und Do′ haben.

- Das ist die diatonische Ordnung der Tonleiter. Das gibt eine enge Verbindung zwischen Musik und Mathematik. Das einfache Singen wird durch mathematische Regeln geleitet. Wenn wir die Anzahl der Schwingungen angeben, kommen wir zu Zahlen. Der Kammerton a ′(A4) hat die exakte Tonhöhe von 440 Hz. Diese Tonhöhe kannst du leicht singen, ich nicht, weil sie mir zu hoch ist. Wenn ich die Zahl 440 halbiere, bekomme ich 220. Die Tonhöhe, die mit 220 Hz (A3) angegeben ist, kann ich leicht singen, weil das eine Oktave tiefer ist als a'. Diese Tonhöhe wird mit dem Kleinbuchstaben a (ohne Strich) bezeichnet. (A3)

Du: Hol dir einen Taschenrechner und rechne mit!

- 440 Hz geteilt durch 2 (440 Hz : 2 = 220 Hz) ist 220 Hz. Aus einem a '-Ton ist ein um eine Oktave tieferes, kleines a geworden. Wenn wir die Tonhöhe von a' (440 Hz) mit zwei multiplizieren?
- Dann bekommen wir 880.
- Mit der Zahl zwei können wir die Oktaven bilden. Dieser neue Ton (880 Hz) ist ein a''(A5), eine Oktave höher als A4. Daher bekommt er zwei Striche rechts oben: a''. Wenn ich die Zahl der Tonhöhe 220 Hz halbiere, erhalte ich 110 Hz und wir bekommen einen tieferen A-Ton (A2), der die exakte Tonhöhe von 110 Hz hat. Diese Tonhöhe wird mit einem Großbuchstaben, dem A, bezeichnet. Wir haben hier durch Halbieren und Verdoppeln vier verschiedene Tonhöhen bekommen, die alle den Namen A haben, verschieden hoch sind und zur Unterscheidung entweder als Kleinbuchstabe oder Grußbuchstabe geschrieben oder einen Strich bekommen (a', a") . Alternativ können wir auch Zahlen hinzufügen (A2, A3, A4, A5).. Wir haben unseren Grundton Do als benannt, ob mit dem tiefen A oder dem hohen a''.

- Ist das jetzt in A-Dur?
- Es sieht so aus, aber ganz sicher ist es noch nicht. Um das festzustellen, brauchen wir noch einige Angaben. Erst wenn wir die Quinte und die Terz vom A ermitteln, können wir sicher sagen, dass es A-Dur ist.

Nun wollen wir einen Ton mit diese Tonhöhe a´ im Abstand einer Quinte bilden. Sing das schöne Intervall Do-So.

Nora singt die Quinte Do-So.

- Wenn du deine Stimmlippen spannst, werden sie sich schneller in der Sekunde bewegen, und dadurch entsteht ein höherer Ton. Wenn du den Ausgangston a´ (440 Hz) nimmst und den mit 1,5 multipliziert (440 Hz x 1,5 = 660 Hz), bekommst du die Schwingung von 660 Hz. Diese Tonhöhe ist ein e´´.
- Woher weiß ich, dass ich so hoch singen soll?
- Unser Gehör weiß das. Du hast nach dem Grundton zuerst die Oktave und die Quinte gebildet. Hier haben wir nach der Zahl 2 die Zahl 1,5 (eineinhalb) kennengelernt. Ihre Aufgabe ist die Bildung der Quinte. Bilde von einem anderen Ausgangston die Quinte und die Oktave. Nicht durch Singen, sondern durch Rechnen. Die Ausgangstonhöhe ist 260 Hz. Bilde zuerst die Oktave und dann die Quinte. 260 mal 2 sind 520. Das ist die Oktave. 260 mal 1,5 ergibt 390, die Quinte. Die Oktave hat die Tonhöhe von 520 Hz, die Quinte die Tonhöhe 390 Hz. Schau das Notenbild an.

- Da sind die Tonhöhen c´, g´ und c´´. Hier geht es ums Verhältnis der Zahlen zwischen Grundton und Quinte, zwischen Do und So. Wenn wir von einer beliebigen Tonhöhe die eineinhalbfache Schwingung nehmen, erhalten wir die Quinte. Wenn wir von einem Ton die Quinte singen, bilden wir dieses Muster ab. Vorher hast du von der Tonhöhe a ´ (a´ = 440 Hz) die Quinte (So) gebildet. Sing jetzt von der Tonhöhe c´ (c´ = 260 Hz) die Quinte (So).
Du: Singe von mehreren Tonhöhen die Quinte (So) mit der Vorstellung der Tonhöhe und der Spannung der Stimmlippen.

- Ich ahne schon, was du als Nächstes willst. Ich soll das zweitwichtigste Intervall, die Terz ausrechen, oder?

- Du hast es erraten. Ich sage dir den Zahlencode dazu. Die Lösung ist die Zahl 1,25, Wir multiplizieren mit einem Ganzen und einem Viertel: 260 mal 1,25 ist 325. 325 Hz wird als e′ bezeichnet. Die Töne c′ und e′ befinden sich in einem Terzabstand voneinander entfernt. Wenn du Do-Mi singst, bildest du dieses Zahlenverhältnis ab.

Grundton	Terz (3)	Quinte (5)	Oktave (8)
Do	Mi	So	Do′
260 Hz	325 Hz	390 Hz	520 Hz
c	E	G	c′

- Verstehe, heißt das, dass wir solche Muster oder Klangbilder singen, wenn wir in verschiedenen Tonhöhen singen.

- Das will ich dir die ganze Zeit verständlich machen. Musik verstehen heißt, diese Klangmuster Klangbilder, Tonverhältnisse, hören, erkennen und anwenden können. Wer das begriffen hat, kann Musik richtig verstehen und Melodien erfinden. Die genauen Tonhöhen, ob in Zahlen oder Buchstaben angegeben, zeigen nicht auf den ersten Blick die wichtigen Zusammenhänge auf. Die relativen Tonsilben können das Wesentliche zeigen.

- Wenn du sagst, dass die genaue Tonhöhe nicht so wichtig ist, könnten wir sogar den Stimmton a′ verändern?

- Der Stimmton a′ (440 Hz) wurde 1939 festgelegt. In der Barockzeit, in der Zeit, in der Komponist Bach gelebt hat, war der Stimmton tiefer, bei 415 Hz. Das ist ungefähr der Unterschied eines Ganztons.

- War dann alles, tiefer?

- Die Musik erklang tiefer, weil der Bezugston nicht bei 440 Hz, sondern bei 415 Hz lag.

- Für die Sängerinnen war das sicher bequemer. Auf dem Stimmgerät ist in der Mitte eine kleine „Lampe" und darunter steht: 440 Hz. Gitarrensaiten kann man schnell umstimmen, wenn man alte

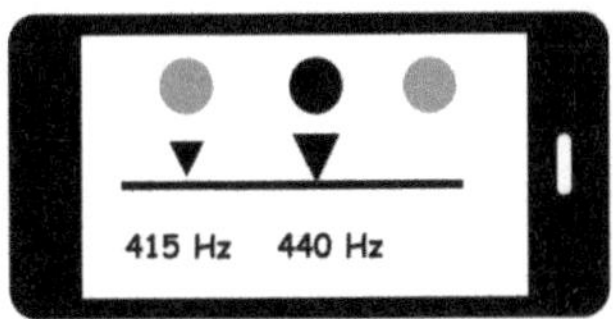

Musik mit der originalen Stimmung spielen will. Dazu kann ich die A-Saite der Gitarre auf 415 Hz stimmen und die anderen Saiten dementsprechend tiefer. Es kommt nicht auf die exakte Tonhöhe bei der Musik an. Der Stimmton kann sich ändern, aber nicht das Muster oder der Aufbau der Melodie.

Die Regeln und die Zusammenhänge machen die Musik aus. Dazu ein wichtiger Zusammenhang: der Dreiklang in der Musik, der Grundton, die Terz und die Quinte. Mit den Zahlen können wir besser verstehen, warum das so ist. Die Verhältnisse zwischen den Schwingungszahlen der Töne bestimmen den Do-Mi-So-Dreiklang.

Wenn wir von einem Ton die Terz, die Quinte und die Oktave haben, nennen wir das einen Dreiklang. Beispiel: A-Dur-Dreiklang. Die Zahl 1 steht für den Grundton, die Zahl der Schwingungen für die Tonhöhe (z.B. A4 = 440 Hz). Diese Zahl mit 1,25 multipliziert, ergibt die Terz. Wenn wir den Grundton mit 1,5 multiplizieren, kommen wir zur Quinte. Und wenn wir ihn mit 2 multiplizieren, erhalten wir die Oktave. Die Schwingung des Grundtons, in diesem Fall die Zahl 440, muss man mit 1,5, mit 1,25 und mit 2 multiplizieren, damit die Quinte (660 Hz), die Terz(550 Hz) und die Oktave (880 Hz) entstehen.

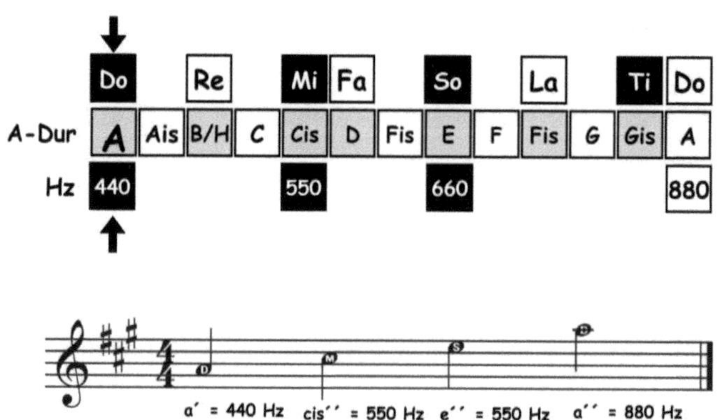

Wenn du einen A-Dur Akkord bilden willst, brauchst du die Tonhöhe des Ausgangspunkts vom Ton A (z. B. a' = 440 Hz). Wenn du einen C-Akkord bauen willst, brauchst du die Tonhöhe des Ausgangspunkts c (z.B. c'= 260 Hz). Dann kannst du die anderen C´s verwenden, wie das kleine c (130 Hz) oder das c´´ mit 520 Hz.

- Wenn ich die Tonhöhe verdopple oder halbiere, bekomme ich die Oktave des Tons, von dem ich ausgehe.

- Jeder Dreiklang kann sich über mehrere Oktaven, sieben, acht oder mehr, erstrecken. Wichtig ist das Zahlenverhältnis, die Ordnung der Töne. Für den G-Dur-Akkord brauchst du zum Beispiel die Tonhöhe des G (390 Hz oder 180 Hz). Das Beispiel in G-Dur: g´ = 390 Hz, 390 Hz x 1,25 = 488 Hz. Das ist der Ton b´, die Terz vom g´.. 390 Hz x 1,5 = 585 Hz: Das ist das d´´, die Quinte vom g´.

	Grundton	Terz (3)	Quinte (5)
	Do	Mi	So
C- Dur	C = 260 Hz	E = 325 Hz	G = 390 Hz
G-Dur	G = 390Hz	B = 488 Hz	D = 585 Hz
A-Dur	A = 440 Hz	Cis = 550Hz	E = 660 Hz
As-Dur	As =100 Hz	C = 125 Hz	Es =150 Hz

- Die Zahl 390 kommt an zwei Stellen vor, einmal im, C-Dur-Akkord als g´ (So) und einmal im G-Dur-Akkord als Grundton Do. Die gleiche Tonhöhe von g´ (390 Hz) kann einmal der Grundton und einmal die Quinte sein. Man sagt dazu, das ist relativ. Relativ heißt: Das hängt von der Tonart ab, welche Rolle der Ton g´(360 Hz) spielt. Einmal hat er die Rolle von Do und einmal die Rolle von So. Beim As-Dur ist das Rechnen leichter, weil die Ausgangstonhöhe 100 Hz ist (as´=100Hz). Diese relativen Verhältnisse der Töne zeige ich dir jetzt auf dem Notenblatt. Nicht erschrecken, es gibt viele Zeichen, also viele Informationen, aber der Aufbau bzw. das Muster ist gleich.

- Das wird mir schon langsam zu viel!

- Keine Angst, diese Zahlen und Verhältnisse hat dein Gehör schon längst gespeichert. Sing einfach, Do Mi So Do´ von verschiedenen Anfangstönen weg. Ich wollte dir nur zeigen, wie Musik und Mathematik zusammenhängen.

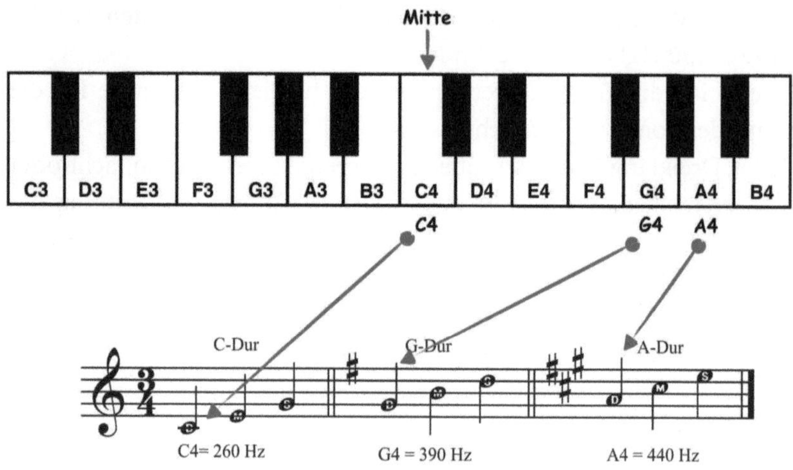

Du: Singe in vier Tonarten, vom Grundton angefangen, die folgende kleine Melodie: 4 | Do Mi So Do |. Nimm ein Instrument zur Hilfe, aber nur für den ersten Ton! Wenn du tief singen kannst dann fange beim C3 an.

Was hast du gelernt?

Die Zahlen und die Musik haben eine enge Verbindung. Gesetze, Zusammenhänge, Verhältnisse, die durch Zahlen gezeigt werden, bilden den Aufbau der Tonhöhen, Tonleiter, Intervalle und Dreiklänge. Von einer beliebigen Tonhöhe, wenn wir die Schwingungszahl in Hz (Hertz) kennen, können wir durch Multiplikation und Division mit den Zahlen 1,5, 1,25 und 2 die Quinte, die Terz und die Oktave bilden. Somit erhalten wir den stabilen wichtigen Dur-Dreiklang (Do-Mi-So, Vater-Mutter-Sohn, Grundton-Terz-Quinte). Unser Gehör und Singapparat kann unbewusst die tonalen Verhältnisse erzeugen. Deswegen können wir singen. Der heutige a´-Stimmton ist mit der Tonhöhe 440 Hz angegeben. Das ist eine Ausgangstonhöhe und Bezugspunkt für alle Musiker, die ihre Instrumente stimmen müssen. Der Stimmton war früher tiefer: a′ = 415 Hz. Das zeigt uns, wie relativ die Tonhöhen sind. Daher erklang Musik früher tiefer. Alles hängt von der Ausgangstonhöhe ab: die Terz, die Quinte, die Oktave usw. Diese tonalen Zusammenhänge sind gleichbleibend und bilden die hörbaren Bausteine der Musik, wie Tonleitern, Intervalle und die Dreiklänge. Aus diesem Material wird unsere Musik gebaut.

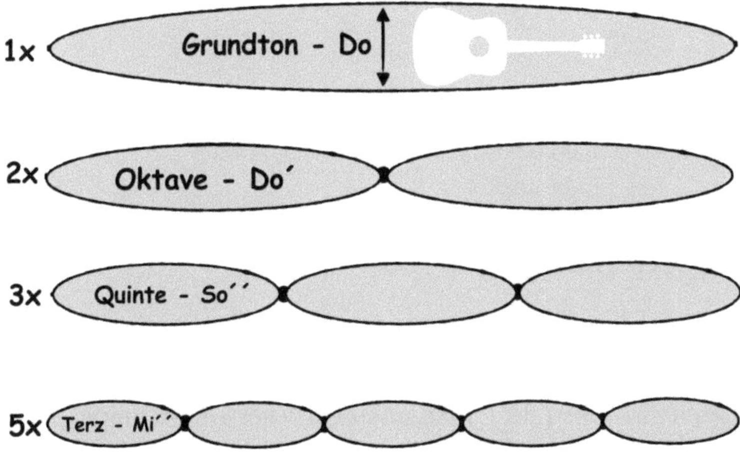

21. Bastelstunde, Variationen

- Genug mit Theorie und Zahlen. Lass uns spielen! Nachdem du jetzt weißt, wie die Töne notiert werden, können wir die Melodien, die wir erfinden, notieren. Gehen wir jetzt in die Werkstatt!

- In was für eine Werkstatt?

- In eine, in der Melodien gemacht werden. Ich gebe dir eine Melodie mit Tonsilben vor, weil du dann die Melodie in einer beliebigen Tonhöhe singen kannst, in welcher Tonart auch immer: 2 | Do Do | Ti, Ti, | Re Re |Do Do | So So | Mi Mi | Re Re | Doo ||.

Du: Sing 2 | Do Do | Ti, Ti, | Re Re | Do Do | So So | Mi Mi | Re Re | Doo ||

- Diese Melodie hat alles, was wir besprochen haben: die Form, die 4-Teiligkeit, zwei mal vier Takte, insgesamt acht Takte.

Teil 1: | Do Do | Ti, Ti, | Re Re | Do Do |
Teil 2: | So So | Mi Mi | Re Re | Doo ||

Die Melodie hat eine Wellenform. Da kommen Tonwiederholungen, Nachbarnoten und Sprünge vor. Der Bauplan der Melodie wird vom Kräftespiel zwischen dem Sohn und dem Vater Do bestimmt. Im ersten Teil, in den Takten 1 bis 4, liegt der Herrschaftsbereich beim Vater Do. Der Anfang ist Do. Das Weggehen ist die Bewegung, zuerst nach unten zu Ti, nachher zu Re. Der letzte Teil ist das Ankommen bei Do. Die Melodie ist noch nicht zu Ende. Der zweite Teil dauert von Takt 5 bis 8. Am Anfang des zweiten Teils fliegt der Ball höher, zum So. Der Sohn gibt den Ball ab und die Melodie endet beim Vater Do. Der zweite Teil hat eine melodische Bewegung, die wir Quintzug nennen, weil der Zug beim So beginnt und beim Do endet, Quintzug (So → Do). Bitte daran denken, dass die Töne eine Beziehung wie in einer Familie zueinander haben. Deswegen gibt es melodische Bewegungen.

- Die Töne können treppenartig, schrittweise und sprunghaft sein oder sich wiederholen.

- Jetzt zeige ich dir unsere Melodie mit der Notenschrift aufgeschrieben.

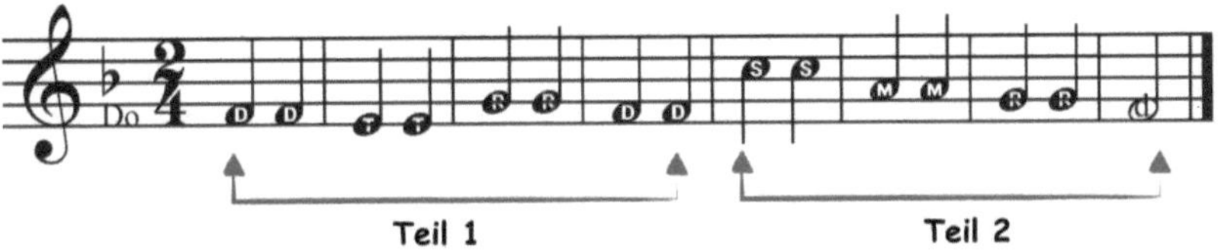

- Langsam wird mir die Notenschrift vertraut. Der erste und letzte Ton ist F. Der Grundton ist Do. Die Terz (A) und die Quinte (C) vom F sind auch vorhanden. Du hast die Melodie in F-Dur notiert. Es gibt, als ein Vorzeichen, ein b. Das macht aus H ein B (oder Bb Flat). Dieser Ton ist um einen Halbton tiefer.

- Wir wollen über den Aufbau der Melodie reden. Sie besteht aus acht Takten und wird in zwei Teile geteilt. Der erste Teil ist eine kleine Welle mit Nachbarnoten. Der zweite Teil beginnt mit einem Sprung zum So. Im letzten Takt erreicht die Melodie den Ruhepunkt, das Ende. Deine erste Aufgabe ist, eine Variation dieser Melodie zu erstellen. Vermeide jetzt Tonwiederholungen, halte dich an die Spielregeln, gestalte das „Ballspiel" abwechslungsreich. Dort hast du den Laptop mit dem Notenprogramm, Ich habe die Notenschrift dieser Melodie schon vorbereitet. Mit der Maus kannst du die Noten einfach verschieben.

- Gut, ich versuche es.

Ein gratis Notenprogramm, wie z.B. „Finale Note Pad" (es gibt auch andere, Muse Score usw.) installiert am Computer, erleichtert dir die Arbeit. Du kannst die Handhabung des Programms viel schneller erlernen als ein Musikinstrument. Natürlich kannst und sollst du später ein Instrument erlernen, aber das Wichtigste ist das Singen! Starte dein Notenprogramm, wähle F-Dur und gib die Noten ein, wie unten. Oder setzt dich zu deinem Instrument und probiere die Möglichkeiten aus, die du schon kennst. Lies dann weiter.

- Die Tonsilben in den Notenköpfen helfen mir viel. Ich kann schnell mit den Augen die „Familienmitglieder" erkennen. Ich bin fertig! Ich habe kleine Sprünge und Nachbarnoten verwendet. Am Schluss ist die Urlinie Mi - Re - Do entstanden.

- Gut, sing die erste Variation vor!

Du: Sing statt Nora: | Do Mi | Re Ti, | Ti, Re | Do Do | So La | Mi Fa | Mi Re | Doo||

- Klingt gut, mache eine andere Variation, beschleunige die Melodie ein wenig, gib ihr Schwung!
- Schneller singen?
- Nein, nicht die ganze Melodie. Einige Teile sollen schneller werden, ich meine den Rhythmus: | Di-di Da | (di: heißt Achtelnote, Da: eine Viertelnote.)
- Ich werde nicht immer den „Di-di Da" Rhythmus nutzen.
- Am Ende sowieso nicht, weil dort ein Ruhepunkt sein soll. Da kannst du lange Noten nutzen.

Du: Sing vor: | Do Mi | Re-do Ti, | Ti,-do Re | Do-do Do | So La | Mi-fa So | Re-mi Re | Doo ||

- Nun sehen wir, wo du den Rhythmus von | Di-di Da | Di-di Da | verwendet hast. Im ersten Teil: | Re-do Ti, | Ti-do Re | und im zweiten Teil bei | Mi-fa | Re-mi Re |. Die Melodie ist im Gleichgewicht! Jetzt brauchen wir eine zweite Stimme, dazu brauchen wir aber eine einfache Version der Anfangsmelodie. Daher entferne ich die Ton-Wiederholungen wie Do Do Re Re und mache daraus einen langen Ton wie Doo. Die vereinfachte Version klingt so: | Doo | Tii, | Ree | Doo | Soo | Mii | Ree | Doo |.

- Verstehe, und jetzt willst du, dass ich eine tiefere zweite Stimme bilde.

- Ja, aber diesmal nicht nach den strengen Regeln des Kontrapunktes, sondern die einfachere Möglichkeit, nur mit den zwei Noten Do und So.

- Die haben wir ganz am Anfang besprochen. Jetzt fällt mir ein Vergleich ein, wenn wir nur zwei Töne Do und So für die Begleitung verwenden, dann ist es so, wie wenn die ganze Melodie zwischen dem Vater und dem Sohn aufgeteilt wäre. Einer hat immer die Herrschaft.

- Was du jetzt beschrieben hast, ist eine wichtige Erkenntnis. Diese Kraft, die wie ein Wettkampf ist, treibt die Töne zu einer Melodiebildung.

- Jetzt habe ich verstanden, warum du so oft über Kräfte in der Musik sprichst.

- Teile die Melodie mit der zweiten Stimme zwischen den Vater und Sohn auf!

Singübung: Für zwei Stimmen oder auf einem Instrument oder im Notenprogramm.

Stimme 1: | Doo | Ti i | Ree | Doo | Soo | Mi i | Ree | Doo ||
Stimme 2: | Doo | Soo, | Soo,| Doo | Doo | Doo | Soo, | Doo ||
Intervall: 1   3   5   1   5   3   5   1

- Ich habe Terzen, Quinten und Gleichklang gehört.

- In der oberen Reihe sind die oberen Töne und in der unteren Reihe die tiefen Töne. Und jetzt die Zweistimmigkeit anders dargestellt.

Takt	1	2	3	4	5	6	7	8
Melo-die	Do	Ti,	Re	Do	So	Mi	Re	Do
Bass	Do	So,	So,	Do	Do	Do	So,	Do
Inter-vall	1	3	5	1	5	3	5	1

- Setzen wir deine tiefe Begleitstimme und die zweite Variation, die du gemacht hast, zusammen.

Du: Singe und spiele die folgende zweistimmige Melodie. Oder gib sie in dein Notenprogramm ein. Wähle dort F-Dur. Wenn dir das Ganze zu hoch ist, singe es einfach tiefer. Als Orientierung hast du die Tonsilben.

Stimme 1: | Do Mi | Re-do Ti, | Ti,-do Re | Do-do Do | So La | Mi-fa So | Re-mi Re | Doo ||
Stimme 2: | Doo | Soo, | Soo, | Doo | Doo | Doo | Soo, | Doo ||

- Diese Möglichkeit, mit Do und So eine Begleitung zu erstellen, kannst du bei vielen Liedern anwenden. Alle Melodien haben dieses Kräftemessen zwischen Vater und Sohn in sich.
- Ist das eine wichtige Spielregel?
- Natürlich! Wenn nicht die wichtigste!

- Gut, habe ich mir gemerkt! Aber jetzt muss ich gehen, ich singe nämlich heute im Kinderchor.
- Sehr gut! Bis zum nächsten Mal.

Was hast du gelernt?

Du hast gelernt, wie man eine einfache Melodie ausschmückt, Variationen erstellt. Dafür gibt es praktische Regeln, die die möglichen Bewegungen der Töne beschreiben, wie Nachbarnote, das Treppensteigen
usw. Du hast eine zweite Begleitstimme gebastelt. Du hast gehört, wie
sich zwei Stimmen in einem Abstand bewegen. Durch die verschiedenen Intervalle entsteht Abwechslung. Das ist das Spiel der Klänge. Die
verschiedenen Zusammenklänge (Intervalle) erwecken Gefühle in uns,
die manchmal Ruhe, manchmal Spannung ausdrücken. Diese Bewegung, diese Veränderungen, diese Aufs und Abs, machen die Melodie,
die Musik aus.

22. Karten und Würfelspiele

- Ich zeige ich dir ein Kartenspiel. Während der Klassik, also in der Zeit, als Mozart gelebt hat, haben viele Komponisten musikalische Würfelspiele entworfen, in denen die Komposition zufällig entsteht.

- Würfelkompositionen? Das klingt interessant, das möchte ich spielen!

- Da wurden pro Takt Melodien ausgedacht. Die hat man auf einer Karte notiert, und jede Karte hat eine Nummer bekommen, von 1 bis 6, so viele, wie ein Würfel Zahlen hat. Der Zufall entschied über die Reihenfolge der Takte. Der Hintergrund ist ein einfaches zweistimmiges Skelett, auf dem die Melodie, die im Vordergrund hörbar ist, aufgebaut wird. Der zweistimmige Hintergrund ist gegeben. Ich habe eine einfache Version mit vier Teilen zusammengestellt. Also es gibt vier Takte, und der Hintergrund ist gegeben. Ich singe die obere Stimmbahn mit Mi Fa Re Do, du die untere mit Do Re Ti, Do.

Du: Sing und spiel! Denke daran, welchen Teil (Ruhe-Weggehen-Ankommen) du gerade singst. Wenn es zu hoch für dich ist, fange tiefer an.

Jetzt zeige ich dir eine Möglichkeit. Obwohl optisch das gleiche Notenbild ist, erklingt die Melodie eine Oktave tiefer als notiert ist. Statt F4 als Anfangston singt man F3. Das zeigt die Zahl 8 unter dem Violinschlüssel. Wie du siehst, ist sogar die Notation relativ.

- Oder jetzt in der richtigen Tonhöhe im Bass-Schlüssel notiert.

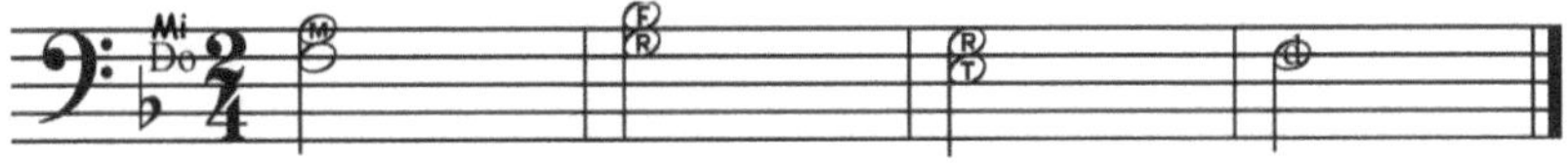

- Ich sehe schon, die vierteilige Form und der Ablauf sind wie gewohnt: Ruhe - Weggehen - Spannung - Ankommen. Und die Terzen erkenne ich auch.

- Die Intervalle hast du erkannt, während wir zweistimmig gesungen haben?

- Da waren lauter Terzen, außer am Ende: Dort habe ich einen Einklang gehört.

- Ganz genau, darüber haben wir schon früher gesprochen, die Volksmelodien wurden auch mit Terzen von den Sängern begleitet. Aber hier haben die Terz-Stimmbahnen eine größere Aufgabe und Bedeutung, sie sind das tragende Gerüst im Hintergrund. Schau! So schaut das auf dem Notenbild aus. Auf dieser zweistimmigen Terz-Stimmbahn im Hintergrund bauen wir die Melodien auf. Dazu brauchen wir Variationen, mindestens sechs verschiedene Variationen pro Takt. Vier Takte und sechs Variationen machen 24 Karten, 24 melodische Bausteine, aus. Schau die Karten an. Ich habe das Spiel schon vorbereitet, aber wenn du zu Hause spielen willst, kannst du die kurzen Melodien pro Takt auf Karten schreiben.

	Takt 1	Takt 2	Takt 3	Takt 4
1	Mi Do	Fa Re	Re Ti	Doo
2	Mi Re-do	Fa-mi Fa	Re-do Ti,	Do Do
3	Mi Re-mi	Fa Mi-fa	Re Do-ti,	Do-do Do
4	Mi-re Do	Fa-so Fa	Re-mi Fare	Do-mi Do
5	Mi-re Do-so	Fa-mi Re-do	Re-fa Re-ti,	Do-re Do
6	Mi-do Re-mi	Fa-so Fa-mi	Re-fa Mi-re	Do-ti, Do

- Ich nehme an, dass wir gleichzeitig vier Würfel brauchen.
- Du würfelst mit vier Würfeln gleichzeitig, z. B. die Zahlen 3 6 2 1.
Dann suchst du für den ersten Takt die Variation 3 und für den zweiten Takt die Variation 6 usw. aus.

Takt 1: Variation 3
Takt 2: Variation 6
Takt 3: Variation 2
Takt 4: Variation 1

Die erste Melodie | Mi Re-mi | Fa-so Fa-mi | Re-do Ti, | Doo ||.

Du: Sing die erste Variation: | Mi Re-mi | Fa-so Fa-mi | Re-do Ti, | Doo ||. Nachher die anderen.

- Am besten ist es, wenn du die Tonsilben auf die Karten schreibst und für den Hintergrund eine größere Karte mit einer anderen Farbe nimmst. Solche Karteikarten kannst du in jeder Papierhandlung kaufen. Ich habe dir unten von überall die erste Variation (1) genommen, die nichts anders als der Hintergrund ist: Mi Do nacheinander gespielt statt gleichzeitig. | Mi Do | Fa Re | Re Ti, | Doo ||.

Die Variationen werden Schritt für Schritt erweitert und dadurch komplizierter gemacht. Bei den letzten Variationen sind lauter Achtelnoten eingesetzt worden.

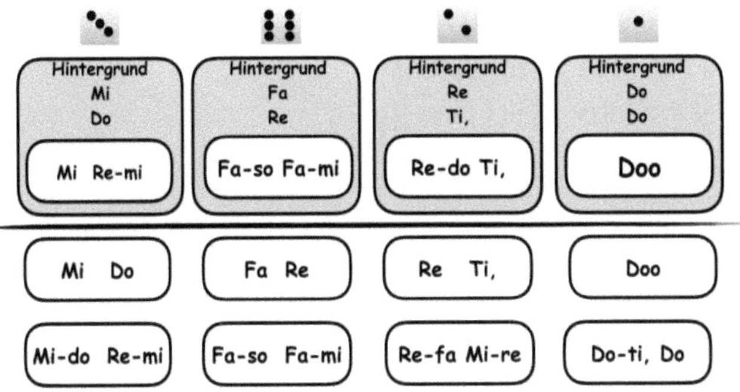

- Die Variationen sind wie Bausteine, die anders verlegt werden.
- Die Komponisten wählen aus den vielen Möglichkeiten, die sie kennen, diejenigen aus, die schön klingen. Natürlich ist ihr musikalischer Wortschatz viel größer, außerdem experimentieren sie und lassen ihrer Fantasie freien Lauf. So entsteht dann eine schöne Melodie. Von Beethoven sind viele Hefte bekannt, in denen er seine Ideen, kleine Keime von Melodien, notiert und dann nach und nach die beste Lösung gefunden hat.
- Hat er das wirklich so gemacht?
- Ja, kaum jemand kennt den Weg, wie eine Melodie entsteht, wir hören nur das fertige schöne Ergebnis. Von diesem Spiel kannst du am meisten lernen, wenn du alle Melodiebausteine, die du auf die Karte schreibst, öfter durchsingst. Betrachte die Karten, als wären sie Worte, die du dann später zur Bildung musikalischer Sätze verwenden kannst. So kannst du jede Variation später bewusst selber aussuchen und die Auswahl nicht dem Zufall überlassen. Nicht die Würfel sollen entscheiden, in welcher Reihenfolge die Einzelteile zur Melodie zusammengesetzt werden, sondern dein Geschmack, dein Gefühl. Ich zeige dir, wie eine Melodie entsteht. Dort hast du am Anfang einen kleinen

Wortschatz. Du kannst mit wenigen Wörtern sinnvolle Sätze bilden. Eine Melodie zu bilden ist ähnlich, wie einen Satz zu bilden. Dort hast du am Anfang einen kleinen Wortschatz. Du kannst mit wenigen Wörtern sinnvolle Sätze bilden. Wir können mit wenigen melodischen Bausteinen auch schöne Melodien bilden. Besprechen wir jetzt, wie das Würfelspiel aufgebaut ist. Wir haben die einfache Terz-Stimmbahn.

Stimme 1: | Mii | Faa | Ree | Doo ||
Stimme 2: |Doo | Ree | Tii, | Doo ||
          3   3   3   3

Du: Singe und spiele die Terzen.

- Die erste ist die einfachste Möglichkeit, diese Terzstimmbahn zeitlich versetzt zu singen: | Do Mi | Re Fa | Ti, Re | Doo ||.

Du: Sing´s |Do Mi | Re Fa | Ti, Re | Doo ||.

Der Sprung von Fa hinunter zu Ti, ist nicht einfach zu singen.
Denn zwischen Fa und Ti, haben wir ein spezielles Intervall, den Tritonus (Fa↔Ti,). Dieser Klang ist sehr instabil und spannend. Beispiele dafür findest du in den Liedern „Kommt ein Vogel geflogen" oder „Im Märzen der Bauer".
- Soll ich im Hintergrund die Terzbahn auf einem Tasteninstrument spielen?
- Die zweistimmige Begleitung im Hintergrund dient der Orientierung, damit dein Gehör immer weiß, von wo wir ausgegangen sind. Genug für heute! Mach die Kartei-Karten zu Hause fertig und dann kannst du entweder würfeln oder das Kartenspiel spielen. Am besten ist es, wenn du dir aus den Möglichkeiten selber etwas aussuchst.
- Das ist ganz schön viele Hausaufgabe, aber ich mache das gerne, weil ich neugierig bin, wie viele Melodien ich so zusammensetzen kann.
- Probiere es aus! Notiere die schönsten.

Nächste Stunde

- Ich habe von meinen Eltern einen Laptop bekommen. Mein Vater hat mir ein Noten-Schreib-Programm installiert.

- Das ist gut, aber vergiss nicht: Alles, was du selber singen kannst, ist am besten. Wenn es um mehrere Stimmen geht, hat das Notenprogramm natürlich Vorteile. Wie ging es mit den Karten?
- Das war viel Arbeit, die 24 Karten zu beschriften. Es können sehr viele Variationen entstehen, wenn für vier Takte 24 Karten gebraucht werden. Mein Bruder hat einen Taschenrechner und er hat ausgerechnet, dass es 1296 Variationen geben kann.
- Nachdem wir wissen, dass es so viele Möglichkeiten gibt, müssen wir eine andere Lösung finden, um eine schöne Melodie zusammenzustellen. Der Weg des Zufalls, die Würfel, können uns nur begrenzt helfen. Es ist besser, wenn wir die Regeln und unser Gefühl für die Schönheit nutzen. Wir würfeln zuerst, aber nur mit zwei Würfeln, den Rest werden wir zusammen gestalten.

Nora würfelt mit zwei Würfeln, 4 und 1. (Siehe die Liste „Vordergrund" vorher.)

- 4 ist für den ersten Takt (1/4) und 1 für den zweiten Takt, (2/1) . Das klingt so: | Mi-re Do | Fa Re |. Der Sprung von Do zu Fa ist zu groß. Soll ich eine andere Möglichkeit nehmen? Statt Mi-Re Do würde ich die Variation Nr. 6 nehmen, | Mi-do Re-mi |. Nachher klingt Fa Re | besser: | Mi-do Re-mi | Fa Re |.
- Ja das klingt flüssiger, mache es weiter, nach Gefühl.
- Dann würde ich das Rhythmus-Muster Di-di Di-di beibehalten, im dritten Takt würde ich den Vordergrund Nr. 6 nehmen, | Re-fa Mi-re |.

Ich singe vom Anfang: | Mi-do Re-mi | Fa Re| Re-fa Mi-re |. Für das Ende wähle ich den Vordergrund Nr. 2 | Do Do

- Klingt logisch, ich singe es vor: | Mi-do Re-mi | Fa Re | Re-fa Mi-re | Do Do ||.

- Mir ist etwas eingefallen, ich fange mit dem Vordergrund 1/1 an, mit | Mi Do | Dann kommt der Vordergrund 2/6 | Fa-so Fa-mi |, und ich singe weiter | Re Ti | Do-mi Do ||

- Die letzten zwei Takte hast du aber ganz schnell gewählt!

- Nein, die habe ich gar nicht gewählt, sondern nur einfach erfunden.

- Na bitte, du hast mit Variationen angefangen, die schon fertig waren und dann hast du nach deinem Gefühl die Melodie weitergeführt. Ein tolles Spiel, oder?

- Die Melodie schreibe ich gleich auf.

Du: Singe mehrmals die Melodie: 2| Mi Do | Fa-so Fa-mi | Re Ti, | Do-mi Do |. Stelle dann einige 4-taktige Melodien aus den Vordergrund-Karten zusammen.

- Wir haben eine Melodie, die uns gefällt. Gehen wir zum Anfang zurück, zum zweistimmigen Hintergrund und setzen wir passend die tiefe dritte Stimme, die Bassstimme, dazu.

- Jetzt erklingen mit der zusätzlichen Bassstimme gleichzeitig drei Stimmen.

- Ein Dreiklang. Setz zuerst die Bassstimme, wie die Spielregeln das verlangen.

- Ich habe die tiefe Bassstimme diesmal nicht im Bassschlüssel notiert, sondern auf der dritten unteren Hilfslinie.

- Ich singe | Doo | Ree | Ti i | Doo | . Du singst | Mii | Faa | Ree | Doo |, und ich spiele auf dem Klavier | Doo, | Soo, | Soo, | Doo, ||.

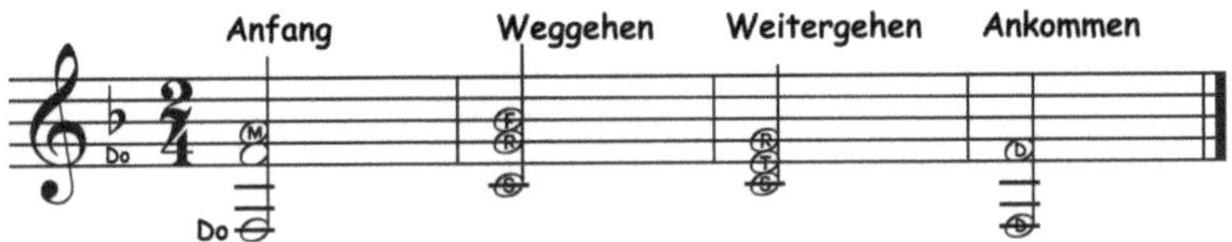

Du: Du kannst zu Hause auf einem Tasteninstrument (oder auf dem I-pad) das Beispiel durchspielen. Die linke Hand spielt den Bass, die rechte Hand die Terzen. Mit ein wenig Übung schaffst du das. Du kannst aber auch ein Notenprogramm am Computer benutzen.

- Nun übernehme ich die zweite Stimme. Ich singe Doo, Soo, Soo, Doo, und du singst die Melodie. Das nennt man in der Sprache der Musiker einen zweistimmigen Satz. Diesmal brauchen wir den Hintergrund nicht zu singen, weil die Melodie auf dem Hintergrund aufgebaut ist.

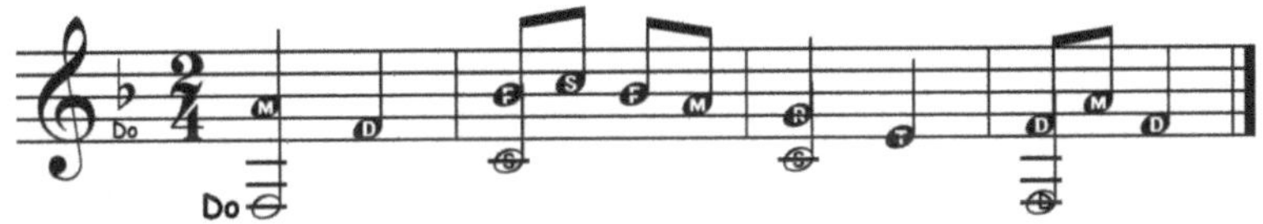

- Können wir die vorherige Melodie auch zweistimmig singen?
- Ja, | Mi-do Re-mi | Fa Re | Re-fa Mi-re | Do Do |.

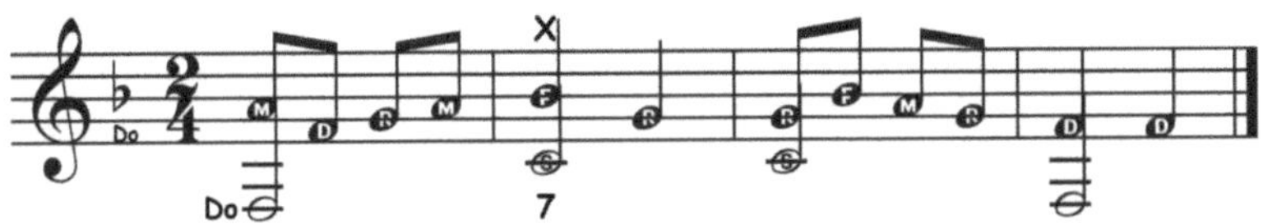

- Du hast im zweiten Takt beim Ton Be, beim Fa ein x gemacht. Das klingt mit der Bassstimme nicht gut zusammen (So,↔Fa).

- Die Stelle So, Fa (C und Be) können wir nicht leicht singen, weil dieses Intervall dissonant, also nicht harmonisch, klingt. Dieser Abstand zwischen unterem So, und Fa heißt Septime.

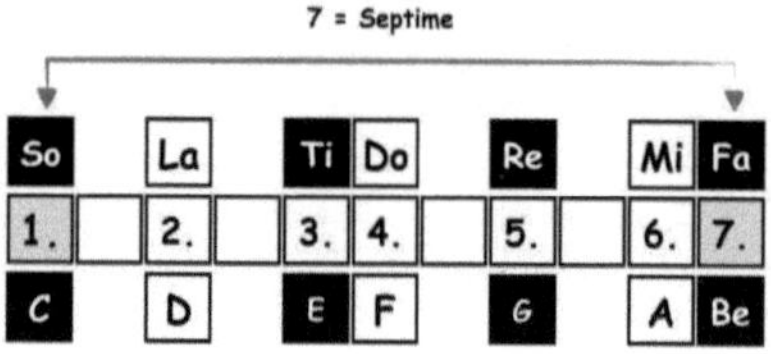

- Der Siebente, weil vom unteren So, gezählt das Fa der siebente Ton ist: So, = 1 La, = 2 Ti, = 3 Do = 4 Re = 5 Mi = 6 Fa = 7. Die Septime klingt nicht harmonisch, aber wie du schon weißt, haben die Dissonanzen eine wichtige Rolle.

- Spannung zu erzeugen, die dann aber aufgelöst werden nmuss.

- Es gibt eine Spielregel, wo eine Dissonanz stehen darf oder soll.

- Ist das geregelt?

- Wenn du die Reihenfolge im zweiten Takt umtauschst (also | Fa Re | auf |Re Fa | änderst), kommen So, und Re (C und G) zusammen, weil dadurch eine Quinte entsteht. Im zweiten Teil des Taktes auf dem unbetonten Teil darf eine Dissonanz stehen.

- Was heißt unbetont?

- Ein Takt, z.B. ein 2/4-Takt, hat zwei Schläge, einen auf Eins und einen auf Zwei, | 1 2 | oder | Tick Tack |. Unser Gehör unterscheidet zwischen zwei Schlägen. Der erste Schlag ist betonter als der zweite: | 1 2 | oder | Tick Tack |. Den ersten habe ich fetter geschrieben. Betone den ersten Teil.

Du: Langsam aussprechen und die erste Silbe bzw. die erste Zahl betonen.

||: **Tick** Tack | **Tick** Tack | **Tick** Tack | **Tick** Tack :||
||: **Eins** Zwei | **Eins** Zwei | **Eins** Zwei | **Eins** Zwei :||

- Auf Eins oder auf Tick soll ein Konsonant, ein gut klingendes Intervall, erklingen. Das ist eine neue Spielregel. Singen wir ein konsonantes
Intervall auf dem betonten Schlag. Du singst | Mi-do Re-mi | Re Fa |.
Ich singe | Doo, | Soo, |. Jetzt hören wir auf der Eins, auf dem betonten
Schlagt, den schönen Klang, die Quinte.

Du:

Stimme 1: | Mi-do Re-mi | Re Fa | Re-fa Mi-re | Do Do ||
Stimme 2: | Do o, | Soo, | So o, | Do o, ||
Intervall   10   9   5   7   5   8

- Stimmt, so klingt es besser. Was ich nicht alles beachten muss! Das ist
nicht leicht, es gibt so viele Spielregel.
- Ja, aber mit der Zeit, wenn du oft spielst, wirst du dich an die Regeln
gewöhnen.

Du: Probier das nun selbst aus! Sing und spiel die zweistimmige Melodie.

Herrschaftsbereich - Schwerpunktverlagerung

- Bisher haben wir einige Variationen erarbeitet. Die zweite Stimme,
die tiefe Bassstimme also, als Kontrapunkt zu setzten, hast du auch gelernt. Du hast die Erfahrung gemacht, wie du mit der Länge der Noten
den Fluss der Melodie beeinflussen kannst. Womit könnten wir noch
spielen, damit unser Ton-Spiel erweitert wird?
- Die Wiederholung haben wir auch schon eingesetzt, vielleicht könnten wir jetzt noch die anderen Töne, die nicht so eng zu der Familie
gehören, verwenden!

- Die Dur-Tonleiter-Schablone Do xx Re xx Mi Fa xx xx La xx Ti Do; das Zeichen xx steht für einen Ton, der dazwischen liegt. Durch die Moll-Tonleiter haben wir einige andere Verwandten kennengelernt wie Me, die Tante, Le und Te, die Cousine der Tochter. Die Moll-Tonleiter-Schablone ist Do xx Re Me xx Fa xx SoLe xx Te xx Do .

- Wir haben einen Ton im Lied „Für Elise" kennengelernt, den Ton Fi oder Se.

- Das ist sehr gut, dass Du den Ton Fi erwähnt hast. Bei Beethoven hat Fi eine wichtige Rolle gespielt, weißt du noch welche?

- Fi ist nahe bei So. Im Lied „Für Elise" stand der Wechsel zwischen So und Fi für das Spielchen Ja oder nein, harmonisch oder dissonant.

- Gut erklärt. Diesmal wird der Ton Fi eine andere Rolle bekommen, darüber aber später. Du kennst fast alle 12 Töne, aber einer fehlt.

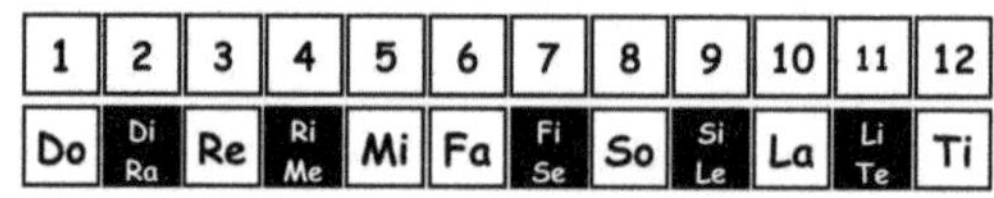

- Der Ton zwischen Do und Re fehlt noch.

- Wenn ich von Do ausgehe (Do → Di), wird er Di heißen, und wenn ich von Re ausgehe (Ra ← Re), wird der Ton Ra genannt.

- Die zwölf Töne heißen Do **Ra** Re **Me** Mi Fa **Fi** So **Le** La **Te** Ti. Wie bei der Anordnung der Klaviertasten sind die schwarzen Tasten/Tonsilben fett gedruckt: Wie du schon weißt, hat Musik einen Ablauf, der in Teile gegliedert ist.

- Du meinst die Benennungen wie Weggehen, Spannung und Ankommen.

- Den So-Ti-Re´-Dreiklang hast du kennengelernt. Der hat eine wichtige Rolle vor dem Schluss, Spannungserzeugung, bevor die Melodie auf Do endet. Der älteste Sohn So würde sich gern mit dem Onkel verbinden, damit sie schön klingen. Die kleine Tochter Ti würde dabei eine Rolle spielen wollen.

- Also wenn So der Vater ist, dann ist Ti die Mutter und Re´ statt dem Onkel der Sohn.

- Anders gesagt, wenn So unser Ausgangston ist, dann ist Ti die Terz und Re´ ist die Quinte. (So = 1.   La = 2.   Ti = 3.   Do = 4.   Re´ = 5.)

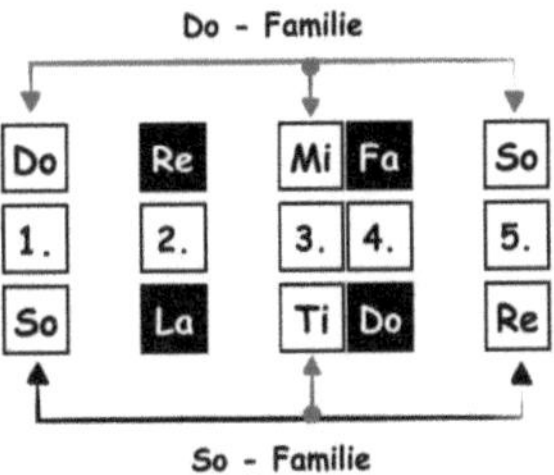

- Der Vater, der jetzt So ist, braucht eine Tochter, die nahe bei ihm steht. Das kann Fi sein.
- Die Halbton-Abstände wirken wie eine Feder. Deswegen will die kleine Tochter Ti unbedingt zum Vater Do gehen, Ti → Do´, und der kleine Sohn zur Mutter Fa → Mi. Die anderen Töne könnten auch eine Familie gründen. Du weißt schon, dass der älteste Sohn gern die Rolle des Vaters übernehmen würde. Jeder Ton, der eine Familie gründen will, braucht eine eigene Frau, die Terz und einen eigenen ältesten Sohn, die Quinte.
- Die Quinte von Re ist der letzte Beweis, dass er der Vater ist. Er braucht eine kleine Tochter, die zu ihm will. Dieser Ton muss einen Halbton entfernt sein.
- Das ist der Ton, der Fi heißt, eine andere Farbe hat (Fa → **Fi** ← So).
- Zwischen dem dritten und vierten Ton und zwischen dem siebten und achten Ton muss ein Halbton-Abstand liegen. 1- 2 - 3 4 - 5 - 6 -7 8
- Do-Familie: Do - Re - Mi Fa - So - La - Ti Do.
- So-Familie: So - La -Ti Do - Re - Mi - *Fi* So.
- Warum benennen wir den Tausch nicht auf Do?
- … weil dieser Rollentausch kurzfristig ist. Nachher verliert er seine Führungsrolle, und der Vater Do übernimmt die Führung. Die kleine Tochter muss nah beim Vater stehen. Fa steht nicht nah bei So; Fa → xx → So. Daher wird Fa erhöht: Fa ↗ Fi. Aus Fa wird Fi. Ist die Regel eingehalten, sind Vater und Tochter eng beieinander. Fi So klingt ähnlich wie Ti Do´. Ich singe das vor: Do Re Ti, Do und So La Fi So.

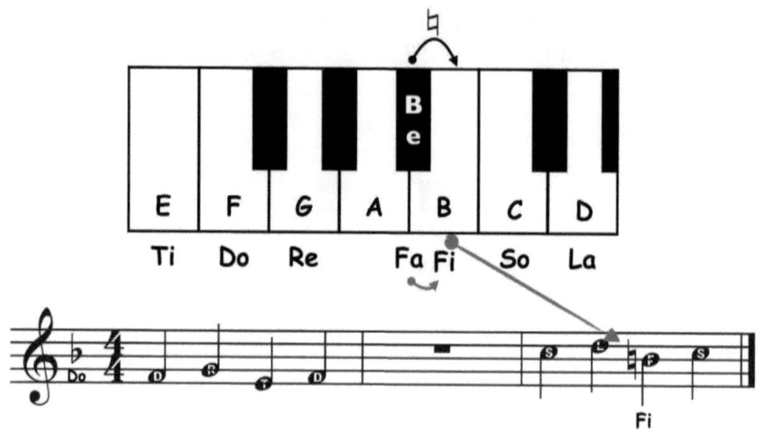

Du: Sing mit. 4 | Do Re Ti, Do | > | So La Fi So |

- Ich habe das Gefühl gehabt, dass So die Rolle des Do übernommen hat. Es war Ruhe und das Ende.
- Ich singe dir eine Melodie vor: 4 | Do-re Mi Doo | Mi-fa So Mii | So So-so Fi So | La Soo x |

- Am Ende beim So hatte ich das gleiche Gefühl von Ruhe.
- Dem Gehör wurde mitgeteilt, dass die Herrschaft gewechselt hat. Dieser Trick ist schon sehr alt, viele Komponisten haben ihn verwendet. Durch Fi, der sehr nahe beim So liegt, ist etwas Wichtiges passiert.
- Erlaubt das der Vater?
- Der Vater will, dass sein Sohn für eine Weile bestimmen kann. Zum Schluss übernimmt er die Führung und die Melodie endet bei ihm.
- Das verstehe ich, zeige mir eine Melodie, wo das genau so vorkommt und ich den Wechsel leicht hören kann.
- Gut, höre diese Melodie an:

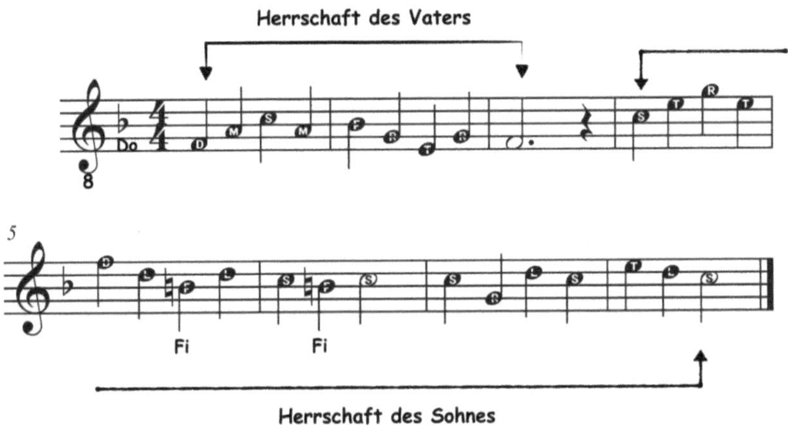

4| Do Mi So Mi | Fa Re Ti, Re | Dooo x | So Ti Re` Ti |
 | Do´La Fi La | So Fi Soo | So Re La So | Ti La Soo ||

Du: Sing auch du die Melodie.

- Wie könnten wir die Töne umdeuten, das heißt, die gleichen Töne
mit anderen Tonsilben benennen? Die Tonsilben tauschen ihre Rollen.
Sie bekommen plötzlich eine andere Bedeutung. Das Ende der Melodie, die sich wie Mi Re Do anhört, heißt anders: Ti La So.
- Das ist etwas verwirrend.
- Vielleicht für deinen Verstand aber nicht für dein Gehör! Er hat es
nämlich schon längst begriffen, was passiert ist. Schau das an.

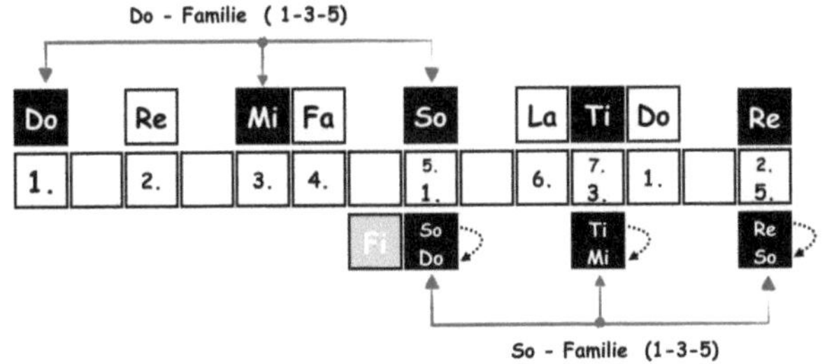

- Ein Ton kann verschiedene Rollen haben. Unter die blauen Notenköpfe habe ich die neuen Tonsilben geschrieben.

- Vorige Woche war ich im Jugend-Theater. In dem Stück hat eine junge Schauspielerin sogar drei verschiedene Rollen gespielt!

- Ich habe die Melodie in F-Dur notiert. Der Ton F ist der Grundton Do. Der Ton C ist die Quinte, der Sohn. Wenn die Melodie voranschreitet und die Herrschaft des Sohnes wirkt, tauscht der Ton C seine Rolle. Statt Sohn ist er Vater (Do = So). Der Ton Be, (Bb) der in F-Dur die Rolle von Fa hat, wird um einen Halbton erhöht. Deswegen steht das Auflösungszeichen vor dem Ton Be. Dadurch wird er zu B (H). Der Ton B (H) übernimmt die Rolle von Fi, weil er einen Halbton tiefer liegt als der Ton C, der zurzeit die Herrschaft übernommen hat. So darf er als Vater die anderen Töne binden. Wichtig ist, dass du merkst, dass Fi die Bedeutung von So verstärkt. Der Sohn übernimmt die Herrschaft für eine Weile. Das kann man durch die Tonsilbe Fi vor So gut bestätigen.

Aber kommen wir jetzt zu unserem Thema zurück; „Übernahme der Herrschaft durch den Sohn“ Das ist eine wichtige Spielregel, die oft in der Musik gebraucht wird. Fast alle Komponisten haben damit gespielt. Dadurch kann die Melodie interessanter werden. Das nennen die Musiker Schwerpunktverlagerung.

- Mit diesem Wort „Schwerpunktverlagerung“ kann ich nicht viel anfangen.

- Der Begriff ist vielleicht schwer, aber seine Bedeutung nicht, es ist, als ob du deine Aufmerksamkeit auf etwas anderes verschieben würdest. Sprich das Wort schnell hintereinander aus: Wanze Wanze Wanze Wanze, aber betone dabei einmal die erste Wortsilbe Wan und nacher die zweite Wortsilbe ze.

- **Wan**ze **Wan**ze **Wan**ze **Wan**ze **Wan**ze **Wan**ze Wan**ze** Wan**ze** Wan**ze** Wan*ze*Wan **Ze**Wan **Ze**Wan. Ach ja, jetzt versteh ich! Mit der Zeit ist aus dem Wort „Wanze“ das Wort „Zewan“ geworden!

- Mir ist jetzt ein anderes Wort eingefallen: Kiwi, ich spreche es schnell hintereinander aus: **Ki**wi **Ki**wi **Ki**wi Ki*wi*Ki **Wi**ki **Wi**ki **Wi**ki.

- Du hast es verstanden, aus dem Wort Kiwi ist Wiki geworden. Wenn wir mit den Tönen so spielen und die Betonung verlagern, dann verlagern wir den Schwerpunkt, also unsere Aufmerksamkeit. So kann durch die Betonung eine Schwerpunktverlagerung entstehen und aus So Do werden.

- Also du meinst, die tauschen ihre Rollen.

- Sozusagen ja, aber nicht vergessen, dass trotzdem Do der Grundton bleibt. Das Gehör kann sich noch immer an das Do erinnern! Die Umdeutung, also der Rollentausch, ist noch deutlicher, wenn man statt der Tonstufe Fa ein Fi nimmt. Dann kann das Gehör vollständig akzeptieren, dass das So der neue Grundton geworden ist. Das Spiel kann beginnen! Der Sohn übernimmt die Herrschaft, aber natürlich nur für eine Weile. Das kann man durch die Tonsilbe (Tonstufe) Fi gut bestätigen. Das ist nicht nur eine Theorie, sondern eine wichtige Spielregel. Zur Erinnerung der Teil der Melodie, wo der Sohn die Herrschaft bekommt: | So Ti Re´Ti | Do La Fi La | So Fi Soo | Aber wie du schon weißt, bleibt die Herrschaft des Sohnes nicht für immer, langsam wird die Anziehungskraft des Vaters spürbar. Das klingt so: | So Mi Fa Re | Do Ti, Do Mi | Re Fa So Re | Mi Re Doo ||.

- Ich habe sofort gehört, dass jetzt wieder der Vater gesprochen hat!

Du: Sing 4| So Mi Fa Re | Do Ti, Do Mi | Re Fa So Re | Mi Re Doo ||

- Genau so ist es. Mit sanfter aber deutlicher Stimme hat „er" die Töne so ausgewählt, dass der Ball zu ihm geflogen ist.

- Die Frage ist, wer ist „er", der Vater Do oder ein anderer?

- Ganz genau genommen weder der Vater Do noch jemand anderer, sondern der Komponist. Wir Menschen wählen die passenden Töne aus und gestalten die Melodie so, dass Gefühle in uns entstehen.

Du: Singe folgende kleine Etüde (Übungsstück), damit du weißt, was die Schwerpunktverlagerung ist.

Do Mi So Mi	Fa Re Ti, Re	Dooo x	So Ti Re´ Ti
Do La <u>Fi</u> La	So <u>Fi</u> Soo	So Re La So	Ti La Soo
So Mi Fa Re	Do Ti, Do Mi	Re Fa So Re	Mi Re Doo	

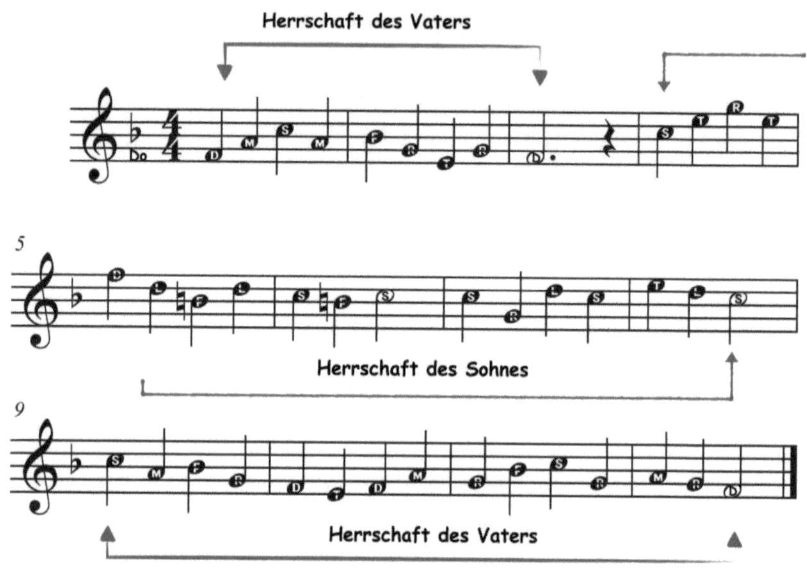

Was hast du gelernt?

Es ist möglich, die Melodie für eine Weile um den Sohn statt um den
Vater zu bilden, um sie interessanter zu gestalten. Dies geschieht durch
die Schwerpunktverlagerung, die nichts anders bedeutet, als dass die
Quinte So die Bedeutung von Do bekommt. Das hört sich an, als wür-
de die Quinte zum neuen Grundton werden. Dann will der neue
Grundton auch seine eigene Terz, also seine Frau, und eine eigene
Quinte, also einen Sohn. Damit stärkt er sich. Der neue Ton, der die
Führung übernehmen will, braucht eine kleine Tochter, Ti, die zu ihm
will. Diese Rolle wird aus dem Ton Fa gebildet. Fa wird um einen

Halbton erhöht: Fa → Fi. Eine wichtige Rolle bekommt dabei die neue Tonstufe, die mit den Tonsilben Fi bezeichnet wird. Das Fi leitet zu So, weil Fi die Rolle der kleinen Tochter übernimmt: Fi → So. Die Dur-Tonleiter wird um die neue Tonsilbe (Tonstufe) Fi ergänzt. Die Melodie muss aber später zu ihrem Ursprung, zum Grundton Do, zurück-zukommen ↻. Das nennt man Schwerpunktverlagerung.

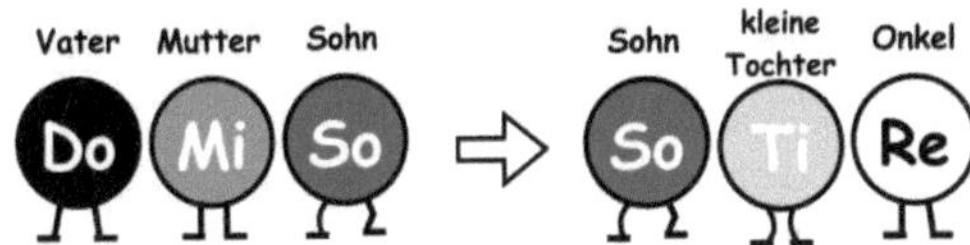

23. Formspiele

Die Dreiteiligkeit

- Bei unserem Spiel mit den Tönen gehen wir weiter. Wir werden längere und vielfältige Melodien erfinden. Wir haben darüber geredet, wie eine Melodiewelle beschleunigt werden kann, nicht im gesamten Tempo, sondern einfach der Fluss der Melodie: ein eher langsamer Beginn, eine Beschleunigung in der Mitte und ein langsames, abgebremstes Ende.

- Statt Viertelnoten können wir Achtelnotene nehmen, statt | Do Re Mi Re | die Notenlänge halbieren: | Do-do Re-re Mi-mi Re-re |.

- Wir können das gesamte Tempo beeinflussen. Die Komponisten haben damit gespielt. Wir haben über die drei Teile in der Musik geredet. Diese drei Teile gelten für alles, für die kleinen Abschnitte, die langen Abschnitte, das Tempo etc. Also ein Spiel auch mit der Geschwindigkeit: schnell, langsam und wieder schnell.

- Meinst du eine ganze Melodie oder Teile einer Melodie?

- In diesem Fall meine ich große Teile, ganze Abschnitte. Wenn ein Regisseur einen Film machen will, muss er den ganzen Ablauf im Kopf haben, aber nicht alle Einzelheiten, sondern vor allem die großen Abschnitte. Er muss planen, sodass die Handlung nach 90 Minuten zum Ende kommt. Das auf ein Musikstück anzuwenden bedeutet: Ein längeres Musikstück kann aus mehreren Melodien bestehen. Diese Teile sollten in einer logischen Ordnung zueinander stehen. Wir wissen, dass es drei gibt. Meistens sind diese Teile mindestens acht oder zwölf Takte lang, oft auch länger.

- Das heißt, dass ein Musikstück drei Teile hat, dreimal acht Takte, also 24.

- Dreimal acht Teile, und jedes Teil hat seine Eigenschaften und Merkmale, was Tempo und Rhythmus betrifft. Damit nimmt ein längeres Musikstück langsam seine Form an. Eine Möglichkeit zur Abwechslung haben wir besprochen.

- Du meinst die Melodie mit der Schwerpunktverlagerung, vom Herrschaftsbereich vom Vater zum Sohn und zurück.

- Dort haben wir eine Aufteilung in drei Teile gehabt, 1.Teil: Herrschaftsbereich des Vaters Do, 2. Teil: Herrschaftsbereich des Sohnes, 3. Teil: Herrschaftsbereich des Vaters.

- Ist das Zufall, dass es drei Teile gibt?

- Wir können alles mindestens in zwei oder drei Teile teilen, und diese Teile können wir weiter in zwei oder drei Teile unterteilen: 1.Teil (A-B-C) 2. Teil (A-B-C), 3. Teil (A-B-C).

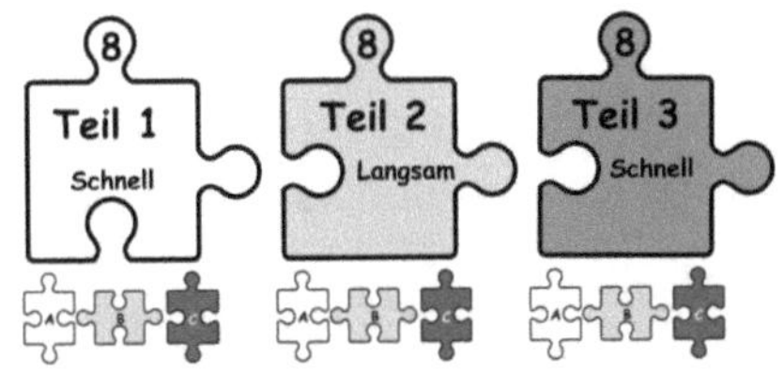

- Drei große Teile werden in je drei kleine Teile geteilt, also insgesamt in neun Teile.

- Ja, das stimmt. Wie du siehst, ist der Bauplan der Musik logisch und verständlich aufgebaut. Es gibt einen Plan für alles, für die Form der Musik und für die Bewegungen der Töne, von einem Ton zum anderen, also für die Züge (Terz-Zug, Quint-Zug usw.). Und auch für das Tempo. Sogar die berühmten Komponisten haben sich an diesen Bauplan gehalten.

- Auch ein Schachspieler muss sich an die Spielregeln halten.

- Wir haben über das Spiel zwischen Dur und Moll geredet, fröhlich und traurig, schwarz und weiß. Das ist weiterhin sehr wichtig. Keine Regel, die wir bis jetzt besprochen haben, wird vergessen. Die Komponisten haben mit der Form und dem Aufbau der Musikstücke experimentiert. Dabei hat sich eine Form entwickelt, die Sonatenform heißt.

- Ein Sonate von Mozart ... Das kenne ich.

- Sonate heißt nichts anderes als „erklingen" oder „Klingstück". Sie ist ein längeres Instrumentalstück. Die Sonatenform ist 3-teilig. Diese drei Teile haben verschiedene Geschwindigkeiten: schnell, langsam, schnell. Das bedeutet Gegensatz und Abwechslung. Das kann bedeuten, dass die verschiedenen Teile in anderen Taktarten stehen.

- Du meinst in 4/4 und in 3/4?

- Richtig. Früher gab es verschiedene Tänze. Jeder Tanz hatte seinen eigenen Namen. Manche Tänze waren schnell, manche langsam. Diese Tänze wurden als Beispiele für die einzelnen Teile der Musikstücke genommen. Ein bekannter Tanz ist das Menuett, ein flotter Tanz. Auch der dritte Teil einer Sonate wird oft als Menuett bezeichnet. Die Einzelteile einer Sonate sind nach Tänzen benannt.

- Das gefällt mir, ich tanze gerne.

- Man kann mit dem Rhythmus oder dem Tempo auch eine Abwechslung erzeugen. Kannst du dich an das Spiel fröhlich - traurig erinnern? Der Gegensatz von fröhlich und traurig wird dort verwendet. Der zweite Teil der Sonate ist langsam und kann oft in Moll stehen.

- Dadurch klingt er anders und geheimnisvoller als der erste oder der dritte Teil.

- Das Musikstück Sonate ist umfangreich, aber wir können die einfachen Tricks, die wir schon besprochen haben, weiter verwenden. Dabei solltest du alles anwenden, das wir besprochen haben. Wir werden kein Instrumentalstück machen, sondern eines, das wir singen können. Es wird ein Stück für mehrere Personen sein. Die Bezeichnung Chor wäre aber dafür übertrieben.

- Dann wird der Chor aus zwei Personen bestehen, aus dir und mir.

- Das bringt gewisse Vorteile. Das wird einfacher sein, weil wir zwei Stimmen brauchen. Ich gebe dir das Gerüst, eine langsame Melodie, vor. Diese Melodie hat die Länge von zwölf Takten. Dreimal vier Takte, also drei Teile innerhalb des ersten Teils. Die melodischen Züge erstrecken sich über zwölf Takte, ich singe vor:

4 | Doooo | Reeee | Miiiii | Dooo | Laaaa, | Tiiii, | Doooo | Soooo | Miiii | Doooo |Reeee | Doooo||.

- Zuerst hören wir einen Terz-Zug: Do Mi Do. Dann geht die Melodie
nach unten zu La, dann gleich nach oben zu Do.

- Vom unteren La, zu Do sehe ich einen Terz-Zug.

- Dann springt der „Ball" nach oben (So) und kommt langsam am
Ende zum Do. Ich habe die zwei Notensysteme, den Violinschlüssel
und den Bassschlüssel, eng zusammengeschoben, damit du die zwei
Stimmen auf dem Notenblatt mit deinen Augen leicht verfolgen
kannst. Das Ganze ist in F-Dur notiert. Deine Aufgabe ist es nun, nach
den Regeln des Kontrapunktes eine zweite untere Stimme zu erfinden.
Du kannst das Notenprogramm benutzen.

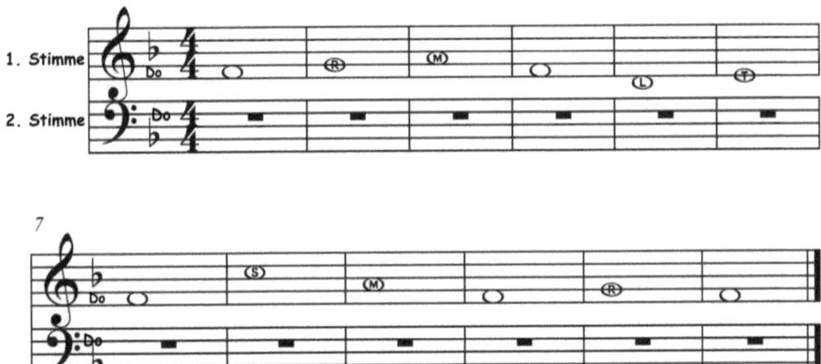

- Ich fange mit dem Grundton Do als F an, also ein Oktave tiefer, damit du das bequem singen kannst. Dann gehe ich im nächsten Takt
einen Schritt nach unten zu Ti, weil die Melodie nach oben geht. Eine
Gegenbewegung ist gut. Im nächsten Takt nehme ich Do. Das klingt
so: Doooo Tiiii, Doooo.

Du: Sing und spiel, was Nora geschrieben hat.

Nora: | Doooo | Reeee | Miiii |
Peter: | Dooo, | Tiiiii,, | Doooo,|
       8   10   10

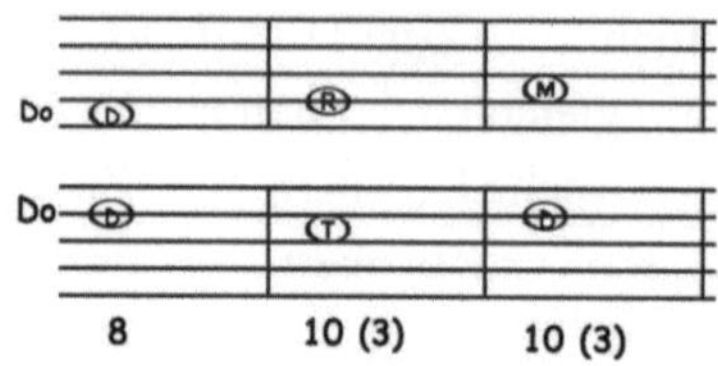

- Ich lasse im nächsten Takt die zweite Stimme hinauf zu Mi gehen, weil der obere Ton auf Do ist. Vater und Mutter klingen gut zusammen.

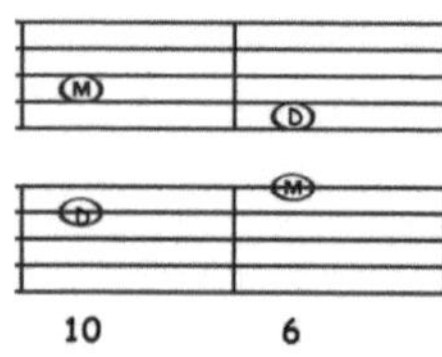

- Der höhere Ton ist Do und der tiefere ist Mi. Der Ton Mi trägt sozusagen das Gewicht des Klanges. Dieser Klang hört sich nicht so sicher und stabil an. Wenn der Vater (Do) unten ist, und die Mutter (Mi) oben, klingt das sicherer und stabiler. Es gibt zwei Möglichkeiten, wenn zwei Töne gleichzeitig erklingen. Einmal ist der eine oben und der andere unten, und das andere Mal ist der eine unten und der andere oben. In unserem Beispiel ist Do oben und Mi unten. Wenn Do unten ist und Mi oben, entsteht eine Terz. Dieser Klang hört sich stark und stabil an.

- Wenn Mi, die Mutter, unten ist und Do, der Vater, oben, hört sich das anders an.

- Es entsteht ein Intervall, das man Sext nennt. Eine Sext klingt nicht so stabil wie eine Terz. Wenn der Vater die Mutter auf den Schultern trägt, stehen sie sicherer und stabil. Wenn der Vater auf den Schultern der Mutter sitzt, ist das wackelig.

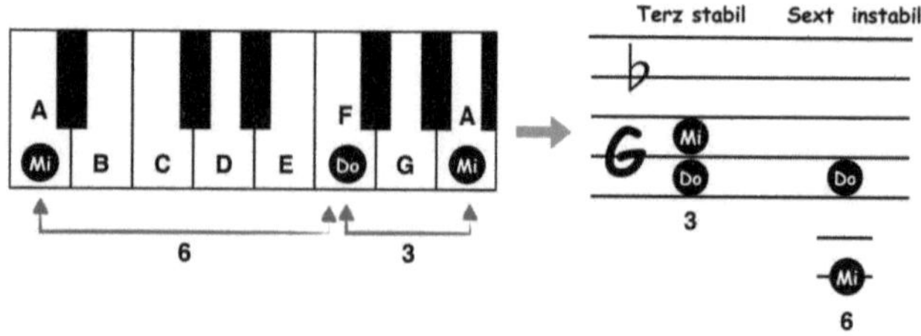

Du: Sing und spiel.

Oben:	Mutter	Mi		Vater:	Do
Unten:	Vater	Do		Mutter:	Mi,
Intervall: Terz		3		Sext	6

- Das Intervall Sext klingt zwar schön, ist aber nicht sicher. Deswegen muss irgendetwas geschehen. Weil die Melodie zu Do weitergeht, passt unten als zweite Stimme Mi gut dazu.

- Die Melodie geht nach unten zu La. Ich verwende eine Gegenbewegung nach oben zu Fa. Das Intervall La - Fa ist eine Terz.

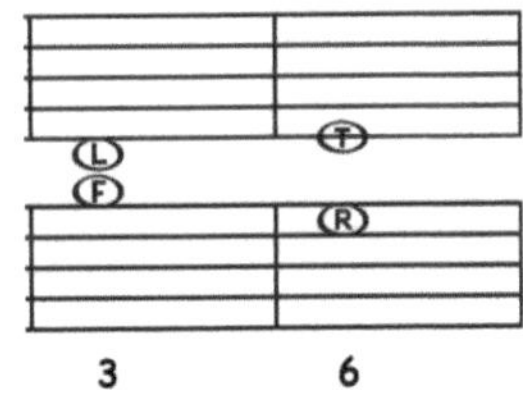

Die nächste Note in der Melodie ist ein Ti. Ich schreibe für die zweite Stimme ein Re. Im nächsten Takt geht die Melodie zu Do. Unten setze ich ein Mi. Das ist eine gerade, parallele Bewegung. Du hast gesagt, dass maximal drei parallele Bewegungen erlaubt sind.

- Hier sind das zwei parallele Sext-Bewegungen. Das geht in Ordnung.

- Im nächsten Takt macht die Melodie einen Sprung nach oben zu So. Was soll ich in der zweiten Stimme unten machen?

Pe ... die Gegenbewegung anwenden.

- Re, Do oder Ti?

- Mit dem Ton Ti unten klingt das am besten. Der Abstand zwischen den beiden Tönen ist sehr groß aber normalerweise klingt das gut.

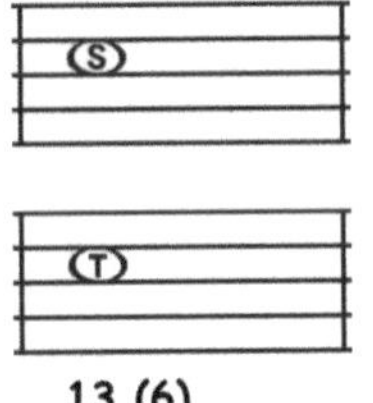

- Im übernächsten Takt habe ich das Problem wieder. Oben ist Do. Unten habe ich Mi. Soll ich das verwenden oder gibt es eine bessere Möglichkeit?

- Da gibt es Alternativen für die zweite Stimme, wenn Do oben ist. Dies kommt in der Musik oft vor.

- La! Wenn La unten und Do oben ist, klingt das zwar gut, aber nicht stabil. Dieser Abstand ist eine Terz, wahrscheinlich eine kleine Terz.

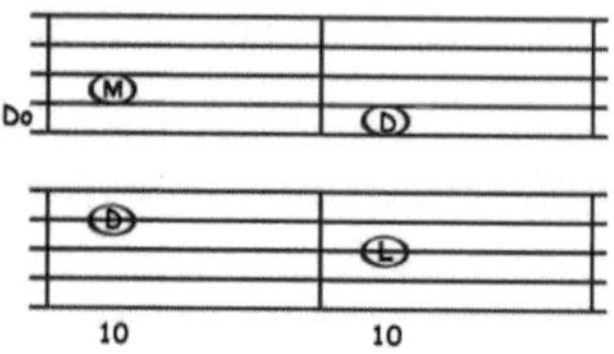

Für dich: Weil zwischen Do´ und La der Abstand groß ist, größer als eine Oktave, steht die Zahl 10 (statt -3) für die kleine Terz plus die Oktave.

- Das hast du gut erkannt. La unten, Do oben … Das ist nicht stabil, trotzdem brauchbar, weil …
- … weil die Melodie nicht fertig ist.
- Nun brauchst du den Schluss.
- Oben in der Melodie kommt Re Do vor. Unten setzte ich auf die Gegenbewegung mit Ti, Do.
- Gut. Singen wir das gemeinsam durch.

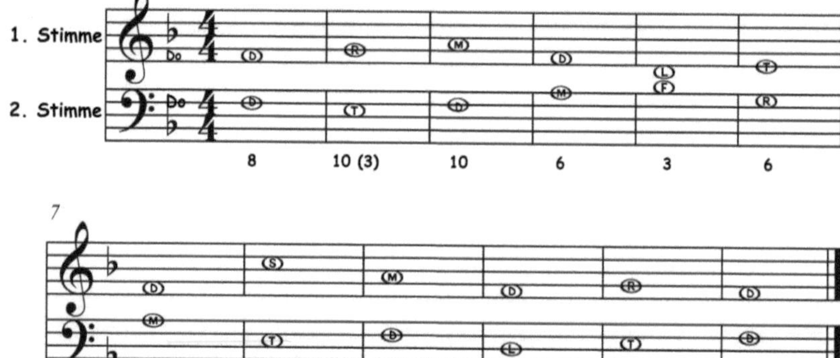

Du: Sing und spiel die zweistimmige Melodie!

- Überall kommen harmonische Intervalle vor, also keine Dissonanzen. Der zweistimmige Hintergrund ist fertig. Jetzt kannst du die einfache Melodie ausschmücken. Du könntest   kleinere Notenlängen nehmen. Es ergeben sich viele neue Möglichkeiten. Fange mit Viertelnnoten an. Es muss nicht die ganze Zeit Viertelnoten geben. An bestimmten Stellen kann sich die Melodie ausruhen.

- Als ersten Trick verwende ich die Nachbarnoten, statt wie im ersten und zweiten Takt | Doooo | und | Reeee |, mache ich | Do Do Re Do | Re Re Mi Re |.

- Dann mache ich weiter: | Mi Fa So Mi |. Nachher bin ich unsicher. Beim vierten Takt ist der erste Abschnitt zu Ende. Hier braucht die Melodie Ruhe. Mein Gefühl sagt, dass Do kommen soll.

- Deine Überlegung ist richtig. Teile den Takt in die Hälfte, in Ruhe und Spannung, und mach größere Sprünge..

- Also die erste Hälfte des Taktes nehme ich ein langes Doo, dann bringe ich etwas Neues, Unerwartetes. Zuerst gehe ich hinunter zu So und dann hinauf zu Mi: | Doo So, Mi |. Der große Sprung zwischen dem unteren So, und dem oberen Mi ist eine Sext.

- Der große Sprung ist eine gute Idee. Wenn man das hört, entsteht das Gefühl, dass es jetzt weitergeht.

- Der nächste Takt hat in der tiefen zweiten Stimme das Fa. Zu Fa passen Do und La gut. Du hast gesagt, im ersten Teil soll eine Konsonanz stehen: | Fa Mi Do La, |. Beim übernächsten Takt ist ein Abschnitt zu Ende. Ich singe | Tii Do Re | Doooo |.
- Ich singe den ersten Teil der Variation vor.

Du: Und jetzt bist du dran. Sing, wie es notiert ist.

4 | Do Do Re Do | Re Re Mi Re | Mi Fa Mi | Doo So, Mi | Fa Mi Do La, | Tii Do Re | Doooo ||.

- Gut, dass du beim letzten Takt das Do lange aushältst. Unten ist Mi im Bass. Die beiden Tönen Mi und Do klingen zwar schön, das Gehör merkt aber, dass die Melodie nicht zu Ende ist.
- Wenn Mi unten und Do oben ist, ist der Zusammenklang nicht sicher, weil die Mutter auf ihren Schultern den Vater nicht lange tragen kann:
- Du hast die Eselsbrücke gut gemerkt. Mache jetzt weiter. Ich empfehle dir, das Ziel, den Schlusston, nicht aus den Augen zu verlieren. Du hast noch einige Takte. Fange daher etwas oben an, damit du schön vom Gipfel runtergehen kannst.
- Worauf ich nicht alles achten soll! Aber du hast Recht. | So La So Fa | Mi Fa So Mi | Doo Fa Mi | Ree Mi Re | Do Do Doo ||
- Ich notiere jetzt alles. Schau. Sing du die ganze Melodie, und ich singe die untere Stimme dazu:

Du: Singe und spiele nach den Noten.

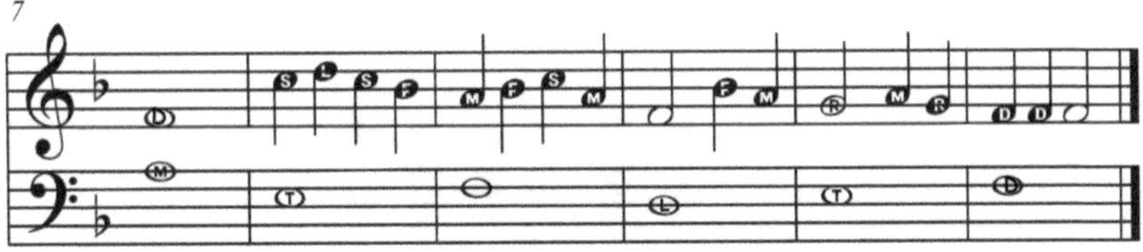

- Singen wir das Ganze jetzt (du auch).

4| Do Do Re Do | Re Re Mi Re | Mi Fa So Mi| Doo So, Mi |Fa Mi Do La | Tii, Do Re | Doooo | So La So Fa | Mi Fa So Mi | Doo Fa Mi | Ree Mi Re | Do Do Doo ||

- Wir sollten unser Musikstück erweitern.

- Den ersten Teil haben wir schon, jetzt kommt der zweite Teil. Du hast gesagt, der soll anders sein. Trauriger sein, also in Moll und nicht in vier Vierteln, sondern in drei Vierteln.

- Welche Moll-Tonart wählen wir? Die Melodie ist in F-Dur.

- Wählen wir F-Moll?

- Das Kräftemessen zwischen Vater und Sohn ist dir gut bekannt. Die neue Tonart soll in irgendeiner familiären Beziehung mit der ursprünglichen Tonart stehen. Meist ist die Quinte, die Tonart des ältesten Sohns, gebräuchlich. (1 = F, 2 = G, 3 = A, 4 = Bb, 5 = C) In F-Dur hat der Ton C die Rolle des Sohnes. (F = Do und C = So) Wir könnten daher statt C-Dur das C-Moll nehmen. Die könnten wir auch als „So-Moll" bezeichnen. Aus C-

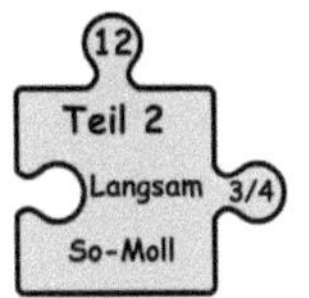

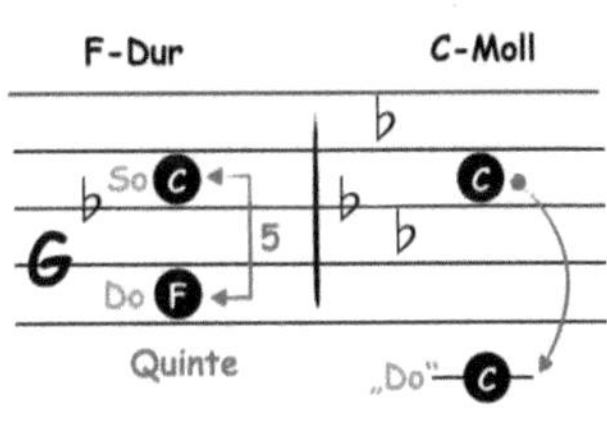

Dur wird c-Moll. Deswegen So-Moll.

- Statt C-Dur c-Moll? Das heißt, einige Töne müssen verändert werden. C, D bleiben, wie sie sind. E muss einen Halbton erniedrigt werden. F und G bleiben unverändert. A Moll braucht ein Le statt La. Also statt A ein As und statt B (Ti) Bb, (Te). Wir werden also drei Vorzeichen brauchen. Etwas kompliziert.

- C-Moll hat deswegen drei b (bbb) als Vorzeichen. Ich zeige es dir.

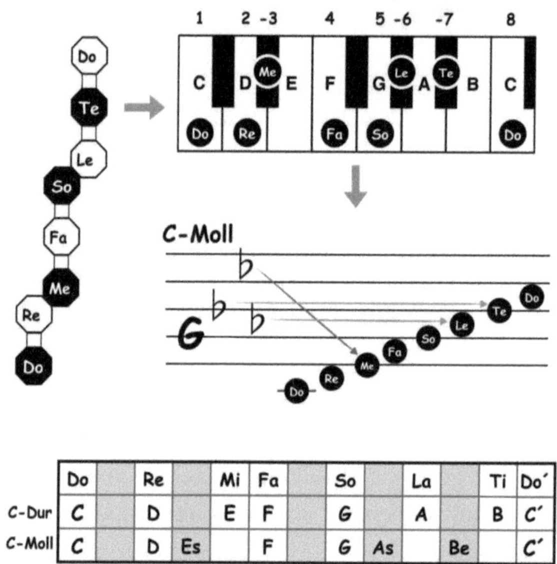

	Do		Re		Mi	Fa		So		La		Ti	Do´
C-Dur	C		D		E	F		G		A		B	C´
C-Moll	C		D	Es		F		G	As		Be			C´

- Die Länge von zwölf Takten bleibt. Du solltest zuerst den groben Ablauf, den Hintergrund der Melodie, bestimmen. Denk an das Storyboard. Es stellt dar, wie die Geschichte ablaufen soll, was überhaupt passiert, wie die Handlung ist. Wie hoch soll der höchste Ton in der Melodie sein? Was soll danach geschehen? Nicht vergessen: zur Abwechslung ¾-Takt. Die Tonsilben in Moll sind Do Re Me Fa So Le. Aber Achtung, statt Te wird wegen der Schlusswirkung Ti benutzt.

- Lass mir ein wenig Zeit, ich probiere die Möglichkeiten im Notenprogramm aus. Ich fange hinten an und verwende am Ende die Urlinie, Me Re Do. Dann gehe ich zurück zum Anfang. Von dort steige ich langsam hinauf, aber immer nur einen Schritt nach oben und einen zurück. Dann geht die Melodie ganz langsam nach unten. Ich bin jetzt fertig, ich singe vor:

Du: Sing und spiel die Melodie.

- Die Melodie ähnelt einer Bergwanderung. Langsam schlingend steigt sie an: Do Me Re Fa So. Der höchste Ton ist zwar Le, aber nur kurz, weil er ja nur das So umspielt (So Le So) und dadurch seine Rolle noch mehr bestärkt. Nachher erfolgt die melodische Wanderung langsam stufenweise nach unten: Fa Me Re Do.
- Bilde jetzt die zweite Stimme dazu.
- Bei der zweiten Stimme mache ich auch zuerst das Ende fertig. Die obere Stimme ist Me Re Do. Dann nehme ich für die untere Do Ti, Do.

- Vom Anfang an bist du mit der zweiten Stimme nach unten gegangen, zum Me. Nachher hast du einen großen Sprung zum Te gemacht. Das Ende war vorher fertig.

Du: Singe und spiele.

Stimme 1:| Do o o | Me e e | Re e e | Fa a a | Me e e | So o o |
Stimme2: | Do o o | Do o o | Te e e, | Le e e, | So o o, | So o o, |

Stimme 1: | Le e e | So o o | Fa a a | Me e e | Re e e | Do o o ||
Stimme2: | Fa a a, | Me e e, | Te e e, | Do o o | Ti i i, | Do o o ||

- Klingt gut. Der Hintergrund ist fertig. Die Melodie im Vordergrund kann gestaltet werden. Jetzt soll es rhythmisch anders sein. Vorschlag: 3| Daa di-di |Daa Da | Wir haben einen ¾-Takt.

- In den ersten zwei Takte spiele ich nicht | Dooo | Meee |, sondern | Doo So-fa | Mee So |. Hast du das gemeint?

- Genau, mach weiter.
- Weiter könnte das so gehen: | Ree Fa-me | Faa Te |.
- Du hast das Muster verstanden, mach weiter so.
- | Mee Me-fa | Soo Re | Lee Te-le | Soo Le-so | Faa So-fa | Mee So |.

Das war logisch, dass die Melodie wie beim Treppensteigen nach unten geht.

- Du bist an der richtigen Stelle langsamer geworden, weil das Ende kam.

- Das Ende mache ich trotzdem wie bisher mit dem Muster. | Ree Me-re | Dooo ||

Du: Singe zuerst die gerade entstandene Melodie. | Doo So-fa | Mee So | Ree Fa-me | Faa Te, | Mee Me-fa | Soo Re | Lee Te-le | Soo Le-so | Faa So-fa | Mee So | Ree Me-re | Dooo ||

Dann begleite dich mit der zweiten Stimme. Oder spiel das Ganze im Notenprogramm ab.

- Klingt ganz gut. Du fängst an zu komponieren.
- Komponieren? Das ist ja ein Spiel! Ich hätte nicht einmal im Traum gedacht, dass ich das so schnell lernen kann. Ich dachte jahrelanges Studieren auf der Musik-Uni ist dafür notwendig.
- Es ist vieles möglich, wenn man Neugierde und Ausdauer mitbringt. Zwei Teile haben wir schon. Der dritte Teil fehlt. Der soll ähnlich wie der erste Teil in Dur, in der Ausgangstonart, sein.

- Könnte eine Variation vom ersten Teil sein …

- Wichtig ist, dass die Hörer erkennen, dass das der letzte Teil ist und dass sie sich an den ersten Teil erinnern, weil diese drei Teile zusammengehören und sozusagen eine Einheit bilden.

- Die ersten zwei Takte lasse ich. Damit erkennt man, dass die Wiederholung vom ersten Teil kommt. Nachher mache ich das anders, statt Da Da Da Da wird Da Di-di Da Di-di. Die Melodie wird geändert zu | Mi Mi-fa So Mi-re | Do Ti,-la So, x |.Als Erinnerung die erste Version.

- Ich habe am Anfang eine Pause x gesetzt, damit ich mich ausruhen kann.

Du: Sing | Mi Mi-fa So Mi-re | Do Ti,-la So, x |.

- Pausen sind ein wichtiger Baustein in der Melodie. Also vom Anfang bis jetzt klingt es so: | Do Do Re Do | Re Re Mi Re | Mi Mi-fa So Mi-re | Do Ti,-la, So, x |.

- Der nächste Takt beginnt unten mit der Bassstimme Fa. Deswegen könnte man mit La anfangen und einen Sprung nach oben zu Mi machen. Ich probiere es aus: | La, Mi Do-ti, La, |. Das gefällt mir so. Nun gehe ich einen Ton höher zu Ti. Aber die Quinte von Ti ist nicht in der Familien-Tonart. Ti, und Fa sind in einem Tritonus-Abstand voneinander entfernt.

- Haben wir nicht den Tritonus in einer Melodie gehabt? Erinnerst du dich an „Im Märzen der Bauer“?

- Klar, ich soll den Tritonus verwenden, |Ti, Fa Re-do Ti, |.

- Unten nehmen wir in der

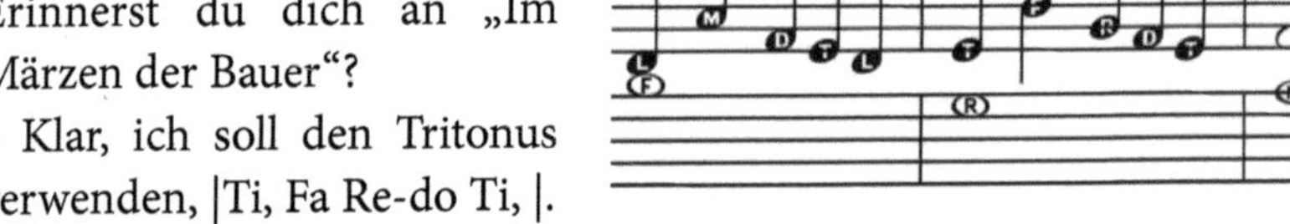

Bassstimme das Re. Re und Ti klingen gut. Der Abstand zwischen Re und Ti ist eine Sext.

- Die Melodie ist beim Do angelangt.

- Das ist aber nicht wirklich das Ende. Es geht noch weiter, gib der Melodie Schwung.

- Wie soll ich der Melodie Schwung geben?

- Denk ans Ballspiel. Dort musst du Kraft aufbringen und schneller werden, wenn du den Ball beschleunigen willst. Wie können wir die Melodie beschleunigen?

- Wir nehmen kürzere Notenwerte wie | Dooo Mi-do |.

- Durch Mi-do am Ende des Taktes hast du die Melodie beschleunigt. Nachher erwarten wir einen neuen Ton. Die Melodie muss weitergeführt werden.

- So könnte das weitergehen mit | Re Mi Fa-mi Re |.

- Passt! Weiter…

- … | Mi So So-fa Mi |. Nachher sollte eine Abwechslung kommen.

- Ein anderer Rhythmus, Daa Di-di Da? Nach drei Takten kommt gleich das Ende. Die Melodie sollte ihre Spitze erreichen und langsam runterrutschen und zur Ruhe kommen. Schau dir die untere tiefe Stimme an.

- Die Stimme steigt. Die obere sollte nach unten gehen. Es kommt die Gegenbewegung. Als höchsten Ton wähle ich La: | Laa Fa-la Fa | Soo Mi-fa Re | Do Do-ti, Doo ||.

- Der 3. Teil ist auch fertig.

Du: Wenn du die Möglichkeit hast, gib die Noten in das Notenprogramm ein und sing mit. Einmal die Melodiestimme und einmal die Bassstimme. Oder sing und spiel auf einem Instrument.

- Schauen wir jetzt das Ganze an. Der erste Teil ist in der Grundtonart. Beim zweiten Teil wählt man zur Abwechslung eine andere Tonart, die mit der ersten in einer gewissen Beziehung steht. Das kann Moll sein. Der dritte Teil ist in der Ausgangstonart.

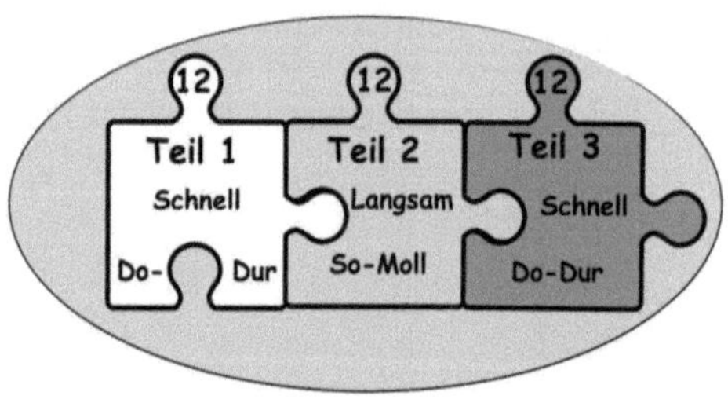

282

Am besten lass uns das ganze Musikstück am PC anhören. Wir können auf dem Bildschirm mit unseren Augen die Noten mitverfolgen.

Teil 1

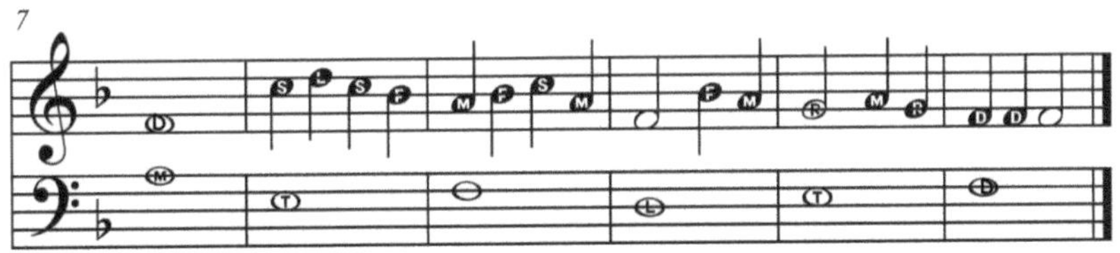

Teil 2

- Wird ein Musikstück gemacht, muss man die Spielregeln kennen, anwenden und langsam Takt für Takt, von Abschnitt zu Abschnitt, die Melodie basteln. Was du gelernt hast, musst du verwenden. Versuche weitere Musikstücke zu basteln. Vor allem höre Musik. Besorge dir Noten von einfachen Volksliedern oder von Songs, die dir gefallen. Die Maler haben so gelernt, indem sie bekannte Bilder nachgemalt haben. Einige Komponisten haben berühmte Stücke Note für Note abgeschrieben. Wähle dir ein Lied aus, schau dir das Notenbild an, versuche die Melodie mit Hilfe der Tonsilben vom Blatt zu singen. Zähle nach, aus wie vielen Takten und Teilen das Lied besteht. Wo sind die Wiederholungen? Wo sind die melodischen Züge? Wo sind der Anfang und der Endpunkt der melodischen Züge?

Aber genug für heute, du brauchst Zeit und Übung, damit du diese Spielregeln anwenden kannst. Bis zur nächsten Stunde!
- Klar, ich werde zu Hause ein Lied auswählen.

Was hast du diesmal gelernt?

Du hast die Form der Sonate kennengelernt. Sie besteht mindestens aus drei Teilen. Jeder einzelne Teil hat bestimmte Eigenschaften. Diese sind: Tempo, Takt, Tonart und Tongeschlecht, Dur oder Moll. Die verschiedenen Tonarten der Teile stehen in einem Verhältnis, meistens im Abstand einer Quinte zueinander. Der mittlere Teil ist meist langsam und kann oft in Moll stehen, damit es eine Abwechslung gibt. Nach einem einfachen zweistimmigen Hintergrund kann man Variationen durch die schon bekannten „Tricks" erstellen.

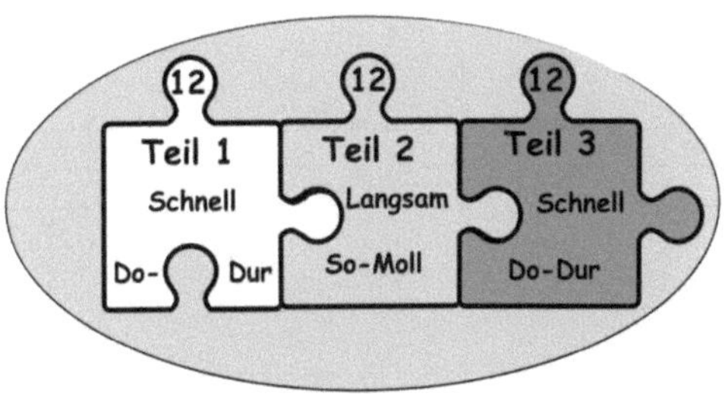

24. Untersuchung

Peter: Welches Lied hast du dir ausgesucht?
Nora: Eines, das ich mit meiner Mutter am Abend oft gesungen habe.
Das Lied heißt „Guten Abend, gut Nacht"
- Das kennt fast jedes Kind. Viele glauben, dass das ein Volkslied ist.
Tatsächlich hat das Johannes Brahms komponiert. Singe das Lied vor!

Du: Sing das Lied, „Guten Abend, gut Nacht".

Guten Abend

J.Brahms

- Meine erste Frage ist, mit welcher Tonsilbe beginnt das Lied?
- Das war jetzt schnell gefragt. Wie kann ich das erraten?

- Es ist besser nicht zu raten, sondern zu wissen. Wenn wir ein Lied hören, dann wissen wir, dass der letzte Ton der Schlusston Do ist. Wenn wir diese Tonhöhe im Kopf haben, dann ist der Grundton festgestellt. Wenn du jetzt wissen willst, welche Rolle, also welche Tonstufe der erste Ton hat, dann singe zuerst den ersten Ton mit „na" und summe oder singe dann bis zum Grundton Do.
- Ich summe, Hm Hm Hm. Der Anfangston ist die dritte Tonstufe, also hat er mit Mi begonnen.

Du: Mache das auch so, wie oben beschrieben. Summe vom Anfangston bis zum Grundton Do hinunter. Singe dann die ganze Melodie.

- Mi, der erste Ton, ist die Terz. Die Melodie beginnt mit einem Auftakt. Du weißt, was ein Auftakt macht?
- Er erzeugt Spannung und Erwartung.
- Ich singe die ersten fünf Takte vor: (3/4 Takt) Mi-mi | So=mi Mi | So x Mi-so | Do´ Ti=la | La So usw. Ich möchte, dass du diese Schreibweise mit den Tonsilben nicht vergisst. Wenn du kein Notenpapier hast, kannst du schnell eine Melodie aufschreiben.
- Die Melodie beginnt mit dem Ton Mi, mit der Terz. Die nachfolgenden Töne hüpfen zwischen Mi und So hin und her.
- Das Spiel mit dem Ball beginnt, Mi-mi |So = -mi Mi | So. Der melodische Zug beginnt bei Mi und zieht zu So. (Mi→So) Zuerst holt die Melodie Schwung und macht dann einen größeren Sprung hinauf zu Do´. Das klingt so: Mi-so |Do´ Ti= la| La So.

Das könnten wir vereinfachen, vom Mi zu Do´ und zu Mi → Do´ → So.

Du: |Mii Doo´ Soo|

- Das obere Do´ ist eine Zwischenstation für die Melodie, weil nachher wieder So das Ziel ist, Mi → Do´ → So. Hast du bemerkt, dass wir Teile der Melodie nicht von Taktstrich zu Taktstrich besprechen? Der Taktstrich ist nicht das Wichtigste, sondern die musikalische Bewegung, der melodische Zug, ist wichtiger. Wir betrachten sie, die Bewegungen, die Züge vom Anfangs- bis zum Endpunkt. Der melodische Zug ist wie eine Einheit, wie ein Satz. Er verbindet die einzelnen Töne zu einer sinnvollen logischen Einheit. So denken und arbeiten die Komponisten auch. Ein Beispiel dafür haben wir gerade erwähnt. Da gab es den Zug von Mi zu Do´ und nachher zu So, Mi → Do´ → So.

- Verstehe, das sind sozusagen die zusammenhängenden Teile, wie die Glieder von einem Körper, also Hand und Fuß.

- Guter Vergleich. Der Fuß oder der Arm hat auch eine bestimmte Länge, einen Anfang und ein Ende und in der Mitte sogar ein Gelenk.

- Das stimmt, ein Gelenk, damit ich meinen Arm biegen kann. Die Bewegung der Melodie von Mi zu Do´, kann so gesehen werden. Do´ ist das Gelenk, wo sich die Melodie verändern kann, Mi → Do´ → So.

- Nachher kommt die wellenartige Bewegung wie am Anfang, dieses Mal einen Ton tiefer, angefangen bei Re: Re-mi | Fa Re Re-mi | Fa . Diese Melodietöne bilden den Terzzug von Re zu Fa, Re → Fa .

- Nachher geht es steil nach oben. Das Ziel der melodischen Bewegung ist das obere Do´. Re-fa | Ti-la So Ti | Do´ (Re → So → Do´). Ich habe gehört, dass hier ein Tritonus hörbar ist. Nach Fa kommt Ti.

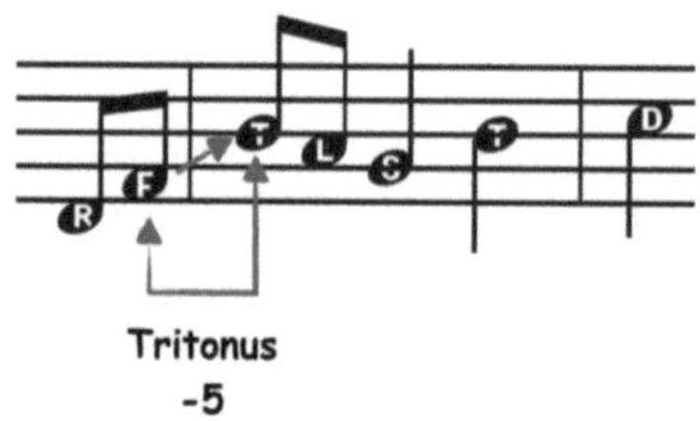

- Du hast ein gutes Gehör! Der Tritonus kommt nicht selten als Durchgang vor. Das Ziel ist das obere Do´.

- Ich hätte nicht gedacht, dass vieles, was wir besprochen haben, in diesem Lied vorkommt.

- Schließlich hat Herr Brahms die Spielregeln gekannt, und jeder Koch kocht nur mit Wasser! Wie geht die Melodie weiter?

- Es kommt ein steiler Sprung vom unteren Do zum oberen Do´. Ich singe, Do-do | Do´

- Der große Oktav-Sprung zwischen unterem Do und oberem Do´ ist wie eine Tonwiederholung. Auf den ersten Blick hörte sich das so an, aber das könnten wir auch als einen Sturz zum unteren Do deuten. Danach geht es zum oberen Do´ und langsam wieder runter zum So: Do-do | Doo´ La-fa |Soo usw.. Der Komponist wollte darauf vorbereiten, dass er von oben wieder hinunterkommt. Daher geht der melodische Zug vom oberen Do´ zum So (Do´→ So)

- Der Ball landet beim So. Die Melodie dreht sich (↻) um den Sohn, also um den Ton So.

- Der älteste Sohn spielt eine wichtige Rolle. Das zeigt der weitere Verlauf der Melodie: Mi-do | Fa So La | Soo. Merkst du, dass der Anfang und das Ende dieses Abschnittes nicht am Taktende sind? Der Taktstrich ist für die Melodie nicht wichtig. Sie bahnt sich einen Weg, wie sie will. Der Komponist muss den Willen der Melodie erkennen und lenken.

- Nachher kommt eine Wiederholung. Die ist leicht zu erkennen: Do-do | Doo´ La-fa | Soo. Statt Mi-do | Fa So La | Soo kommt der Schluss mit Mi-do | Fa Mi Re |Doo x || Das ist die Urlinie Mi - Re - Do.

- Richtig erkannt! Wie du siehst, ist es nicht zu schwer, die Muster und die Regeln in diesem Lied zu erkennen. Mach dir bewusst, dass in der Musik die melodischen Züge und Kräfte eine wichtige Rolle spielen.

Schauen wir uns das Notenbild von „Guten Abend" an. Kannst du den Ablauf und die Züge der Melodie zusammenfassen?

- Zuerst gibt es einen musikalischen Zug von Mi zu So. Das kommt zweimal vor. Dann geht die Melodie zum oberen Do´. Aber nur kurz, weil sie dann nach unten zu So geht. Dann macht die Melodie kleine Sprünge, hin und her, aber ihr Ziel ist der Ton Fa. Von dort nimmt die Melodie Schwung und springt direkt in den Tritonus, vom Fa zu Ti, mit einem kleinen Umweg, um das obere Do´ zu erreichen. Die Melodiewelle oder der Ball hüpfen hin und her. Nachher geht das langsam mit Wiederholungen vom oberen Do´ bergab zum Do.

- Freut mich, dass du dir so viel gemerkt hast. Schaue jetzt das Notenbild an!

Guten Abend

J.Brahms

- Du, Peter, ich hätte Lust, eine zweite Stimme zur Melodie zu erfinden.

- Mach es gleich, du kannst Terzen, Sexten, Quinten und Oktaven verwenden. Beachte, wie du von einem Intervall zum anderen Intervall gehen kannst. Die Regeln für den Kontrapunkt kennst du schon, aber auch die anderen Möglichkeiten mit den Terzen und mit Do und So.

- Ich werde aber im Notenschreibprogramm ausprobieren, wie es klingt.

- Klar, dort kannst du die verschiedenen Zusammenklänge ausprobieren.

*

- Ich bin fertig!
- Du singst die Melodiestimme, ich die Begleitstimme.

Du: Gib die Noten wie oben ins Notenprogramm ein und hör dir das Ergebnis an. Oder singe und spiele die erste oder die zwei Stimme.

- Erkläre mir jetzt, wie du auf dieses Ergebnis gekommen bist.
- Ich habe mit dem schönen Klang Do-So begonnen, dann habe ich
den Sextklang So-Mi genommen.

Dann kam in der Melodie Mi-so (Achtel) vor, was schnell ist. Ich wollte die untere Stimme langsamer gestalten. Daher habe ich das So, unten liegenlassen. Im nächsten Takt befindet sich eine Oktave, Do - Do´.
Nachher ging die Melodie zu Ti. Daher gibt es unten die Gegenbewegung zu Mi. Schau die Noten an.

- Du hast manchmal an den Stellen, wo sich die Melodie in Achteln
bewegt, in der zweiten Stimme ein Viertel gewählt, an manchen Stellen
die Melodie ohne Kontrapunkt gelassen.

- Manchmal war es einfacher, unten bei den Vierteltönen zu bleiben,
ich habe das einfach nach Gefühl gemacht.

292

- Kannst du ja auch, man kann ja nicht für alles eine Regel erfinden.
Die Regeln und ein Gefühl für schöne Melodien und Zusammenklänge können dir helfen, wenn du Musik machen willst.

- So, wir kommen langsam zum Abschluss unserer Reise, der Entde-
ckung der Welt der Musik. Du warst fleißig und eine aufmerksame
Zuhörerin.
- Ich wollte ja Melodien erfinden.
- Wie du selbst gesehen hast, kann man mit einigen Regeln und ein
paar Tönen, schon eine kurze Melodie erfinden und notieren. Aber das
Wichtigste bei dem Ganzen ist das Interesse und die Liebe zur Musik,
den Rest kann man ja erlernen und üben. Experimentiere mit den Tönen und wende die Regeln an. So kannst du Melodien und eine zweite

Stimme, einen Kontrapunkt, erfinden. Dieses Spiel macht sehr viel Spaß und alle können es spielen, ob jung oder alt, ob Mann oder Frau.

- Du meinst, die Musik ist ein Spiel, das besser als ein Computerspiel ist?

- Auf jeden Fall, aber man kann natürlich den Computer ganz gut beim Musikmachen benutzen - als Hilfe und Stütze. Das Notenschreibprogramm ist auch ein Computerspiel!

- Mir gefällt es, mit dem Notenprogramm neue Melodien zu erfinden, die Noten kann ich auf dem Bildschirm sehen, aber vor allem gleichzeitig hören, und wenn ich es will, gleich ausdrucken. Ich benutze oft meinen Laptop mit dem Notenprogramm.

- Ja solche Programme sind eine große Hilfe, aber das Wichtigste ist, die Regeln zu kennen und ein Gefühl für die melodischen Bewegungen zu haben. Einige Leute haben zwar Interesse an Musik, scheitern aber beim Erlernen eines Instrumentes. Sie haben nicht genug Zeit zum Üben, oder schrecken vor dem Notenlesen zurück.

- Das habe ich auch gehabt, die Noten waren für mich bis vor Kurzem wie eine Geheimschrift.

- Nachdem du jetzt das Notenlesen kannst, ist eine große Bibliothek für dich offen.

- Eine Bibliothek, eine richtige?

- Ja, eine, wo viele Noten sind. Aber es gibt heutzutage auch noch andere Möglichkeiten. Du kannst im Internet, in einem Videoportal Seiten finden, wo Musikstücke abgespielt werden und du gleichzeitig auf dem Bildschirm die Noten sehen kannst. Dein Gehirn verbindet so die Klänge, die du hörst, mit den Noten, die du siehst. Diese Verbindung wird in deinem Gedächtnis gespeichert. So kannst du dann ohne Scheu Noten lesen und dir dazu die Musik vorstellen.

- Ja, das ist eine gute Idee, ich bin sowieso oft im Internet.

- Aber natürlich wäre es auch gut, wenn du in einer Musikschule ein Instrument erlernen würdest. Eine gute musikalische Vorbildung hast du allemal. Du kannst Noten lesen, du hast ein gutes Gehör, du weißt, wie die Intervalle klingen und wie sie benannt werden. Du weißt, welche Rollen die Töne in der Ton-Familie einnehmen können. Du kennst die wichtigsten Regeln. Du musst nur noch erlernen, wie du auf einem bestimmten Instrument die Töne finden und spielen kannst, also die Handhabung des Instruments. Aber vor allem möchte ich dir raten, dass du weiter mit den Tönen spielst, Melodien und eine zweite Stimme dazu erfindest. Und vergiss nicht alles zu notieren!

- Ich hätte noch eine Frage Peter. Kann ich weiterhin zu dir kommen, ich möchte weitere Regeln und Tricks kennenlernen.

- Ja klar! Ich schlage dir aber jetzt eine Pause vor. Untersuche bewusst viele Melodien und singe viele Lieder! Dadurch kannst du das Gelernte immer wiederholen. Nach der Pause bist du bestens vorbereitet, damit wir noch tiefer in die Welt der Musik eindringen können.

- Mache ich! Es hat mir Peter Spaß gemacht, mit dir zu musizieren, ich bin ein wenig traurig, dass es jetzt aus ist...

- Hm, ich eigentlich auch, aber du brauchst jetzt eine Zeit, damit du alles sicher verstehen kannst, höre viel Musik! Also schöne Ferien!

- Danke Peter. Tschüss!

*

Nachwort

Das folgende Buch wurde ursprünglich für Musiklehrer geschrieben. Oft haben jedoch Musiklehrer neben dem Instrumentalunterricht keine Zeit für Musiktheorie. Dadurch werden wertvolle Jahre, in denen das Kind spielerisch die Regeln der Musik erlernen könnte, versäumt. Daher wollte ich einen konkreten Weg, eine Methode zeigen, wie man Kindern ab etwa 9 Jahren spielerisch das Wesen der Musik nahebringen kann. Während des Schreibens habe ich aber das Buch so gestaltet, dass jeder Musiklehrer, alle Eltern, Kinder, Jugendlichen und interessiertenErwachsenen es lesen und verstehen können. Mich hat die Aufgabe gereizt, allgemein verständlich für Jung und Alt zu schreiben. Ein Buch für alle sozusagen!

Es befasst sich mit den Grundregeln der Musik, einem Thema, das oft stiefmütterlich behandelt wird. Zu Unrecht, wie ich finde. Wenn man Schach spielen will, dann müssen die Regeln, die Züge, die Taktik einfach und verständlich erklärt werden. Niemand, der Schach spielen möchte, würde auf die Idee kommen zu behaupten, die Züge und Taktik des Spiels wären langweilig und unnötig. Ähnlich verhält es sich in der Musik. Der Unterschied, ob dies einem Kind oder einem Erwachsenen beigebracht werden soll, ist nicht allzu groß. Also warum nicht beiden gerecht werden? Ich hoffe, dies ist mir gelungen. Ich lade Schüler, Eltern, Lehrer und alle an Musik Interessierten ein, dieses Buch zu lesen und die Übungen mitzumachen.

Ich möchte auch die Eltern ansprechen! Sie können mit dem Kind, das noch nicht selbständig in der Lage ist, das Buch durchzuarbeiten, es gemeinsam machen. Zuerst den Text vorlesen und dann die Übungen spielerisch durchmachen. Musiktheorie eilt der Ruf voraus, trocken und langweilig, ja sogar nicht wichtig zu sein. Musik ist in gewisser Weise wie ein Spiel. Dieses Buch soll jedem die Spielregeln der Musik näherbringen. Es sind keine musikalischen Vorkenntnisse erforderlich. Neugierde und Ausdauer sind jedoch von Vorteil. Ihre Mühe wird außerordentlich belohnt und zwar mit Musik selbst. Ihr Kind und Sie selber werden Musik mit anderen „Augen“, besser gesagt Ohren, erfahren.

Dieses Buch will nicht nur gelesen werden, sondern soll vor allem zum Mitmachen animieren. Es ist als Lese-, Sing- und Spielabenteuer in Form eines lebendigen Zwiegesprächs angelegt. Ein Musiklehrer und eine junge Schülerin erforschen gemeinsam die Welt der Musik. Nun fragen Sie sich wohl, warum ein Kind und ein Erwachsener in der Geschichte vorkommen Weil ich Kinder und Erwachsene gleichermaßen ansprechen will. Aber auch, weil Kinder neugierig sind und alles ganz genau wissen wollen. Ihre Fragen bringen die Erwachsenen oft ins Grübeln. Hoffentlich haben sich viele von uns, dieses Kindheits-Ich bewahrt.

Grundsätzlich ist es schwierig, über Musik zu schreiben, weil sich Worte und Töne in anderen Dimensionen bewegen. Wie soll man in einem stummen Medium, wie es das Buch nun einmal ist, Töne hörbar machen? Manchmal gibt es eine CD mit Hörbeispielen als Beilage zum Text, oder der/die Leser/in singt die Beispiele vor. In diesem Buch wird das Singen bevorzugt. Dieser Leitfaden soll durch das ganze Buch führen. Eine der natürlichsten Arten des Musizierens ist für uns das Singen.

Die Welt der Töne zu entdecken ist eine faszinierende Sache, die langsam Schritt für Schritt erfolgen sollte. Eine kreative Herangehensweise ist immer vorteilhaft. Deswegen wird von Anfang an auf das Erstellen von Variationen, also das Erfinden von neuen Kombinationen von Tönen Wert gelegt. Das Buch beschreibt eine musikalische Werkstatt, wo „gehobelt, geleimt“, also gearbeitet wird. Der Leser wird auch aufgefordert, in dieser Werkstatt kreativ und singend mitzuarbeiten.

Dieses Buch ist ein Lehrbuch. Es ist zwar unterhaltsam geschrieben, aber der Hauptzweck besteht darin, konkrete, praktische Übungen zu zeigen, damit Sie die Welt der Musik erforschen können. Beim Lernen gibt es einige wichtige Regeln die man einhalten soll, damit das gewünschte Ergebnis erreicht wird. Durch das Singen lernt man am besten und schnellsten die Regeln der Musik kennen. Dafür sind die Leser

zuständig. Nach Peter und Nora kommt die Leserin zum Zug. Keine
Angst jeder kann singen. Nur so kann die Erklärung, die vorher im
Dialog zu lesen war, in ein musikalisches Verstehen übergehen. Wer
diesen Schritt auslässt, kommt nicht voran, denn das Lesen alleine
reicht nicht. Worte und Töne sind grundverschieden, daher bitte singen! In dem Buch wird das Tonsilbensingen bevorzugt. Wie das funktioniert, wird ausführlich erklärt. Es geht um die Verknüpfung von
Begriff und Ton. Das ist sehr wichtig. In unserem Gehirn entsteht so
eine Vernetzung von einem Klang und einer Tonsilbe. Zwei verschiedene Empfindungen bekommen eine neue einheitliche Bedeutung, die
wir abrufen können. Die Verknüpfung von Ton und Wort muss einge-
übt werden. Das ist eine Voraussetzung dafür, Wissen über Musik real
weitergeben zu können. Nehmen Sie sich bitte ein wenig Zeit dafür, es
ist nicht so schwer. Wer kein Instrument hat, kann mit einem Handy
oder iPod üben. Sie brauchen sich dazu nur ein kostenloses Programm
(eine App) im Internet herunterladen und auf Ihr Handy überspielen.
Meistens sind die Tasten mit den Namen der Töne beschriftet. Sie müssen also nur sieben neue Namen von Silben lernen. Das Ganze wird
noch im Buch ausführlicher erklärt. Die Protagonistin Nora ist sehr
neugierig und stellt stellvertretend für Sie viele Fragen.

Weiters empfehle ich für den weiteren Verlauf des „Spieles" ein Notenschreibprogramm. Heutzutage haben viele Menschen einen Computer. Besitzen Sie ein Instrument und können ein wenig darauf spielen? Wunderbar! Dann brauchen Sie das nicht unbedingt. Aber jene,
die kein Instrument haben, oder spielen können, sollten das kostenlose
Notenschreibprogramm „Finale NotePad" herunterladen und benutzen. (Natürlich gibt es auch andere kostenlose Programme.) Der Vorteil ist, dass man gleich sieht und hört, wie die notierte Musik klingt.
Sehen und Hören werden verknüpft. Die Handhabung des Programms
ist schneller zu erlernen, als mehrstimmige Musik auf einem Instrument zu spielen.

Das Buch plädiert für eine kreative Herangehensweise, wie beim
Schach. Wenn sie schon die Figuren kennen, müssen Sie nur noch die
Züge erlernen, und schon kann das erste Spiel erfolgen! So auch beim

Musizieren. Probieren geht über Studieren! Das Ergebnis, Ihre Melodien, müssen Sie dann aufschreiben, damit Sie sie nicht vergessen, entweder auf Notenpapier oder am PC im Notenprogramm.

Unterschätzen Sie nicht die einfachen, kindgerechten Formulierungen und Vergleiche. Sie enthalten wichtige Informationen, die von den Musikwissenschaftlern Heinrich Schenker, Viktor Zuckerkandl und Zoltán Kodály stammen. Ich habe sie in eine leicht verständliche Sprache übersetzt, damit jeder den Inhalt versteht und nicht mit Fachworten und Begriffen überfordert wird.

*

www.musik-athome.at

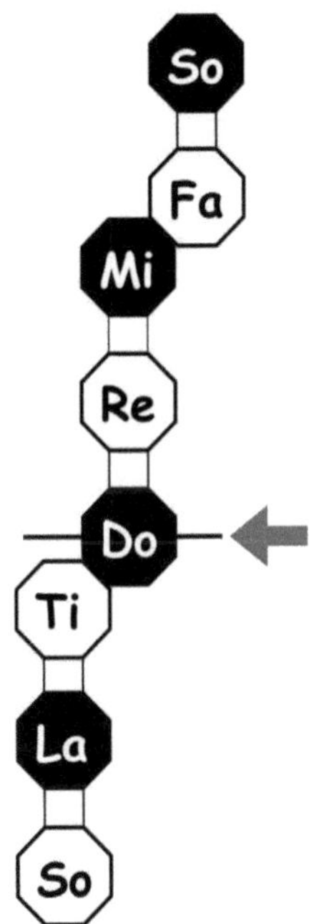

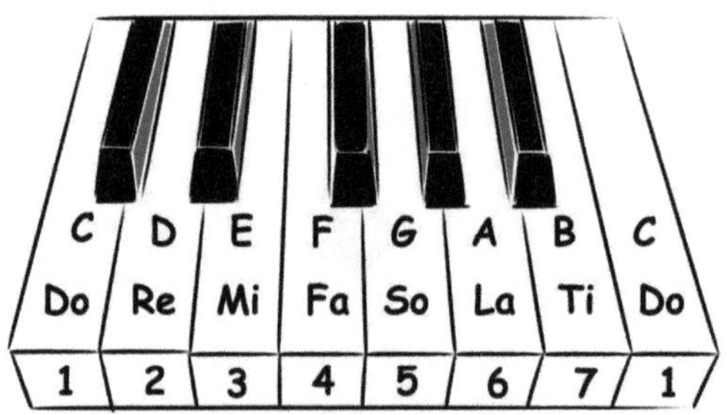

C D E F G A B C
Do Re Mi Fa So La Ti Do
1 2 3 4 5 6 7 1